De Goldbergvariaties

Philip Kennicott

De Goldbergvariaties

Een verhaal over Bach en rouw

Vertaald door Frits van der Waa

Uitgeverij Atlas Contact
Amsterdam/Antwerpen

Oorspronkelijke titel *Counterpoint. A Memoir of Bach and Mourning*
Oorspronkelijke uitgeverij W.W. Norton
Omslagontwerp Herman Houbrechts
Ontwerp typografie binnenwerk Wim ten Brinke
Drukkerij Wilco

ISBN 978 90 450 4008 0
D/2020/0108/542
NUR 320/665

www.atlascontact.nl

MIX
Papier van verantwoorde herkomst
FSC® C004472

Voor Marius

Want het schone is niets
dan het begin der verschrikking, dat wij net nog
  verdragen,
en wij bewonderen het zo, omdat het onaangedaan
  nalaat
ons te vernietigen.

– Rainer Maria Rilke,
'De eerste elegie van Duino',
vertaald door Atze van Wieren[1]

Een

Die zomer werd duidelijk dat mijn moeder eerder aan de chemo zou bezwijken dan aan de kanker. Ze moest geregeld een beroep doen op de spoedeisende hulp en was erg verzwakt, maar evengoed duurde het nog maanden voor ze besloot te stoppen met de therapie die destijds de laatste en beste kans op genezing leek te bieden. Ze was kwaad, uitgeput en de wanhoop nabij, en kwam uiteindelijk in overleg met haar dokter en haar familie tot het besluit dat het moment was gekomen om de medicatie stop te zetten en te accepteren dat ze zou sterven. Maar eerst mocht ze weer een eigen leven gaan leiden: binnen een paar weken waren alle chemische stoffen uit haar lichaam verdwenen en keerde haar levenslust terug. Na maanden aan haar bed gekluisterd te zijn geweest begon ze haar rollator weer te gebruiken en voelde zich al snel zo goed dat ze de verpleeghulp kon opzeggen. Ze maakte er een gewoonte van om vroeg op te staan en bij het grote raam dat uitkeek op de heuvels voor haar huis te gaan zitten wachten op de vogels die afkwamen op de vele voedertafels die ze regelmatig bijvulde. Aan het begin van dat najaar gingen zij en mijn vader voor het laatst nog een keer naar Arizona, waar ze sinds hun pensioen elk jaar 's winters bij vrienden de zon opzochten.

Een week voor Thanksgiving ging de telefoon. De kanker had opnieuw de kop opgestoken, en nu was het moment gekomen om naar huis te gaan en daar het eind af te wachten. Mijn moeder drukte me op het hart dat ik niet moest komen en geen vakantiedagen mocht opofferen om nog een keer naar huis terug te gaan en haar voor het laatst te zien. 'Ik wil niet dat je me zo ziet.' Zelfverloochening was voor haar een natuurlijke plicht, maar het ging hier toch eerder om het dramatisch effect dan om een serieus verzoek. Ik trok me er dan ook niets van aan, net als al die andere keren sinds ze ziek geworden was, drie jaar geleden intussen. Ik regelde een ticket via internet en betaalde een toeslag voor de mogelijkheid om mijn retourvlucht om te boeken. In de marges van de boekingsites schoven aanbiedingen voorbij voor cruisetochten en vakanties op de Caraïben, met foto's van azuurblauw water en knappe, zorgeloze mensen in badkleding.

Onder het inpakken drong het tot me door dat mijn moeder er niet meer zou zijn wanneer ik die overhemden opnieuw in de kast zou hangen, en door dat eigenaardige besef gingen vrijwel alle onbenullige dingen die ik deed opeens gepaard met een gevoel van tragiek en eindigheid. Moest ik die ene trui meenemen, waarvan ze ooit had gezegd dat ze hem leuk vond? Het zou de laatste keer zijn dat ze hem zag. Ik wist niet hoe lang het zou duren – dagen, weken misschien –, maar bij mijn thuiskomst zou er in mijn leven een nieuw en onveranderlijk feit zijn bijgekomen, en zou een band die even lang had bestaan als ikzelf verbroken zijn. Aan de kleren die ik opvouwde schonk ik niet al te veel aandacht, maar ik bedacht intussen wel dat er twee belangrijke dingen waren die ik mee moest nemen: een paar boeken over wandelen en een voorraadje muziek, als steun en toeverlaat in het grote, verlaten huis waar ze op sterven lag.

Zonder er al te bewust bij na te denken stopte ik een opname van Bachs sonates en partita's voor viool solo in mijn reistas. Ik had geen speciale reden om juist die muziek te kiezen, al was ik wel benieuwd naar de jonge violist die het lef had om al in dit stadium van zijn carrière die veeleisende, intense en complexe werken op te nemen. Het kan zijn dat ik me aangetrokken voelde door de afbeelding op de voorkant van de cd, een zwart-witfoto van een man die, kennelijk innerlijk bewogen, zijn handen als in gebed samengevouwen hield boven de vertrouwde vrouwelijke vormen van zijn viool. Bovendien was het al een poos geleden dat ik aandachtig naar die stukken had geluisterd, en waarschijnlijk vond ik het een goed idee om muziek mee te nemen waaraan ik vage, maar aangename herinneringen had, grote werken waarmee ik nog niet echt vertrouwd was. Muziek waarmee je veel hebt doorgemaakt raakt beladen met herinneringen en associaties. Voor deze bijzondere reis mocht mijn bepakking niet te zwaar zijn.

Ook qua soortelijk gewicht is Bach goede muziek voor onderweg. Een of twee cd's bevatten meer materiaal om je geest mee bezig te houden dan urenlange opnames van mindere goden, en in emotioneel opzicht is zijn muziek efficiënter dan alle andere, zonder stoplappen of overbodigheden. Om een voor mij onverklaarbare reden past Bach altijd goed bij mijn stemming, waar ik ook ben, waarmee ik ook bezig ben, in voor- en tegenspoed, tijdens het werk, in mijn vrije tijd, of wanneer ik zomaar wat zit te luieren. De verrukking die zijn muziek me biedt op het strand is niet minder groot dan de troost die ik eruit put wanneer ik tegen het eind van november rondzwerf in een grijs en verlaten landschap. Ik kon wel honderd redenen bedenken waarom ik tijdens mijn bezoek geen zin zou hebben in Beethoven, Brahms of Wagner, maar ik kon er niet één verzinnen waarom ik niet naar Bach zou willen luisteren.

Bij mijn aankomst was het heel stil in mijn ouderlijk huis. Iedereen liep op zijn tenen en fluisterde tegen elkaar. Het enige geluid was afkomstig van de televisie in mijn moeders kamer, die altijd aan stond. In de loop van de nacht wisselden momenten van bewustzijn en bewusteloosheid elkaar af, en het flikkerende licht bood haar dan duidelijk enige troost. Wanneer ze wakker was, zat ik gewoonlijk naast haar bed, maar een groot deel van de tijd was ze totaal van de wereld door de morfine. Als ik bij haar was luisterde ik nooit naar muziek, uit angst dat ik een teken van pijn of een aankondiging van haar aanstaande dood zou missen. Ik probeerde de op de achtergrond doorzeurende televisie weg te denken en naar haar adem te luisteren – 'stertoreus' zei een van de verpleegkundigen opgewekt, alsof ze me tijdens een boswandeling wees op een zeldzame bloem. In de reflecties op de muur boven het hoofd van mijn moeder werden de stompzinnigheid van het dagelijkse nieuws, de opgewekte weerman en het drukke gekwetter van de knappe presentatrices die moorden, optochten en het verkeer beschreven gereduceerd tot een dans van blauwe vormen en abstracties. Als ik rechtstreeks naar het brede, platte scherm keek dat hooguit twee meter verderop stond, naar dat venster op een wereld die eindeloos ver weg en betekenisloos leek, voelde ik me of ik het contact met de realiteit kwijtgeraakt was.

Tijdens die laatste dagen, waarin mijn moeder vanuit een staat van angstige helderheid weggleed in verwarring en ten slotte in stilte, was Bach de enige muziek waarnaar ik kon luisteren, de enige muziek die niet triviaal, nietszeggend of irrelevant voor het leven leek. Ze creëerde een vreemde ruimtelijkheid, definieerde een innerlijke wereld die losstond van de wereld van herrie en kletspraat, en voerde me mee naar een domein waarin ik me kon losmaken van mijn intense gevoelens over mijn moeder en haar stervensproces kon gadeslaan zonder afgeleid te worden door wat we vreemd genoeg de 'werkelijke' wereld noemen. Bachs muziek hield de banale dingen op afstand en bracht de wezenlijke dingen voldoende dichtbij om ze te voelen zonder kopje-onder te gaan in hun duistere verschrikkingen.

Als ik niet bij mijn moeder was, of een handje hielp met het huishouden, luisterde ik naar de *Partita in d-klein*. Het laatste deel van dat vijfdelige werk, de grote Chaconne, duurt even lang als de andere vier bij elkaar en werd een labyrint waarin ik voor de duur van dat ene kwartier volledig opging. Ik beluisterde het stuk telkens opnieuw, zo bezeten was ik ervan, en bleef soms maar op de *repeat*-knop drukken tot ik mezelf na vier of vijf keer luisteren moest dwingen om ermee op te houden. Ik luisterde ernaar via de koptelefoon wanneer ik door de bergen bij mijn ouderlijk huis wandelde, en in bed terwijl ik probeerde in slaap te komen. De muziek ging mee wanneer ik naar de stad reed om nieuwe medicijnen op te halen of extra blikjes frisdrank in te slaan, die we in een kan goten en met een garde bewerkten tot alle koolzuur eruit was, zodat hij voor mijn moeder makkelijker te drinken was. Door in de auto naar de Chaconne te luisteren werd op een of andere manier de polyfonie begrijpelijker. Doordat mijn ogen op de weg gericht waren namen ze andere delen van mijn hersenen in beslag en maakten zo bewustzijn vrij om diepgaander te luisteren en vat te krijgen op de losse draden die met elkaar het totale weefsel vormden. En de muziek ging werken als een filter voor de fysieke wereld, bijna alsof iemand de benzinestations, de cafetaria's en souvenirwinkels had weggefotoshopt en niets had overgelaten dan het langstrekkende grijze, dorre landschap met de kale populieren die spookachtig afstaken tegen de loodgrijze novemberhemel.

Een keer, toen ik over de snelweg naar Albuquerque reed, kwam ik in een file terecht en werd abrupt weggerukt uit het solipsisme van de muziek. Ik trapte op de rem en drukte lukraak op de knoppen van de geluidsinstallatie in een poging om Bach uit te zetten, maar belandde in plaats daarvan bij een zender die mariachimuziek uitzond. Toen mijn adrenalinespiegel weer normaal was, begon ik te lachen. Albuquerque is gesticht in 1706, iets meer dan tien jaar voor het vermoedelijke tijdstip waarop Bach de *Partita in d-klein* heeft geschreven. Die twee dingen hebben in de verte met elkaar te maken. De Chaconne is gebaseerd op een vroege dansvorm, de *chacona*, die waarschijnlijk afkomstig is uit Latijns-Amerika en volgens sommigen genoemd is naar de castagnetten waarmee ze begeleid werd, of misschien naar de plaats waar ze het eerst is ontdekt.[2] Net zoals drie eeuwen later gebeurde met de tango werd de *chacona* geassocieerd met de lagere klassen, met vulgariteit, losbandigheid en ongeremde fysieke contacten.

Tegen de tijd dat Bach zijn Chaconne schreef was de dansvorm zijn wilde haren totaal kwijt, en werd met de term zowel een muzikale vorm als een ritmisch patroon of een dansstijl aangeduid. Een chaconne kwam in Bachs tijd neer op een voortdurend herhaalde baslijn waarover de componist variaties ontwikkelde, een combinatie van een veelal plechtstatig idee-fixe in het lage register met virtuoze figuraties daarboven. Toch klinkt zelfs in Bachs enorme, complexe en abstracte Chaconne misschien nog een echo door van de oude *chacona*: een ritmisch patroon van drie tellen met een kenmerkende cadans van lange en korte noten, dat te horen is in de eerste maten. Hij houdt er niet het hele stuk door uitdrukkelijk aan vast, maar presenteert het duidelijk en ondubbelzinnig, tegelijk met de steeds herhaalde baslijn die als grondslag voor het totale bouwwerk zal fungeren. Niet alle violisten benadrukken dit rudimentaire dansante karakter van de muziek; vooral violisten uit de eerste helft van de twintigste eeuw gaven het stuk vaak een opera-achtige zwaarwichtigheid mee. Maar de beste uitvoeringen, zelfs de meest hoogdravende, worden bezield door een herinnering aan dat diepgewortelde dansritme, bewust of niet bewust, maar tastbaar als een hartslag.

Het is makkelijk om in Bach te veel te bespeuren, of juist te weinig. We schijnen altijd verkeerde en anachronistische maatstaven te hanteren, en dingen op te hemelen die voor zijn achttiende-eeuwse luisteraars van weinig belang zullen zijn geweest, terwijl we datgene over het hoofd zien wat Bach waarschijnlijk als wezenlijk heeft beschouwd. Zoals de meeste critici heb ik geleerd om met de nodige scepsis te kijken naar verbanden tussen kunst en het gevoelsleven van de kunstenaar, vooral bij een componist als Bach, die elke dag en elke week van zijn buitengewoon productieve leven muziek met een oneindige variëteit aan emoties schreef, zonder aandacht te schenken aan zijn eigen verdriet of vreugde en gedreven door een religieus plichtsbesef dat weinig ruimte liet voor datgene wat we nu zelfexpressie noemen. Maar toen Bachs Chaconne mijn emotionele leven in beslag begon te nemen, raakte dit stuk toch echt vervuld van een onverbiddelijke metaforische kracht.

De muziek zinspeelde voor mij op twee aspecten van het leven: iets wat essentieel, onveranderlijk en eindeloos herhaalbaar was, en iets wat verder ging dan die vaststaande waarheid, een behoefte aan variatie, aan verdere ontwikkeling, vluchtige verbanden en verandering. De muziek leek over het leven te gaan, en toch gebaseerd te zijn op het fundamentele feit van de dood, en plotsklaps trof ze me als zeer diepzinnig, als iets wat ver uitsteeg boven de details van Bachs noten op papier, en boven de vertolking van de violist, ergens in een studio, maanden of jaren voordat ik zijn opname in handen kreeg. Er lagen op zijn minst eeuwen aan collectieve ervaringen in besloten, waarmee ze gelijktijdig uiting gaf aan de fundamentele dualiteit van onze emoties, aan wanhoop en vreugde, bezwijken en opkrabbelen, het aanvaarden van de dood en het terugblikken op het leven, op zoek naar het plezier, het vermakelijke en de zin ervan.

* * *

Toen ik jong was en de muziek begon te ontdekken, was ik dol op de mythen en sprookjes die zo vaak worden verteld over de grote componisten: dat Mozart zijn *Requiem* componeerde om de zielenpijn van zijn eigen sterven in gecodeerde vorm wereldkundig te maken; dat Rossini zo ongelofelijk lui en zo getalenteerd was dat hij liever een nieuwe ouverture schreef dan zich om te draaien in bed om de vorige op te rapen, die op de vloer gevallen was; dat de grote fortissimo-uitbarstingen die Haydn neerschreef in zijn 'paukenslagsymfonie' bedoeld waren om de suffe, ingedutte cultuurbarbaren onder zijn publiek wakker te laten schrikken. Die verhalen leken de muziek meer dramatiek te verlenen en voorzagen dat wat ik hoorde van een breder historisch kader. Toen ik als jongen piano leerde spelen, maakten ze het saaie studeren draaglijker. Toen ik me als tiener verschool voor de woede-uitbarstingen van mijn moeder, die diep ongelukkig was om toen voor mij onbegrijpelijke redenen, leken die fabels de muziek nog diepzinniger te maken. Vergeefs vertelde ik ze door aan mijn vrienden, erop gebrand als ik was om hen te laten delen in mijn geestdrift voor klanken die zij ouderwets en saai vonden. Maar als volwassene werd ik allergisch voor die anekdotes, niet alleen omdat de meeste totaal uit de lucht gegrepen waren, maar omdat zelfs de op waarheid berustende gevallen de muziek niet toegankelijker maakten en hooguit de emoties die ik al voelde versterkten. Ze troffen me als tautologieën: de muziek is droevig omdat Bach droevig was.

En toch is het bijna onmogelijk om een terughoudende, intellectuele en consciëntieuze houding in acht te nemen als het gaat om de muziek waarom we geven, vooral wanneer ze ons emotioneel raakt. We willen dat ze verhalen vertelt, dat ze verder gaat dan het zuiver auditieve en aanknoopt bij het leven. Muziek die alleen maar aangenaam klinkt kan met een afstandelijke blik worden onderzocht, maar wanneer de muziek op een of andere diepgaande, overrompelende manier bezit van ons neemt, is het moeilijk om haar met wetenschappelijke discipline te bezien. Het kan niet anders dan dat ze een kosmische betekenis heeft, en de hermetische, abstracte codes van het geluid overstijgt. Tijdens die autoritten in New Mexico behelsde Bachs muziek voor mij zonder meer een dialoog tussen de dood en het leven, een verstrengeling van de twee basale impulsen die ons bestaan van begin tot eind beheersen. Zelfs als Bach zijn Chaconne nooit met die insteek heeft geconcipieerd, werkte hij in een traditie die ons de mogelijkheid van die interpretatie vergunt. Ik koos er dan ook voor de muziek op die manier te beluisteren, en ging er totaal in op, op een manier die ik sinds mijn tienertijd niet meer had ervaren. In een periode waarin ik wanhopig behoefte had aan ijkpunten hielp de Chaconne me die scherper in beeld te krijgen.

Veel van mijn gedachten uit die tijd komen me nu banaal voor. Ik weet nog dat ik enige troost putte uit het idee dat de prijs voor de toegang tot dit leven bestaat uit het aanvaarden van de dood. Niemand leeft zonder te sterven, en dit contract bevat geen faustiaanse kleine lettertjes. Het toegangsbewijs geldt voor één persoon, is onoverdraagbaar en inruilen of geldteruggave is niet mogelijk. Op een zeker moment stond ik boven op een rots uit te kijken over de uitgestrekte dorre vlakten van New Mexico en probeerde me voor te stellen wat het zou betekenen om dat toegangsbewijs niet te hebben, om niet geboren te zijn en niet te bestaan. Het was ondenkbaar. Niet alleen heeft het toegangsbewijs tot uitgangspunt dat de dood het laatste woord heeft, maar we hebben ook geen andere keuze dan het te aanvaarden, het te gebruiken en ons neer te leggen bij de beperkingen ervan.

Een poos lang bood dit idee me enige steun. Het wees me op het gemeenschappelijke van onze ervaring met de dood, alsof de zin van het leven neerkomt op het besef dat we behoren tot een broederschap die slechts door één ding verbonden is: door het feit dat we sterfelijk zijn, een besef dat ons menslievender zou moeten maken. In de maanden daarvoor was ik me inderdaad bewust geworden van nieuwe gevoelens van empathie en nieuwsgierigheid ten opzichte van anderen die zich geconfronteerd zagen met de dood, met name de dood van hun ouders. Als iemand tijdens een feestje of een terloops gesprek in het vliegtuig begon over de dood van zijn vader of moeder, was ik hevig geïnteresseerd. Ik stelde allerlei vragen en had werkelijk betekenisvolle gesprekken, zelfs met vage kennissen die ik niet eens zo aardig vond. De gemeenschappelijke ervaring van het verlies van onze ouders werpt ons allen terug in de onopgeloste bezinksels van de kindertijd, en maakt op een of andere fundamentele manier weer kinderen van ons. In een periode van je leven dat je denkt dat je alles al eens hebt meegemaakt is er plotseling dat ene enorme en ontregelende feit dat onthutsend nieuw is. Het is niet zo vreemd dat bijna iedereen die het heeft ervaren erover wil praten, en dat de rode draad van die gesprekken over rouw luidt: 'Ik had er geen idee van.'

Ongeveer halverwege de Chaconne gaat Bach over van mineur naar majeur, en herhaalt de opening van het stuk in een mildere vorm. De luisteraar is bijzonder dankbaar voor de eenvoud van de eerste acht maten van dit majeurgedeelte, een rustig intermezzo na een lange passage met veel vertoon van virtuositeit, snelle versieringen en wijd uitwaaierende akkoorden die het hele bereik van de viool omspannen, van de grommende lage tonen tot het indringende hoge register. Maar nauwelijks heeft de componist ons de ruimte gegund om even op adem te komen en ideeën over tederheid en eenvoud op te vatten, of het geanimeerde vertoog van muzikale variaties begint opnieuw. Aanvankelijk ontziet Bach ons nog en begint bedachtzaam en in een rustig tempo, met stapsgewijs op en neer gaande bewegingen, bijna alsof de melodielijn zichzelf inspecteert en kijkt of alle belangrijke onderdelen wel op hun plaats zitten. Deze passage doet me denken aan mensen die vanuit een sterk plichtsbesef iets wat hun heel vertrouwd is nalopen, hun huis of hun familie bijvoorbeeld, om te zorgen dat alles veilig en in orde is. De eenvoud van deze melodielijn stelt de luisteraar gerust; ze neemt de muzikale ingrediënten nog eens door vooraleer ze opnieuw aan snelheid en complexiteit wint en doorstoot naar een grotere complexiteit en rijkere versieringen.

Als je kunt geloven, zoals ik destijds deed, dat deze passage in wezen een moederlijk karakter heeft en vervuld is van liefde en aandacht, is dat wat erop volgt schrijnend. In de volgende variaties begint Bach twee noten te herhalen, de A en de D, het hoogste en het laagste ankerpunt van het eerste akkoord van de Chaconne en de belangrijkste tonen van de toonsoort waarin die geschreven is. In het begin lijken die herhalingen bijna toevallig, alsof ze alleen maar de gaatjes in een van Bachs muzikale patronen opvullen. Maar hun voortdurende herhaling, hun toenemende sterkte en ten slotte hun nadrukkelijke kracht verdrijven elke gedachte aan toeval. Gedurende de complete boogvorm van Bachs Chaconne – waarin de muziek van mineur naar majeur gaat en dan weer terug naar mineur – is de A de noot die we de dominant noemen, het gebied met de grootste harmonische spanning, die altijd terugvoert naar de D, waarmee het stuk begint en eindigt. De herhaling van de A verhoogt de spanning, de pressie, de energie en maakt dat het oor steeds heviger verlangt naar de bevrijdende D. Ze brengt een soort dorst teweeg, een steeds sterkere hunkering naar een oplossing naar de tonica.

In deze passage verplaatst Bach het harmonische drama, dat zich gedurende het grootste deel van het stuk afspeelt in het steeds terugkerende patroon van de baslijn, geleidelijk naar de hoogste regionen van het vioolregister. Waar de muziek de illusie van meerstemmigheid wekt, zijn het nu de bovenstemmen, wier taak het in eerste instantie was zorg te dragen voor variatie, diversiteit en melodische afwisseling, die nu met nadruk de basale harmonische feiten naar voren brengen. Het onderscheid – toegegeven, een heel subjectief en persoonlijk onderscheid – tussen een muzikale grondslag die de sterfelijkheid beklemtoont en een weelderige uitwerking van het leven daarboven wordt verbroken. En het wordt verbroken in de majeurvariant van de toonsoort, in het deel dat eerst zo moederlijk en troostrijk leek.

Ik was geneigd te denken dat Bach de vertrouwde moederlijke eigenschappen, zorgzaamheid en liefde, complexer maakte. De stem van de moeder sprak nu over de dood, als een echo van het voortdurende beklemtonen – vertolkt door de baslijn – van een onstuitbare mars naar het eindpunt van het leven. De vrouwelijke stem had greep gekregen op de dood, stelde hem in een nieuw licht, en nam een deel van de beklemming weg die zich daaromheen had opgehoopt gedurende die onophoudelijke herhalingen in de baslijn. De stem die eerst nog zo briljant leek te kwinkeleren had nu vaste grond onder de voeten en sprak met een diepere, onbehaaglijke wijsheid. Voor kinderen komt de eerste confrontatie met de dood als een schok, wellicht in de vorm van het verongelukken van een medeleerling, of wanneer een grootouder niet komt opdagen bij een bepaalde festiviteit. Maar bij het verscheiden van onze ouders kunnen we er niet meer omheen dat de dood onvermijdelijk en universeel is. Idealiter helpen ze ons te leren hoe we moeten sterven, soms zelfs expliciet, door ons inzicht te verschaffen en óns te troosten voor hún dood, zodat de onze ons makkelijker zal vallen als het eenmaal zover is.

Maar zo zat mijn moeder niet in elkaar. De dood schonk haar geen wijsheid, het leven bood haar weinig vreugde, en toen ze stierf was ze alleen maar angstig, kon ze er niet in berusten en ervoer ze geen vrede. Haar dood had een 'goede dood' moeten zijn, zoals dat ooit heette, een rustig sterfbed te midden van haar familieleden, na een lang leven vol kinderen en kleinkinderen. Mijn moeder had de beste behandeling genoten die de geneeskunst te bieden had, en toen die niet toereikend bleek, werd ze uiterst professioneel en liefdevol verzorgd door mensen die wisten hoe ze pijn moesten verlichten en wat een haperend lichaam nodig heeft. Mijn moeder stierf thuis; al haar kinderen leidden intussen een eigen stabiel en vermoedelijk succesvol leven. Niet een van haar kinderen of kleinkinderen ging haar voor in de dood; niet een van hen week af van het gebruikelijke levenstraject van de middenklasse. Er was geen sprake van echtscheidingen of in de steek gelaten kinderen, van dwangmatig gokken of heroïneverslaving. We waren zeker geen volmaakt gezin, maar als een willekeurige beschouwer de balans van mijn moeders leven had moeten opmaken, had hij een overvloed aan dingen aangetroffen waar de meeste mensen gelukkig van worden, terwijl de gebruikelijke oorzaken van verdriet grotendeels ontbraken.

Maar ze was niet gelukkig en zo stierf ze ook, onvoldaan en boos over een leven dat naar haar gevoel mislukt was. Ze had violiste willen worden, en toen ik nog jong was speelden we samen stukken voor viool en piano, maar gaandeweg liet ze het instrument links liggen – een van de vele dingen die ze opgaf – en op latere leeftijd vertrok haar gezicht al van afschuw als iemand het zelfs maar ter sprake bracht. Ook had ze er ooit van gedroomd danseres te worden, maar ze zei dat het in de jaren veertig voor een meisje niet netjes was om haar benen te laten zien, zodat daar niets van terecht was gekomen. Later wilde ze medicijnen gaan studeren, maar haar vader had geweigerd een buskaartje naar een universiteit aan de westkust te betalen, waarvoor haar naar eigen zeggen een beurs was toegekend. Een paar jaar na de dood van mijn moeder, toen mijn ooit zo zwijgzame vader al zijn kinderen verraste door ontspannen en openhartig te vertellen over een verleden waarvan wij hadden aangenomen dat het onbespreekbaar was, vroeg ik hem naar dat verhaal over die studiebeurs, waaraan ik altijd getwijfeld had. Ja, zei hij, het was echt waar: mijn grootvader had mijn moeder inderdaad beroofd van haar dromen, en hoewel ik mijn grootvader van moederskant nooit heb gekend en hij voor mij voornamelijk een mythische, door mijn moeder gecreëerde figuur was, voelde ik een plotselinge steek van haat, alsof hij onuitgenodigd de kamer was binnengekomen. Daarna had mijn moeder haar leven gewijd aan haar huwelijk en het grootbrengen van haar kinderen, en in de jaren vijftig en zestig hielp het niet bepaald als je een vrouw was. Toen ze eenmaal over de veertig was en vrij was om te doen wat ze wilde, was ze verzuurd en hield zich voornamelijk bezig met het tegen wil en dank schoonhouden van een huis dat nooit vuil was. Ze hield van haar kinderen, maar op een zorgelijke en kennelijk vreugdeloze manier. Toen ze stierf, op haar vierenzeventigste, wachtte ze nog steeds op het moment dat de wereld orde op zaken zou stellen en een eind zou maken aan alles wat haar geluk in de weg stond.

In de laatste dagen voor haar dood trof de nutteloosheid van dat wachten haar met volle en angstaanjagende kracht. Ze was altijd atheïst geweest, op het militante af soms, maar toen we alleen waren, vroeg ze me of ik in God geloofde en of ik dacht dat er nog iets kwam na de dood. Ik vond het vreselijk dat ze me dat vroeg, deels omdat haar vraag me confronteerde met mijn eigen twijfels, en ook omdat ik niet wist of ik moest liegen en iets troostrijks moest zeggen, of een waarheid uitspreken die zelfs ongemakkelijk zou zijn voor een gezond persoon zonder een glimp van de dood aan de horizon. En dus zei ik dat ik het niet wist, dat niemand het weet, en dat niemand het ooit geweten heeft, ondanks alle zekerheden van zowel religie als atheïsme. Het enige waar ik op vertrouwde, zei ik, was dat de dood een eind maakt aan het lijden, en alles laat ophouden, met inbegrip van berouw, zorgen en angst. Mijn moeder stierf op de dag na dat gesprek.

* * *

Ik moet niets hebben van het idee dat muziek troost biedt of helende krachten bezit. Het is een cliché uit de loze praatjes over muziek die worden uitgekraamd door mensen die geld geven aan het symfonieorkest en hun naam laten uithakken in de muur van het operagebouw. Het hoort bij het gezwam van de lichaamloze commentaarstemmen bij slechte documentaires over Beethoven en Mozart. Ik vind muziek niet troostrijk. Ik weet niet eens zeker of ik wel van muziek houd. Soms vraag ik me af of ik er eigenlijk niet een hekel aan heb, zoals je een hekel kunt hebben aan een verslaving of een zwakheid. Muziek brengt eerder onrust dan voldoening, en wekt juist de behoeften op die ze zou moeten bevredigen. In het beste geval leidt ze ons af van de dingen in het leven die pijnlijker zijn. Als we haar macht verwarren met troost, is dat het gevolg van slordig denken. Troost kan niet zonder een geruststellende uitspraak over de wereld of over het leven, een filosofische uitspraak van het soort dat muziek op geen enkele definitieve manier kan leveren. Troost helpt ons onze gedachten dusdanig te ordenen dat het leven minder pijnlijk wordt. Heel vaak gaat het dan om clichés van het type dat ik bij mezelf herhaalde terwijl mijn moeder bezig was dood te gaan; voor sommige mensen zijn het tegeltjeswijsheden, aangetroffen op kalenders en inspirerende affiches, die werken als kalmerende middelen; voor veel anderen zijn het de hoopvolle gedachten die de grondslag vormen voor religie. Misschien beleven we muziek als troostend omdat ze zo dikwijls dienstbaar is aan de religie, en onze emotionele reactie op religieuze ideeën versterkt. Maar op zichzelf maakt muziek ons veeleer kwetsbaar, ontvankelijker voor pijn, nostalgie en herinneringen.

Ooit, jaren geleden, ging ik geregeld op bezoek bij een oudere vriend die stervende was aan kanker, en op een avond vroeg hij me om een stuk muziek op te zetten – wat ik maar wilde. Hij had een enorme platenverzameling, en er waren tientallen opnames bij – onbekende barokopera's, bijzondere recitals van zangers die alleen bekend waren bij fanatieke liefhebbers van de menselijke stem – die ik graag zou hebben gekozen. Maar ik was bang dat hij emotioneel labiel was en niet al te helder kon denken, en dus ik ging op zoek naar iets wat eenvoudig, sentimenteel en makkelijk te volgen was. Bach was niet geschikt, Wagner te zwaar en Beethoven te dramatisch, dus koos ik *Liebesleid*, een stukje salonmuziek van de grote violist Fritz Kreisler. Het is muzikale kitsch, een Oostenrijkse *ländler* die voortkabbelt als een wals, met een melodielijn die vol hoop en verwachting omhoogspringt, en dan stapsgewijs afdaalt, een gangbaar melodisch patroon, dat niettemin het verlangen en de teleurstelling lijkt te verklanken die al besloten liggen in de titel 'liefdesverdriet'. Het is het soort muziek waar mijn moeder van hield, en ik dacht dat het onschuldig genoeg was om, voor even, 'troost te bieden' aan een briljante, wereldwijze en buitengewoon snedige hoogleraar die worstelde met zijn eigen droefenis en angst voor de dood. Ik legde de lp op de draaitafel en liet de arm voorzichtig neer op de juiste track. Toen ik terugkwam in de eetkamer, waar hij in een rolstoel achter een koud, nauwelijks aangeroerd avondmaal zat, was hij in tranen. Niet de keurige glycerinetranen van Hollywood, maar een vertrokken, rood aangelopen gezicht met trillende lippen, gezwollen ogen en snot. 'Laat het aanstaan,' zei hij met verstikte stem, en dat deed ik. Maar dat was wel het eind van de avond.

Bach is in de Chaconne helemaal niet uit op troost. De grote boogvorm moet worden voltooid, de muziek keert terug naar d-mineur, de harmonische structuur wordt dichter en de texturen complexer. Van een terugtocht is geen sprake, alleen van een steeds grotere intensivering van de muzikale intentie. Het stuk eindigt met één enkele D, zonder harmonische franje. Dat is ook niet nodig: de al dan niet gesuggereerde meerstemmigheid van de muziek heeft plaatsgemaakt voor een eenheid, een einddoel, een enkele noot, voortgebracht door een trillend, over een houten kast gespannen stuk schapendarm of staaldraad van drieëndertig centimeter lang.

We waren opgelucht toen het voorbij was, toen mijn moeders ademhaling eerst rustiger werd, daarna onhoorbaar, en ten slotte stopte. Eerder die dag had een verpleegkundige mijn vader verteld dat mijn moeder nog een paar uur of misschien een paar dagen te leven had, en ik zag een zweem van schrik en uitputting over zijn gezicht trekken bij de gedachte aan die laatste mogelijkheid. Hij had haar liefdevol verzorgd, met de aandacht en de precisie van de wetenschapper die hij was. Nu het voorbij was, liep hij naar een andere kamer, ging daar zitten, met zijn rug naar de voordeur, en begon zomaar wat met me te kletsen over wegen en auto's en computers, in afwachting van de komst van de mannen uit de stad die haar zouden komen ophalen. Hij begon nog drukker te praten toen er werd aangebeld, en toen ze haar met zwart plastic toegedekte lichaam de ziekenkamer en vervolgens het huis uit reden, vroeg hij: 'Doet die oude Honda het nog steeds?' De volgende ochtend kwam het hospice het ziekenhuisbed ophalen en sjouwden we pakken met ongebruikte luiers naar de garage, samen met dozen ongeopende blikjes frisdrank en voedingssupplementen. We trokken de rolluiken omhoog, luchtten de kamer, en bij wijze van laatste vriendelijke geste stofzuigde een van de verpleegkundigen het tapijt. We besloten de eerste paar maanden nog geen herdenkingsdienst te houden, omdat niemand zich kon voorstellen hoe dat zou moeten gaan, en wat er gezegd kon worden; niemand was er nog aan toe om de platitudes te verkondigen die bij het herdenken horen. Nog een tijdje had ik bijgelovige gevoelens over de kamer waarin ze was gestorven, maar op den duur verdwenen die ook.

Op de ochtend na haar overlijden maakte ik een wandeling door de heuvels bij Albuquerque, en bleef een poosje staan bij een groepje espenbomen, waarvan de takken op en neer bewogen in een straffe vroege winterbries. Ik moest steeds denken aan een gedicht dat ik jaren daarvoor uit mijn hoofd had geleerd en dat intussen gold als een oud beestje: '*Margaret, are you grieving/ Over Goldengrove unleaving?*' De Engelse dichter Gerard Manley Hopkins schreef het in 1880, gericht 'aan een jong kind', met als titel 'Spring and Fall':

Margaret, are you grieving
Over Goldengrove unleaving?
Leaves, like the things of man, you
With your fresh thoughts care for, can you?
Ah! as the heart grows older
It will come to such sights colder
By and by, nor spare a sigh
Though worlds of wanwood leafmeal lie;
And yet you will weep and know why.
Now no matter, child, the name:
Sorrow's springs are the same.
Nor mouth had, no nor mind, expressed
What heart heard of, ghost guessed:
It is the blight man was born for,
It is Margaret you mourn for.

Margaret, ben je treurig
Om vallende bladeren, goudkleurig?
Dus blaren kunnen, als menselijke zaken,
Je jonge gedachten werkelijk raken?
Ach! Hoe meer de tijd vervliedt,

Hoe killer het hart zulks beziet,
En daarom houdt het zich stom,
Al ligt heel de wereld vol molm;
En toch zul je wenen en weten waarom.
De naam, lief kind, maakt niet uit,
Want dit is waaraan het ontspruit.
Taal noch teken kan verwoorden
Wat de geest gist en het hart hoorde:
Het is wat elk van ons verscheurt,
Het is Margaret om wie jij treurt.

In de loop van dat najaar, terwijl de bomen hun blad verloren, had mijn moeder de laatste bladeren van haar leven afgeworpen. Maar wat me in dat gedicht vooral trof was de nadruk op dat intense, persoonlijke gevoel van angst dat een verlies, met inbegrip van de dood van andere mensen, in ons opwekt: '*It is the blight man was born for,/ It is Margaret you mourn for.*'

Margaret, het is *Margaret* om wie jij treurt.

De dood van mijn moeder maakte bange gedachten over mijn eigen sterfelijkheid in me los, eerst over voor de hand liggende dingen, zoals de vraag hoe ik zal sterven, of ik dan alleen zal zijn of in het bijzijn van geliefden, in armoede of omringd door weelde, wanhopig of rijk aan herinneringen en inzichten. Maar daarmee werd ook een veelomvattender gevoel van angst versterkt, de altijd aanwezige maar veelal onuitgesproken vrees die we met ons torsen: dat ons leven is verspild, dat het eenvoudigweg ten einde zal lopen, en dat we in die laatste uren, minuten of ogenblikken van ons bewuste bestaan, met afgrijzen misschien, of met het idee bedrogen te zijn, zullen beseffen hoe onontkoombaar en blindelings we op het niets zijn afgestevend. Het was een gevoel van paniek, dat evenwel werd gevolgd door het vaste voornemen om iets te dóén, om iets tot stand te brengen, om op zijn allerminst zoiets als Bachs Chaconne te leren begrijpen, op een niveau dat tot dusverre boven mijn macht had gelegen.

* * *

Wat wil dat eigenlijk zeggen, dat je een muziekstuk ként? Als je een nieuw werk voor het eerst hoort, schamp je hooguit langs de oppervlakte van de inhoud. Na een paar keer luisteren heb je het stuk enigszins in kaart gebracht en een verzameling verwachtingen en verlangens opgebouwd: de wens om bepaalde passages die je extra raken opnieuw te horen, het aangename vooruitzicht dat je hier en daar een paar maten lang omhuld zult worden door steeds vertrouwdere melodieën of harmonische progressies. Maar als je de muziek vaak beluistert, kan dat afbreuk doen aan het plezier, en bij sommige stukken is dat plezier eerder opgebruikt dan bij andere. Populaire muziek is gemaakt om verbruikt te worden: ze duikt overal tegelijk op, compleet met een ingebouwde verouderingsfactor, en verdwijnt dikwijls even snel als ze gekomen is. Diepzinniger muziek kan de luisteraar in het begin uitputten, maar blijft zelf onuitputtelijk. Je hoeft Bachs Chaconne niet je leven lang dagelijks opnieuw te willen horen, maar wanneer je het stuk jaren of decennia later weer oppakt, heeft de muziek niets aan kracht ingeboet. Die fundamentele vraag – wat het betekent om een muziekstuk echt te kennen – ligt naar mijn gevoel heel dicht bij alle vragen die er werkelijk toe doen in het leven.

Elke poging om die vraag te beantwoorden – áls ze al te beantwoorden is – maakt dat je gedachten in een richting gaan die evenwijdig loopt of misschien wel identiek is aan die van de allerfundamenteelste vraag: wat betekent het om te leven?

Als je alleen maar een toeschouwer bent, een passieve luisteraar, leidt dat niet tot een totaal bevredigende vorm van begrijpen. Ik heb jarenlang dat gevoel gehad bij grote pianowerken die boven mijn macht lagen, waaronder ook Bachs *Goldbergvariaties*. Net als de sonates en partita's voor viool solo en de suites voor cello solo vertegenwoordigen de *Goldbergvariaties* alles wat Bach te zeggen heeft binnen de parameters van één enkel instrument. Ze zijn alomvattend, veeleisend en blijven eindeloos boeien, en toch had ik nooit werkelijk de moed opgebracht om me erin te verdiepen. Het stuk bestaat uit een reeks variaties, net als de Chaconne voor viool solo, maar anders dan de Chaconne is het overgrote deel geschreven in een majeurtoonaard en komt er een breder spectrum aan positieve emoties aan bod. Net als de Chaconne zijn de *Goldbergvariaties* gebaseerd op een dansvorm in een driedelige maatsoort, een sarabande met een indringende schoonheid, maar anders dan bij de Chaconne is de relatie met de dansvorm veel minder afstandelijk, niet zozeer rudimentair als wel onverbloemd.

Mensen die niet zelf muziek maken, die niet zingen of een instrument spelen, hebben dikwijls het gevoel dat er diepere betekenislagen zijn die hun ontgaan, alsof je door een muziekstuk zelf te spelen de ware substantie zou kunnen ontsluiten van wat de componist bedoeld heeft. Maar de waarheid luidt treurig genoeg dat zelfs wanneer je een sonate van Mozart kunt spelen of een lied van Schubert kunt zingen, je altijd blijft zitten met datzelfde ongrijpbare vermoeden dat er een nog diepere betekenis schuilgaat achter de noten op het papier. De muzikant vraagt zich af: wanneer ik een muziekstuk kan spelen, heb ik het dan begrepen? Of wanneer ik het foutloos kan spelen? Of wanneer ik het uit mijn hoofd ken? Of wanneer ik de structuur ervan kan analyseren? Op elk niveau van een nog intensere omgang met de muziek blijft het muzikale onkenbare, het *Ding an sich*, intact en drukt ons met de neus op het feit dat de ware verlichting onhaalbaar is. Er is altijd dat knagende gevoel dat er iets buiten je bereik blijft. Ik heb dat zelf heel lang gehad bij de *Goldbergvariaties*, waarvan ik was gaan houden via opnames van andere pianisten, maar altijd met het duidelijke besef dat er iets onvervuld bleef. Maar op het moment dat de noodzaak zich opdrong om een dieper begrip van de wereld en het leven te ontwikkelen, kwam de vraag bij me op of de *Goldbergvariaties* een geschikt medium zouden kunnen zijn om werkelijk inzicht in de muziek te krijgen. En dus vroeg ik me af of ik ze misschien moest gaan instuderen.

Er zijn van die stukken die door grote muzikanten niet alleen worden uitgevoerd omdat de muziek weergaloze rijkdommen bevat, maar ook omdat ze gelden als een soort proeve van bekwaamheid, of bewijs van muzikale durf, en daardoor zijn zulke werken zelfs voor goede amateurs enorm intimiderend. Beethovens 'Hammerklavier'-sonate en Ravels pianosuite *Gaspard de la Nuit* zijn duizelingwekkende muziekstukken, maar evenzeer getuigenissen van de professionele moed en het prestatievermogen van iedere speler die zich eraan waagt. De *Goldbergvariaties* zijn tientallen, zo niet honderden malen opgenomen door pianisten en klavecinisten, en in transcripties voor elk instrument waarop meerstemmig spel en snel passagewerk mogelijk is – en zelfs op een paar instrumenten waarop dat niet kan. Als je twijfelt aan je eigen spel, is het dwaasheid om te proberen ze onder de knie te krijgen. En ik had twijfels te over.

Ik speel al van jongs af aan piano. Door een gelukkig toeval ben ik begonnen met piano en niet met viool. Mijn moeder zat haar dochters voortdurend achter hun vodden terwijl ze mismoedig zaten te krassen op hun kwart- en halve viooltjes, tot ze een voor een haar toorn trotseerden, hun instrument opborgen en er nooit meer naar omkeken. De piano was haar instrument niet, en daardoor had ik wat meer speelruimte om ervan te leren houden. Als prille tiener speelde ik al beter piano dan zij viool, en nam de muziek een grotere plaats in in mijn leven dan in het hare. Ze moedigde me aan, hoewel ik het altijd jammer heb gevonden dat ze op een gegeven moment niet meer samen met me wilde spelen. Uiteindelijk borg ook zij haar viool weg. Als ik haar vroeg om iets te spelen, keek ze met een stille woede naar haar linkerhand, alsof die uit eigen beweging een of andere geheimzinnige aandoening had ontwikkeld, die haar van het musiceren had vervreemd.

Ik heb het in mijn leven nooit zonder piano kunnen stellen, hoewel ik in de tijd van mijn moeders dood maar mondjesmaat studeerde. Jarenlang weigerde ik voor anderen te spelen dan voor goede vrienden en familie, voornamelijk omdat mijn vingers amper in staat waren hun weg te vinden door een stapel half ingestudeerde of grotendeels vergeten favoriete stukken van Schubert, Chopin en Liszt. Daar komt nog bij dat ik een groot deel van mijn volwassen leven mijn brood heb verdiend met schrijven over muziek, waarbij ik soms als muziekcriticus uitvoeringen van anderen recenseerde. Als je niet uitkijkt kan het een naar soort broodwinning zijn, omdat je er hyperkritisch van wordt en de muziek benadert met een onbarmhartige aandacht die je berooft van je plezier. Zo ging ik ook naar mijn eigen gebrekkige spel kijken, wat er alleen maar toe leidde dat ik minder ging spelen.

Zelfs toen de Chaconne voortdurend door mijn hoofd spookte, wist ik dat ik het stuk nooit zou kunnen spelen, en dat ik er hooguit ooit een pianotranscriptie van zou kunnen instuderen (Brahms heeft er een geschreven voor de linkerhand) of de muzikale vorm zou kunnen analyseren. De Chaconne had in de weken voor mijn moeders dood onschatbare diensten bewezen, maar zou voor mij als muzikant altijd buiten mijn bereik blijven. Het was niet een stuk waarmee ik mijn bijna manische behoefte om dieper door te dringen tot de geheimen van de muziek kon inlossen. Maar door de dood van mijn moeder kreeg ik sterk het gevoel dat nu eindelijk het moment daar was om een stuk muziek door en door te leren kennen, en het zo diep mogelijk te doorgronden als mijn beperkte muzikale vermogens maar toelieten.

Na mijn terugkeer uit New Mexico borg ik mijn spullen op, zette mijn wandelschoenen in de kast, gooide de overhemden in de wasmand en legde de opname van de Chaconne in een uithoek van een verre boekenkast, waar ik hem makkelijk kon terugvinden als ik hem ooit weer nodig had, maar niet zomaar bij toeval weer in handen kon krijgen. Ik moest er niet aan denken dat een goedbedoelende maar onwetende vriend me ermee zou verrassen door hem in een onbewaakt moment in de cd-speler te stoppen.

Maar het was drukkend stil in huis en ik wilde wel ergens naar luisteren. Dus zette ik Glenn Goulds uitvoering van de *Goldbergvariaties* uit 1955 op, een van de meest geprezen en weerbarstigste registraties die er ooit van gemaakt zijn. Met haar ietwat blikkerig patina, nog van voor het digitale tijdperk, brengt de opname een pianist in beeld die iets wonderbaarlijks verricht, door als met gekleurd licht de verstrengelde lijnen te beschijnen van Bachs dertig variaties op een steeds terugkerend harmonisch schema. Zelfs critici die zijn spel soms dor vinden, of op de spits gedreven, met zijn bijna agressieve anatomisering van de muziek, zijn ervan onder de indruk. Als de opname vandaag gemaakt zou zijn, nu er zoveel kunstgrepen voorhanden zijn waarmee het geluid bewerkt en bijgestuurd kan worden, zou je de pianist en zijn technici verdenken van manipulatie in de studio. Terwijl ik naar Goulds spel zat te luisteren ontwaarde ik in de *Goldbergvariaties* dezelfde onuitputtelijke bron van emoties en betekenissen die ik tijdens mijn moeders laatste dagen had waargenomen in de Chaconne. En de perfectie van Goulds vertolking, zijn mentale vasthoudendheid, bezorgde me koude rillingen.

Helderheid, precisie, subtiliteit: daar schortte het bij mij aan. Het probleem is dat zonder die kwaliteiten Bach onbenaderbaar is, waardoor het onmogelijk wordt om anderen plezier te laten beleven aan zijn muziek. Iedere fatsoenlijk opgeleide pianoleerling leert al vroeg Bach spelen, en Bachs muziek is van wezenlijk belang voor alles wat erna komt. Buiten de schuld van mijn docenten was ik erin geslaagd om dat deel van de basisopleiding achter me te laten zonder ooit iets van Bach werkelijk onder de knie te krijgen. Zo rukte ik voortijdig op naar later repertoire, in het volle besef dat als ik Bach weer zou oppakken de elementaire manco's van mijn muzikale scholing onverbiddelijk aan het licht zouden komen. Dat was de reden dat ik Bach vrijwel totaal uit de weg ging, zij het met een allengs toenemend gevoel van schaamte en spijt. In zijn muziek schuilt een universum aan schoonheid dat voor mijn gevoel onbereikbaar was.

Bach stelde me voor problemen die ik des te hinderlijker vond omdat ze rechtstreeks raakten aan de achilleshiel van mijn talent. Als jongeman speelde ik grote muziek, negentiende-eeuwse muziek, luid en snel en met veel dramatiek: muziek van Beethoven, Schumann en Brahms, en componisten als Liszt, die de pianotechniek tot olympische hoogten hebben opgestuwd, muziek die atletische eisen stelt en overrompelend is voor luisteraars die waarschijnlijk niet weten dat dingen die moeilijk klinken vaak helemaal niet zo lastig zijn, en dat dingen die eenvoudig lijken alleen maar zo klinken in handen van een meester. Bij deze muziek was het makkelijk om te doen alsof, om de basale, luidkeels verkondigde retoriek en dramatiek van haar romantische verlokkingen te benadrukken en intussen hier en daar wat noten weg te laten en alles te verdoezelen wat de vingers niet echt aankunnen. Maar Bachs muziek verdraagt geen enkele vorm van bluf, en brengt iedere tekortkoming genadeloos aan het licht. Op middelbare leeftijd Bach leren spelen kwam voor mij neer op een confrontatie met levenslange slechte gewoonten. Als ik zou proberen me deze muziek eigen te maken kon ik er niet onderuit een akelig feit onder ogen te zien: dat mijn toch al roestige vaardigheden rustten op een nog wankeler fundament.

We leven in een maatschappij waarin veel loze praatjes worden afgestoken over dromen en ambities, en die bol staat van de retorica over zelfvervulling. Op televisie zie je een eenennegentigjarige gewichtheffer bijna tweemaal zijn eigen gewicht bankdrukken, een blinde bergbeklimmer de top van de Mount Everest bereiken of een gewonde veteraan de Boston Marathon uitlopen. Ongetwijfeld zijn dat respectabele en inspirerende prestaties, maar als we het ouder worden met een rationele en volwassen houding tegemoet treden, leren we onze dromen te laten varen. Tegen de tijd dat ik dertig was, wist ik zeker dat ik nooit een groot balletdanser zou worden, ten dele omdat ik nooit de moeite had genomen om balletles te nemen, maar vooral omdat mijn lichaam onmiskenbaar het stadium voorbij was om te doen wat een balletdanser moet kunnen. Tegen de tijd dat ik veertig was, wist ik vrij zeker dat ik nooit een groot classicus zou worden die 's avonds oude Grieken zat te lezen bij de haard, voornamelijk omdat ik nooit de moeite had genomen om oud-Grieks te leren, maar ook omdat, wanneer ik naar de toekomst keek en uitrekende wat ik redelijkerwijs nog kon bereiken in het leven, het duidelijk was dat er nooit genoeg uren per dag zouden overschieten om me een lastige dode taal eigen te maken. Ik weet intussen zo goed als zeker dat ik nooit een Oscar zal winnen, een olympische gouden medaille zal behalen, of met een span sledehonden de finish van de Iditarod-race zal bereiken.

Elke droom die we laten varen herinnert ons weer even met een pijnlijk steekje aan onze sterfelijkheid, maar als je vasthoudt aan die dromen wordt je leven gefnuikt door teleurstellingen en nodeloos zelfverwijt. De dwaze praktijk om je vast te klampen aan een onmogelijke droom is een prima recept om levenslang te zwelgen in gevoelens van spijt, zonder ook maar in staat zijn de energie en wilskracht te vergaren om de wél haalbare uitdaging van een zinnige droom aan te gaan.

Het leren spelen van de *Goldbergvariaties* leek echter bij uitstek een zinnige onderneming – geen droom, maar een project. Ik had niet de illusie dat ik ze ooit goed genoeg zou leren spelen om tevreden te zijn over mijn eigen uitvoering. Het was me er niet om begonnen een al lang opgegeven fantasie om ooit een groot pianist te worden nieuw leven in te blazen. Het leek eerder een manier om het leven weer eens op te porren en uit te dagen om te zien waar er nog wat pit in zat. Ik wilde ontdekken of wat er in me lag te sluimeren opnieuw in elkaar gezet kon worden, of oude gedachtenpatronen na lang in onbruik te zijn geweest te reconstrueren waren, en of ik me lang genoeg kon concentreren om de noten in de vingers te krijgen en de muziek te memoriseren. Ik wilde Bach beter begrijpen en kijken of mijn geest plooibaar genoeg was om zijn muziek niet waar te nemen als een muur van geluid, maar als een netwerk van met elkaar verweven stemmen. Op middelbare leeftijd wordt de vraag 'Kan ik het nog?' even belangrijk voor ons gevoel van eigenwaarde als in onze jonge jaren de overtuiging dat alles mogelijk is. We moeten uitzoeken hoe we ons verhouden tot die vraag, en besluiten of we de dingen die we ooit plezierig of zinvol vonden los moeten laten, uit angst om ze minder goed te kunnen, zoals mijn moeder zo vaak deed. Of dat we ons juist moeten inspannen om te blijven leren, en te blijven zoeken naar het antwoord op fundamentele vragen als: wat betekent het om een muziekstuk werkelijk te kennen?

In onze strijd tegen de dood, die we nooit zullen winnen, moeten we leren ons op elegante wijze terug te trekken. Maar muziek kun je, ongeacht je leeftijd, alleen leren met behulp van een krankzinnig doorzettingsvermogen, en ook in het gewone leven is doorzettingsvermogen doorslaggevend. Mijn moeder had heel weinig doorzettingsvermogen, en ik was bang dat ik dat gebrek had geërfd. Door het verdriet om haar was ik een poos uit mijn doen, maar toen dat langzaam vervaagde tot een vaag geruis op de achtergrond van het leven, voelde ik me in staat om de werking van alles wat me in de Chaconne van Bach zo geheimzinnig en magistraal was voorgekomen nader te onderzoeken in de *Goldbergvariaties*. Ik zou het binnenwerk van de muziek leren kennen en maar zien waar me dat zou brengen – hoogstwaarschijnlijk naar een nog pijnlijker besef van mijn beperkingen, maar dan wel gesteund door de hoop dat er al doende andere lessen te leren zouden zijn.

Twee

Ik keerde terug naar huis en het gewone leven met het opwindende vooruitzicht me weer aan de piano te wijden, maar merkte al snel dat ik de buitenwereld had verzaakt. Na een maand afwezigheid lagen er niet nagekomen verplichtingen, oningeloste beroepsmatige toezeggingen en te lang uitgestelde afspraken met vrienden en collega's. Zo ontstond er een ritueel: de gewone wereld gaf me mijn oude plaats terug door tientallen redelijke eisen te stellen, en daaraan voldeed ik, omdat het leek of het beantwoorden aan die verwachtingen het rouwproces zou kunnen bespoedigen. Het verdriet werd geïnternaliseerd, zonder uiterlijke tekenen. Ik pakte het leven weer op met de gebruikelijke, typisch Amerikaanse vastbeslotenheid om een tevreden en probleemloos beeld van mezelf neer te zetten, in de hoop dat dat beeld echt zou worden en die beschamende bedroefdheid zou verdringen. Ik ging terug de wereld in, niet omdat ik klaar was met mijn verdriet, maar omdat ik dacht dat de wereld, met haar broederschap van altijd bezige mensen, het probleem voor me zou oplossen.

De feestdagen kwamen en gingen en brachten nog meer afleiding. Dat voorjaar besefte ik dat het moment gekomen was om mijn hond te laten inslapen, en verwonderde me erover hoeveel beter we omgaan met onze huisdieren dan met mensen als het gaat over het verlengen van het leven.

De laatste maanden was hij steeds zwakker geworden, en ik had tegen de dierenarts gezegd dat we hem een spuitje moesten geven zodra hij blijvend pijn zou gaan lijden. Op een dag besefte ik dat dat ogenblik was aangebroken, en later die middag zei de dierenarts dat het inderdaad zover was. De volgende dag kwam ze bij me thuis en werd de daad bij het woord gevoegd. Liefde en wetenschap deden hun werk, en een klein levend wezen verliet de wereld zonder angst, besluiteloosheid of wroeging. Niet lang voor haar dood had mijn moeder me op een gegeven moment gesmeekt om hetzelfde voor haar te doen, maar ik wist niet zeker of ze het meende. Zelfs in haar laatste levensdagen had ze nog de neiging om theatrale verklaringen af te leggen. 'Maak me maar dood,' zei ze. Nadat ik daar een paar uur over nagedacht had, zette ik haar potje slaappillen op het nachtkastje en zei: 'Kijk, die zullen je in slaap brengen.' Maar in die paar uur was ze de draad van haar gedachten alweer kwijt, en was ze vergeten dat ze me gevraagd had haar te helpen om stilletjes weg te glippen uit het leven.

Een halfjaar na de dood van mijn moeder was er een herdenkingsdienst, dus keerde ik opnieuw terug naar het huis van mijn ouders. Toen ik uit het vliegtuig stapte moest ik eraan denken dat ik me voor haar dood had afgevraagd hoe het leven eruit zou zien als ze overleden was, en dat ik toen had gedacht dat een van de dingen die ik vooral zou gaan missen was dat ik haar niet meer in de aankomsthal zou zien staan als ik weer op bezoek kwam. De eerste uren van onze sporadische herenigingen waren altijd het gelukkigst. Ze vuurde dan allerlei vragen over mijn leven op me af, waardoor ik bij mezelf zei: 'Dus zo voelt het om een moeder te hebben.' En dan dacht ik aan een toekomst waarin ze er niet meer zou zijn en niemand me zou begroeten na het passeren van de veiligheidscontrole. Maar het was al jaren geleden dat ik verwacht had dat iemand me zou verwelkomen op de luchthaven, en plotseling vond ik het een bizarre gedachte dat ik, lang voordat het werkelijkheid werd, had uitgemaakt dat ik juist dat ene ritueel zou missen wanneer mijn moeder was gestorven. Misschien zou Proust het met me eens zijn: als we ons alvast instellen op een traumatische ervaring, zijn we geneigd te denken dat we onze ontreddering en smart te vlug af kunnen zijn door ons die situatie in al haar details voor te stellen; maar wanneer het eenmaal zover is, gaat het nooit zoals we hadden voorzien.

Iedereen die nog over was van onze familiekring was aanwezig bij de herdenkingsdienst, en het plezier om tantes, ooms, neven en nichten terug te zien, voor het eerst in tientallen jaren, maakte het eerder tot een feestelijke dan een sombere gebeurtenis. Mijn vader, die nooit een groot spreker was geweest, presenteerde een diavoorstelling over mijn moeders leven, en ik was verrast hoeveel van die foto's ik niet kende, en hoe weinig ik in feite wist van het leven dat ze samen geleid hadden. Die middag leek hij jonger dan hij in jaren geweest was, en ik was blij verlost te zijn van een zorg die mijn zusters en mij had beziggehouden sinds mijn moeder ziek was geworden, namelijk dat onze vader – na stilletjes zijn leven geleid te hebben in de schaduw van mijn moeder, die tientallen jaren lang alle voorwaarden voor een gelukkig huiselijk leven had geleverd, maar niet in staat was het ook gelukkig te máken – zou vinden dat hij geen plaats meer had in deze wereld en kort na zijn vrouw zou sterven. Maar daar stond hij zowaar te vertellen over ons verleden, op een manier die dikwijls nieuw voor ons was, en op een eigen toon, terwijl hij vroeger háár napraatte. Hij had foto's van mijn moeder gekozen waarop ze gelukkig was, of deed alsof, en dit leek onze collectieve herinnering aan haar te bezegelen: een mooie jonge vrouw met rood haar die getrouwd was met haar eerste liefde, een jonge marineofficier uit Idaho, met wie ze vier kinderen had gekregen en een onafhankelijk en voorspoedig leven had geleid. Niemand begon over de rest van haar leven, over de ontevredenheid, de ergernissen en haar onbegrijpelijke woedeaanvallen, over het gekrakeel en de ruzies, die, als je de nooit gemaakte transcripties ervan zou teruglezen, altijd begonnen met haar verongelijktheid, haar moeheid of haar ergernis – en het was goed zo. De dood had onze band met haar doorgesneden, en daarmee een eind gemaakt aan alle hoop om haar woede te begrijpen; en als we die nooit zouden begrijpen, zouden we de rest van haar leven vast ook nooit kunnen begrijpen, dus waarom zouden we dan niet een blijere en eenduidigere herinnering in de plaats stellen van een beeld dat ons altijd zou blijven verwarren?

En zo keerde ik voor de tweede keer sinds mijn moeders dood terug uit Albuquerque, maar ditmaal ging mijn bedroefdheid gepaard met een zekere moedeloosheid. Niet alleen was ze er niet meer, maar ook had ik geen energie meer voor pogingen om haar te begrijpen. Ik liet de gedachten aan haar varen en rangschikte haar onder de dingen die we nu eenmaal moeten accepteren in het leven, zoals emoties die we nooit zullen voelen, dingen die we nooit zullen bezitten en plaatsen waar we nooit zullen wonen. Opnieuw richtte ik me op andere zaken, op de praktische dingen van alledag. Mijn plannen om de *Goldbergvariaties* in te studeren belandden geleidelijk aan op de lange lijst van dingen die ik nog te doen had in het leven, voegden zich bij het koor van stemmetjes die zeiden 'repareer het dak' en 'val vijf kilo af', schoven naar de achtergrond en raakten iedere dag wat verder weg. En toen, bijna een jaar later en praktisch bij toeval, hervond ik de intensiteit van die relatie met de muziek die ik ten tijde van mijn moeders dood had ervaren. Ik was in Chicago om een voordracht te houden, en had dat weekend onverwacht 's ochtends een paar uur vrij. Ik slenterde door de stad, keek naar etalages en mensen, en constateerde tot mijn verrassing dat dit nou iets was waaraan ik vroeger bij uitstek veel plezier beleefde. Maar ik kon geen gevoel van verlangen oproepen, niet naar dingen en niet naar mensen. Niets van wat er te koop was had ook maar de geringste aantrekkingskracht voor me. Menselijke lichamen, zelfs de aantrekkelijke, leken wezensvreemd. Het verlangen naar dingen, en dikwijls naar mensen, fungeert als een keten van vervangende behoeften, en brengt ons ertoe een nieuwe das of een paar schoenen te willen aanschaffen, wat eigenlijk een substituut is voor diepere fundamentele verlangens, naar contact, macht en zelfs onsterfelijkheid. Maar die keten was verbroken, en nu rees de vraag wat mijn drijfveer was om door die straten te lopen, en wat nu eigenlijk deze vreemde lege huls bezielde die op de hoek van Michigan Avenue stond en niets kon verzinnen wat hij zou willen hebben.

En toen stuitte ik bij toeval op een van die weinige winkels die zich nog toeleggen op klassieke muziek, en schoot het me te binnen hoe fijn ik het vroeger vond om in stoffige bakken met oude bladmuziek te snuffelen. De winkel was vol met jonge mensen, vaak met instrumentenkoffers bij zich. Overal om me heen waren mensen op zoek naar dingen, naar vioolconcerten van Mozart, strijkkwartetten van Boccherini of aria's van oude Italianen die al lang vergeten zouden zijn zonder die paar verrukkelijke niemendalletjes die voortleven in populaire compilaties. Elk van die zoektochten was een bewijs dat wat in mij een sluimerend bestaan leidde bij anderen springlevend was, en ik schaamde me dat ik zo ver was weggedreven van de behoefte om te groeien, te leren en te leven. Bij het betreden van de winkel was ik even confuus, alsof ik het juiste adres had gevonden maar de reden voor mijn afspraak was vergeten, of bij de kruidenier was binnengestapt zonder mijn boodschappenlijstje. In het begin voelde ik me een beetje een bedrieger dat ik daar zomaar rondliep, tussen al die echte en ambitieuze musici. Maar toen bedacht ik dat er inderdaad iets was wat ik in deze winkel moest gaan kopen, en terwijl ik op de drempel van de grote lichte ruimte stond die gonsde van de activiteit, begon ik mijn geest systematisch uit te kammen en sprak bijna hardop uit wat ik dacht: waar ben je naar op zoek? En door die vraag stomweg nadrukkelijk te herhalen leken mijn hersenen voldoende op te warmen om het oude verzet en de apathie weg te doen smelten, wat me weer deed denken aan een regel uit een van mijn favoriete gedichten, 'The Flower' van George Herbert uit 1633. Het gaat over het verschrompelde hart van een oude man dat, zo schrijft hij, '*was gone/ Quite underground; as flowers depart/ To see their mother-root, when they have blown.*'*

---

* ...in de bodem verdwenen was, zoals verwelkte bloemen zich terugtrekken in de moederwortel.

In het jaar na de dood van mijn moeder had ik het zelf musiceren vrijwel opgegeven. Ik luisterde nog wel naar muziek, ging naar concerten en hield nieuwe opnames bij, maar ik had de piano in geen maanden aangeraakt. Dat kwam niet alleen doordat ik het druk had. Ik kon niet met een beschuldigende vinger naar 'het leven' wijzen, alsof het leven iets vreemds en vijandelijks is, iets mechanisch waarover we niet meer macht hebben dan over een bal in een flipperkast. Ik had de piano meer dan ooit nodig, maar mijn goede voornemens raakten, zoals dat zo vaak gaat, ingedamd en geïmmobiliseerd door de angst voor mislukking. Het leek onzinnig om nog meer bladmuziek te kopen, wat de stofnesten en de wanorde in huis alleen maar erger zou maken en me eraan zou herinneren hoe makkelijk het is om het leven op afstand te houden. Want zolang ik maar uit de buurt van de piano bleef, bleef mijn verlangen om de *Goldbergvariaties* te leren spelen een actief, zij het uitgesteld voornemen; maar wanneer ik eenmaal zou gaan studeren zou het een actieve ambitie worden, een echt project, en ik was bang dat het net zo zou eindigen als die andere vruchteloze projecten, zoals het half geverfde hek in de voortuin of de stapels ongelezen boeken op mijn bureau.

De weerstand die ik voelde leek op wat je kunt ervaren wanneer je een oude vriend na een lange afwezigheid opbelt. De telefoon pakken of een brief schrijven is niet moeilijk. Je weet dat het hernieuwde contact plezierig zal zijn. Maar zelfs bij vrienden die nooit ruzie hebben gemaakt en die met gemak de draad van het gesprek zouden kunnen oppakken op het punt waar hij jaren geleden is blijven liggen, gaat de stilte een eigen leven leiden. Ze groeit uit tot iets wat bijna tastbaar is, een wederzijdse terughoudendheid van mensen die te beleefd of te bijgelovig zijn om het evenwicht te verstoren. Ik had in het voorbije jaar elk uur van de dag achter de piano kunnen gaan zitten. Ik moet wel honderden malen langs het instrument gelopen zijn, dat daar stond, kil en met de uitstraling van een doodskist. Ik stofte het af en liet het zelfs stemmen en hield de temperatuur en vochtigheid in de kamer – waarvoor piano's even gevoelig zijn als planten voor water – scherp in de gaten, beter dan mijn eigen kleren. Maar aan de piano gaan zitten en de toetsen aanraken zou neerkomen op het aangaan van een gesprek dat voor mijn gevoel te veel van me zou vergen. De piano en ik hadden een zichzelf in stand houdende toestand van wederzijdse schuwheid bereikt.

Het was geen gewoon uitstelgedrag, niet de weerstand die je kunt voelen tegen iets wat je moet doen, tot de druk ondraaglijk wordt en er problemen dreigen. Dit was een fundamenteler soort weerstand, die we al kennen zolang de mensheid de luxe geniet om het ene ding te kunnen kiezen boven het andere. Elke dag koos ik ervoor niet te doen wat ik wilde doen – wat me te doen stond, zoals ik maar al te goed wist. Blijven hangen in plannen en voornemens lijkt misschien een slimme manier om het verstrijken van de tijd een stap voor te zijn, door jezelf altijd naar de toekomst te projecteren, maar op het moment zelf zuigt het je leeg. 'Bedenk hoe lang u dit al hebt uitgesteld, en hoe dikwijls u de tijd die voor alles staat hebt ontvangen van de goden zonder dat u daar gebruik van hebt gemaakt,' schreef Marcus Aurelius, een oude Romeinse vechtjas die op de drempel van de dood stond en probeerde een brug te slaan tussen het alleen maar kennen en het daadwerkelijk toepassen van de inzichten die hij in de loop van zijn leven had vergaard.

De muziek die ik, zoals ik die ochtend in Chicago besefte, nu eindelijk moest gaan kopen, was het stuk dat het afgelopen jaar steeds in mijn achterhoofd had gezeten, een werk dat bij de eerste publicatie de volgende, nogal intimiderende titel meekreeg: *Clavier Übung, bestehend in einer Aria mit verschiedenen Veränderungen, vors Clavicimbal mit zwei Manualen. Denen Liebhabern zur Gemüths-Ergetzung verfertiget von Johann Sebastian Bach.**

De winkel had een exemplaar van de klassieke Schirmer-uitgave met datzelfde ouderwetse saaie gele omslag dat de uitgever al gebruikte voordat ik geboren was. Zelfs nu, al die jaren nadat ik op mijn vierde mijn eerste pianoles kreeg van een aardige Welshe vrouw, maakte de aanblik van dat belegen Schirmer-vignet een gevoel van verwachting en opwinding in me los. Vroeger, toen kinderen uit de burgerlijke middenklasse geacht werden een muziekinstrument te leren bespelen, kreeg je als beginneling gewoonlijk een vrolijk gekleurd leerboek voorgezet, vol eenvoudige liedjes met titels als 'Indian Dance' of 'Irish Gigue', met daartussen allerlei illustraties en tekeningen die aangaven hoe je je vingers moest neerzetten. Maar als je een wat gevorderder stadium bereikte, kon je die plaatjesboeken opzijleggen en mocht je door naar 'serieuze' muziek, van componisten als Clementi, Kuhlau en Mozart, die kleine sonates of sonatines hebben geschreven voor jonge spelers, toegankelijke muziek die

* Clavier-Übung, bestaand uit een aria met diverse variaties, voor een klavecimbel met twee manualen. Vervaardigd voor liefhebbers, om het gemoed te behagen, door Johann Sebastian Bach.

desondanks niveau en aantrekkingskracht heeft, en werd uitgegeven in traditioneel uitgevoerde boeken door bedrijven als Schirmer. Het was een verademing om te zien dat de *Goldbergvariaties* er even sober en degelijk uitzagen als alle andere boeken waaruit ik als jongen had gestudeerd.

Bach zelf heeft ze nooit de *Goldbergvariaties* genoemd, dus op het omslag staat de naam 'Goldberg' tussen aanhalingstekens, als bevestiging van de biografische raadsels en verwarring die dit imposante stuk aankleven. Johann Gottlieb Goldberg was een leerling van Bach, maar bij lange na niet de bekendste of invloedrijkste. Zijn naam is met het stuk verbonden geraakt als gevolg van een anekdote in de eerste biografie van Bach, die meer dan een halve eeuw na de dood van de componist het licht zag. De schrijver, Johann Nikolaus Forkel, meldt daarin het volgende:

> Dit werk [...] hebben we te danken aan het initiatief van de voormalige Russische gezant aan het keurvorstelijk hof van Saksen, graaf Kaiserling, die dikwijls in Leipzig was, en dan de reeds genoemde Goldberg meenam om hem door Bach in de muziek te laten onderrichten. De graaf was vaak ziek en had slapeloze nachten. Goldberg, die bij hem in huis woonde, moest bij zulke gelegenheden de nacht in een voorvertrek doorbrengen, om hem tijdens zijn slapeloosheid iets voor te spelen. De graaf zei eens tegen Bach dat hij graag wat klavierstukken zou willen hebben voor Goldberg, die een zo lieflijk en ietwat levendig karakter zouden moeten hebben dat hij daardoor tijdens zijn slapeloze nachten enigszins opgevrolijkt zou worden. Bach meende dat hij deze wens het best kon vervullen

door middel van variaties, het schrijven waarvan hij tot dusverre als ondankbaar werk had beschouwd, wegens de steeds gelijkblijvende harmonische grondslag. Maar omdat in die tijd al zijn werken reeds toonbeelden van kunst waren, werden onder zijn hand deze variaties dat eveneens. Toch heeft hij slechts één werk van deze categorie geschreven. De graaf noemde ze hierna zíjn variaties. Hij kreeg er nooit genoeg van ernaar te luisteren, en nog lang nadien luidde het verzoek wanneer er slapeloze nachten kwamen: 'Beste Goldberg, speel alsjeblieft een van mijn variaties voor me.'[3]

Hiervoor werd Bach volgens Forkel beloond met een 'gouden beker, gevuld met honderd louis d'or', een onwaarschijnlijk groot bedrag voor die tijd, ongeveer tienmaal zoveel als er betaald werd voor een cantate die bestemd was voor een gehoor van koninklijken bloede. Het is een van de vele legenden zonder duidelijke herkomst waarmee de muziekgeschiedenis bezaaid is, en wegens de vele tegenstrijdigheden wordt dit verhaal door de Bach-kenners grotendeels verworpen. Bach liet zijn variaties in 1741 uitgeven, als onderdeel van een magistrale meerdelige reeks klavierwerken die hij de *Clavier-Übung* noemde – een diepgaand compendium van de mogelijkheden en de techniek van het klavierspel.[4] De *Clavier-Übung* was een van de diverse herculische pogingen die halverwege de eeuw werden ondernomen om de menselijke kennis te verzamelen en te ordenen. Andere bekende voorbeelden zijn de *Encyclopédie* van Denis Diderot uit 1751 en Samuel Johnsons *A Dictionary of the English Language* uit 1755. Bach stak veel tijd en moeite in deze uitgave, en bij een dermate gewichtige publicatie zou je normaal gesproken een uitvoerige en onderdanige opdracht verwachten aan de man die het werk besteld had. Maar in het deel van de *Clavier-Übung* dat de variaties bevat wordt niet gerept van graaf Keyserlingk, en is van de Keyserlingk-Goldberg-connectie evenmin een spoor te bekennen.

Ook andere details zijn ietwat merkwaardig. Zijn deze variaties werkelijk zo geschikt om bij in te sluimeren? Hoewel veel ervan op 'lieflijke' wijze gespeeld kan worden, zijn andere weer zo 'levendig' dat het moeilijk voorstelbaar is dat een slapeloze er baat bij zou kunnen hebben. De somberder getinte variaties, waarin Bach niet alleen zijn materiaal in een mineurtoonaard presenteert, maar tevens gemoedstoestanden aanroert die ver uitgaan boven gewone melancholie of bedroefdheid, lijken evenmin geschikt als slaapliedje. Er zijn maar drie variaties in een mineurtoonsoort, de vijftiende, de eenentwintigste en de vijfentwintigste, maar hun invloed op het muzikale drama als geheel is onevenredig groot, aangezien ze een domein van angst en wanhoop betreden dat nauw verbonden is met de intense hartstochten van Bachs meest aangrijpende religieuze muziek. Het valt niet mee om door een kruisiging heen te slapen.

Ook lijken de variaties niet bepaald de meest toepasselijke respons op het verzoek van een mecenas die niet meer verlangde dan wat rustgevende klanken die vanuit het voorvertrek zijn slaapkamer zouden binnensijpelen. In veel opzichten is dit radicale muziek, waarin de variatievorm verder wordt uitgebouwd dan ooit tevoren, en nieuwe uitersten aan variëteit en structureel drama worden verkend. Als Bach inderdaad gehoor heeft gegeven aan die feitelijk nogal denigrerende opdracht – schrijf muziek die een aristocraat in slaap zal sussen – hebben de *Goldbergvariaties* meer weg van een uitgekiende grap. Forkels kleurrijke anekdote, die de Bach-kenners nog steeds dwarszit, werd gepubliceerd in 1802, toen de meeste van Bachs kinderen en al zijn zoons die naam hadden gemaakt in het muzikale familiebedrijf waren overleden. Toch verwerpen de onderzoekers het verhaal niet totaal, ten dele omdat Forkel rechtstreeks en via brieven contact onderhield met de familie Bach, in het bijzonder met Carl Philip Emanuel en Wilhelm Friedemann Bach, die zo rond het begin van de negentiende eeuw befaamder waren dan hun vader.

Onderzoek doen naar Bach lijkt enigszins op onderzoek doen naar Shakespeare: er is een enorme discrepantie tussen de diepgang en de reikwijdte van de artistieke nalatenschap enerzijds en de schamele hoeveelheid betrouwbare biografische gegevens anderzijds. Net als het merkwaardige detail in Shakespeares testament, dat hij zijn vrouw zijn 'op één na beste bed' naliet, zijn specifieke details van Bachs leven al eeuwen onderwerp van studie en analyse. Ons beeld van zijn leven en persoonlijkheid is gebaseerd op een klein aantal flink uitgekauwde verhalen, waarvan de meeste telkens weer terugkeren in de biografische literatuur, al twijfelt men in veel gevallen aan de authenticiteit ervan. Hij werd een keer zo boos op een andere organist dat hij hem uitfoeterde en hem zijn pruik naar het hoofd smeet; hij stal muziek van zijn oudere broer, bij wie hij inwoonde toen hij zijn ouders verloren had; hij vond geld dat verborgen was in een paar weggegooide vissenkoppen, waardoor hij geen honger meer hoefde te lijden en de vrijheid genoot om te reizen; en ooit boezemde hij een Franse organist die hij voor een muzikaal duel had uitgenodigd zoveel angst in dat de ongelukkige musicus liever wegvluchtte uit de stad dan door Bach met zijn superieure vermogens in zijn hemd gezet te worden.

Maar ook al weten we over Shakespeares leven al net zo weinig, in zijn toneelstukken treden wel honderden denkbeeldige personages op, die stuk voor stuk zijn opgebouwd uit geloofwaardige details, en elk in aanleg een deel bevatten van de Shakespeare naar wie we op zoek zijn. Op zijn minst geeft dat ons het gevoel dat we de wereld kunnen zien zoals Shakespeare haar waarnam, zij het dat hijzelf in dit plaatje ontbreekt. In het geval van Bach onderstreept de muziek het kleine beetje wat we weten van zijn persoonlijkheid – dat hij vroom en nauwkeurig was, hard werkte en meer talent had dan alle andere musici uit heden en verleden. Maar het is moeilijk om meer greep te krijgen op de rest van Bach, op zijn gerechtvaardigde eigendunk, zijn incidentele opvliegendheid, zijn temperament, zijn aardse humor en zijn liefde voor zijn gezin en het huiselijk leven. De gegevens zijn er, maar het zijn er niet genoeg om er harde conclusies aan te verbinden of een bevredigend portret van de man samen te stellen. En als je dat alles op een hoop zou gooien en het op je gemak zou uitzoeken, zou je vrijwel zeker tot de conclusie komen dat als je mocht kiezen tussen een etentje met Shakespeare of een met Bach, de eerstgenoemde het pleit met gemak zou winnen.

Zoals zoveel Bach-bronnen biedt Forkels dunne levensbeschrijving een handvol kruimels die stuk voor stuk waardevol zijn, maar voor een flink deel potentieel twijfelachtig. Forkel was niet zomaar een historicus of biograaf, hij brak ook een lans voor een man die in 1802 alom werd beschouwd als een dorre, saaie, al te intellectuele en in esthetisch opzicht veeleisende componist. Hoewel Forkel

Bachs kinderen persoonlijk kende, zijn de gegevens die hij aan hen ontleende niet noodzakelijkerwijs betrouwbaarder dan de getuigenissen van onpartijdige vrienden of collega's. Ouders met een sterke persoonlijkheid beïnvloeden de herinneringen van hun kinderen en soms vervormen ze die zelfs. Uit Bachs brieven blijkt dat op zijn minst een van zijn zoons zich dusdanig ingedamd voelde door de verwachtingen of de druk van zijn vader dat hij het ouderlijk huis voorgoed ontvluchtte. Plichtsbesef en respect voor ouders, bewondering en wrok, lief en leed zijn onberekenbare stoorzenders bij het doorgeven van feiten, zelfs binnen een enkele generatie: ongetwijfeld ben ik als getuige van mijn moeders leven, of zelfs dat van mezelf, niet door en door betrouwbaar.

Maar Forkels anekdote is verbazend uitvoerig, concreet en aantrekkelijk. Sommige onderzoekers houden het voor mogelijk dat de schrijver gewoon een paar namen en details verkeerd heeft doorgekregen, dat Bach wellicht kort na de publicatie van de variaties in aanraking is gekomen met Keyserlingk en zijn verheven schutspatroon eenvoudigweg een gesigneerd exemplaar heeft geschonken. Misschien was Keyserlingk gevleid door dit gebaar en begon hij de muziek te beschouwen als 'mijn variaties'. Maar wat te denken van die merkwaardig nauwkeurige huis-, tuin- en keukendetails: dat de jonge Goldberg in dienst was van Keyserlingk, dat zijn meester een slechte gezondheid had en leed aan slapeloosheid, dat de piepjonge muzikant op een klavecimbel speelde dat in het voorvertrek van de grafelijke slaapkamer stond? Misschien klopt er geen enkel detail van deze anekdote en misschien is ze zelfs totaal verzonnen, maar ze roept wel fascinerende vragen op over de muzikale uitvoeringspraktijk omstreeks het midden van de achttiende eeuw. Werden de variaties van het begin tot het einde gespeeld, als één enkel reciet met een grote spanningsboog, zoals het tegenwoordig vrijwel zonder uitzondering gedaan wordt? Of werden ze à la carte opgedist, naar believen van de uitvoerder of naargelang de luimen van de luisteraar? Keyserlingk draagt zijn muzikant niet op om 'de' variaties te spelen, maar heeft het veeleer over 'een van mijn variaties'. Zelfs het beeld van het soort muziek dat zich leent om iemand in slaap te brengen zou in de loop der eeuwen wel eens veranderd kunnen zijn. Het is heel goed mogelijk dat een bezigheid die wij misschien beschouwen als muzikaal veeleisend – het aandachtig volgen van een complexe contrapuntische partituur – in de achttiende eeuw niet per se als inspannend werd ervaren.

Dan is er nog het probleem van Goldberg zelf. Hij werd geboren in Danzig, het huidige Gdansk, als zoon van een vooraanstaande instrumentenbouwer, en groeide op in een welgesteld muzikaal milieu in een stad met een rijke en veelzijdige cultuur. De jonge muzikant was min of meer een wonderkind, en trok reeds op tienjarige leeftijd de aandacht van Keyserlingk. Geruggensteund door de Russische graaf studeerde de jonge Goldberg bij de oudste zoon van Bach, Wilhelm Friedemann, een uitmuntend klavierspeler en waarschijnlijk de muzikant voor wie de *Goldbergvariaties* zijn geschreven, alsmede bij Bach zelf. De jongen stond bekend om zijn virtuositeit, zijn vermogen om direct van blad te spelen en zijn voortreffelijke techniek, en deed zich ook gelden als componist, maar bezweek vroegtijdig, op negenentwintigjarige leeftijd, aan tuberculose. In weerwil van al deze muzikale vaardigheden wordt Goldbergs prille leeftijd door Bach-kenners die Forkels anekdote ongeloofwaardig vinden aangevoerd als extra bewijs dat het verhaal niet waar kan zijn. Christoph Wolff, een van de meest vooraanstaande Bach-kenners ter wereld, schrijft: 'De leeftijd van de ontegenzeggelijk begaafde Johann Gottlieb Goldberg (1727-1756), die in 1737 door Keyserlingk in Leipzig naar Bach werd gebracht voor muziekonderricht en later door hem in dienst werd genomen als huisklavecinist, lijkt het in hoge mate onwaarschijnlijk te maken dat Bach hem, een jongen van amper dertien, op het oog had toen hij het werk concipieerde.'[5] Dit is merkwaardig, gezien de aanzienlijke hoeveelheid wonderkinderen die de geschiedenis in de loop der eeuwen gekend heeft. Van alle argumenten tegen Forkels betrouwbaarheid is dit het zwakste, maar tegelijkertijd een van de veelzeggendste: blijkbaar vindt men het verkieslijker dat de oorsprong van een van Bachs grootste werken in nevelen gehuld blijft dan te geloven dat hij het geschreven heeft voor iemand die zo onbeduidend, zo jong en zo vergeten is als de beklagenswaardige Johann Gottlieb Goldberg.

Forkel doet het voorkomen alsof Bach zich tegen heug en meug van de opdracht zou hebben gekweten, omdat hij niet van de variatievorm hield, gezien het repetitieve karakter ('ondankbaar werk' wegens 'de steeds gelijkblijvende harmonische grondslag'). En hij voegt er ten onrechte aan toe dat dit het enige werk is waarin Bach deze vorm hanteert. Deze laatste vergissing is begrijpelijk, want er is maar één eerder werk van Bach overgeleverd waarbij in de titel sprake is van 'variaties'. Dat is een kleine reeks variaties 'in Italiaanse stijl' (*Aria variata alla maniera italiana*) op een vrij simpel wijsje, die heden ten dage zelden wordt uitgevoerd.

Maar dat was bij lange na niet Bachs enige eerdere bijdrage aan de variatievorm.

Het variatieprincipe ligt ten grondslag aan een significant deel van Bachs oeuvre. De grote Chaconne voor viool en de *Passacaglia in c-klein* voor orgel zijn niet alleen monumentale uitwerkingen van de variatievorm, maar ze zijn tevens gebaseerd op een 'steeds gelijkblijvende harmonische grondslag'. Ook in zijn meerstemmige fuga's, een vorm die Bach als geen ander beheerste, maakt hij gebruik van een buitengewoon gestructureerde motivische variatietechniek, waarbij individuele stemmen de oorspronkelijke melodielijn veranderen naargelang het harmonisch of dramatisch effect dit vereist, waarbij de ritmes worden verkort of verlengd, en fragmenten van het basisidee worden geïsoleerd en opnieuw gecombineerd. In veel van de instrumentale suites is sprake van terugkerende harmonische schema's, zodat elk deel, net als elke variatie in de *Goldberg*-cyclus, in feite een variatie op een al bestaand patroon is. Als je ziet hoe immens belangrijk de in de *Goldbergvariaties* toegepaste technieken zijn voor Bachs oeuvre als geheel, hoe kan Forkel dan beweren dat de componist de taak 'ondankbaar' vond?

Het maakt natuurlijk wel uit waaróp er gevarieerd wordt, en hóé. Anders dan latere componisten zoals Mozart en Beethoven, die bij het schrijven van hun variaties gewoonlijk uitgingen van een melodische lijn – soms een bekend liedje of een populaire aria, waaronder in Mozarts geval het wijsje dat we nu kennen als 'Twinkle, Twinkle, Little Star'* –, bouwden de componisten uit Bachs tijd hun variaties dikwijls op vanuit de baslijn, die nu eens fungeerde als

---

* 'Kortjakje'. Bij Mozart heet het 'Ah! vous dirai-je, maman'.

'thema' voor nadere uitwerking en dan weer als ankerpunt voor variaties in de bovenstemmen. Het verschil tussen de *Goldbergvariaties* en een werk als de Chaconne – die allebei zijn gebaseerd op een herhaalde baslijn – wordt bepaald door de lengte en de vorm van het materiaal dat Bach als uitgangspunt kiest.

De baslijn in de Chaconne is maar vier maten lang en wordt voortdurend herhaald, als een harmonisch ostinato, waarboven Bach een naadloos in elkaar grijpende stroom van nieuwe ideeën ontvouwt. Het psychologisch effect van het korte, steeds herhaalde patroon van de Chaconne verschilt aanmerkelijk van dat van de variatievorm die Bach gebruikt in de *Goldbergvariaties*. De Chaconne maakt dikwijls een compacte, obsessieve en hardnekkige indruk. De baslijn van de *Goldbergvariaties* daarentegen beslaat tweeëndertig maten, tweemaal zoveel als veel van Bachs koraalzettingen, en net als in zijn koralen komt die lange lijn op een aantal plaatsen tot rust, voor ze haar weg naar het einddoel vervolgt.

Ze begint met een dalende reeks noten die luisteraars uit die tijd bekend in de oren moet hebben geklonken, en misschien zelfs als een cliché – ongeveer zoals de op drie akkoorden gebaseerde popliedjes van onze tijd – maar wordt daarna vrijer en minder voorspelbaar. Hoewel de ariamelodie opent met een statig voortschrijdend ritme, wordt dat later plooibaar, met kortere noten die zich vrijuit ontrollen en de aanvankelijke ingetogenheid van het lied doen vervagen. De muziek schudt stilletjes en onopvallend haar kluisters af, op een manier die merkwaardig in tegenspraak lijkt met wat we gewoonlijk als 'barokmuziek' beschouwen, met haar formele, regelmatige en zelfs voorspelbare karakter. Dit moment, waarop het formele vloeibaar wordt, is van historisch belang en wijst op een ingrijpende verandering in de muzikale stijl die al een eind op gang was toen Bach zijn variaties componeerde, de opkomst van een nieuwe 'galante' esthetiek die men eenvoudiger, toegankelijker, melodieuzer en sierlijker vond dan de muziek waaraan Bach zijn faam te danken had. Ook is dit onderdeel voor veel luisteraars een van de meest ontroerende van de hele cyclus, vooral wanneer de aria aan het slot wordt herhaald en het fluïde karakter van deze melodielijn zich voordoet als een auditief zinnebeeld voor het verstrijken van de tijd zelf.

Gedurende die dagen waarin ik mijn moeder zag sterven hadden de korte, snel opeenvolgende herhalingen van de Chaconne voor mij een gevoel van rouw belichaamd, een gevoel in de greep te zijn van iets wat primair, dwingend en niet-aflatend is. Maar nu gaven de *Goldbergvariaties* de contouren aan van iets wat pas later komt na een verlies, het elastische gevoel van verwarring dat voortkomt uit het idee dat je weet waar je bent terwijl je tegelijkertijd de weg kwijt bent. Na de klap die de dood je toebrengt dool je door de wereld en onderzoek je het verlies, hoe het werkt, hoe het dingen onthult die verborgen waren, hoe het je dikwijls beperkte beeld van de overledene aanvult en een begin maakt met het proces waarmee het die persoon in je herinnering vastlegt. Als de greep van het verdriet minder sterk wordt, keer je terug naar de wereld die je ooit kende, maar die nu getransformeerd blijkt te zijn door datgene wat eraan ontbreekt: als Bach aan het eind van de *Goldbergvariaties* de aria herhaalt waarmee het werk begon, heeft ze een compleet andere lading gekregen. Het is net zoiets als de rivier waar je onmogelijk tweemaal in kunt stappen. Bach lijkt te zeggen: 'Je hebt dit ene ding, dat je zo goed denkt te kennen, nog nooit gehoord.'

Het was die ochtend in Chicago helemaal niet nodig om een nieuw exemplaar van de variaties aan te schaffen. Bijna elke noot die Bach ooit heeft geschreven is gratis en voor niets te vinden op internet, en ik had eenvoudigweg een oude uitgave van het stuk kunnen printen. Bach zou versteld hebben gestaan van deze ontwikkeling, niet alleen door het besef hoezeer hij door het nageslacht op handen wordt gedragen, maar ook omdat het overgrote deel van zijn oeuvre geen verbreiding kende en niet bestemd was voor een publiek buiten de kerk, de salon van de mecenas of een kleine kring van leerlingen en collega's. Van Bachs muziek was niet meer bekend dan een handvol uitgegeven werken (waaronder de *Goldbergvariaties*) en toen hij stierf kan hij weinig zekerheid hebben gehad dat zijn naam na de dood van zijn zoons of kleinkinderen nog zou voortleven. Bijna een eeuw na Bachs dood was zijn nalatenschap zelfs zo veronachtzaamd dat Felix Mendelssohn geld inzamelde om een gedenkteken voor hem op te richten in Leipzig. Bij de onthulling kwam ook Bachs laatste nog levende kleinzoon opdagen, een krasse grijsaard van in de tachtig; alleen al zijn bestaan was voor iedereen een verrassing.

Om een of andere reden vond ik het die ochtend in Chicago zinnig om geld uit te geven aan een nieuw exemplaar van de *Goldbergvariaties*, en op een of andere manier hielp die transactie me mijn weerstand om weer muziek gaan maken te overwinnen. Het was iets wat concreet aanvoelde, een kleine, fysieke opleving na een lange periode van indolentie. Tijdens de korte vlucht van Chicago naar huis haalde ik het boek tevoorschijn en sloeg de eerste pagina van de aria op. Er is een soort bijgeloof verbonden aan het omslaan van de eerste bladzijden van een nieuw boek: het onbekende dat daarin besloten ligt, zal je veranderen. Het is een fantasie die in de loop van de tijd vervaagt, naarmate we ouder worden, onze identiteit vastomlijnder wordt en we het nieuwe met een kritischer blik beoordelen. Maar toen ik het titelblad van Bachs grootste klavierwerk opsloeg, kwam even de herinnering aan die verleidelijke belofte van weleer bij me op, samen met dat oude gevoel van hoop dat je zou kunnen verzinken in dat mysterie en aan de andere kant weer getemperd, gereinigd of gelouterd tevoorschijn zou komen.

Tegen de achtergrond van het geluid van de motoren hoorde ik de muziek in mijn hoofd, half als herinnering, half stilletjes voor mezelf gezongen, een fragiele lijn die drie stappen omhooggaat en daarna zes naar beneden, een inademing gevolgd door een lange zucht. De melodie leek eenvoudiger dan ik me herinnerde, zuiver en kinderlijk. Toen ik als jongen zat te studeren op de kleine buffetpiano in de huiskamer was ik me er scherp van bewust dat mijn moeder meeluisterde. Als ze een slecht humeur had, was ze gespitst op fouten, en vergaarde zo het bewijs dat ik slordig was of geen aandacht schonk aan wat mijn lerares me had opgedragen. Als ze in een opvliegende bui was stormde ze op mij en de piano af, woedend over mijn halsstarrigheid. Ik probeerde haar dan te kalmeren of te zeggen dat het me speet, tenzij ik ook kwaad was, en in dat geval draaide het uit op ruzie. De afloop van zo'n aanvaring was afhankelijk van haar, en het ging altijd op een van deze twee manieren: ze sloeg me op mijn armen en mijn hals, trok me aan mijn haar en stuurde me dan naar mijn kamer; of ze begon te huilen, boos dat ik het zuurverdiende geld verknoeide dat ze uitgaf aan mijn lessen, en wanhopig over mijn ondankbaarheid. Een keer trok ze zo hard aan mijn haar dat ik achterover van de pianokruk viel en op de grond bleef liggen kijken naar haar van woede vertrokken gezicht. Ze vluchtte naar haar slaapkamer en ik verruilde de piano voor de stilte van een boek.

Maar mijn herinnering aan dat meeluisteren is me langer bijgebleven dan haar woede, en was ook belangrijker voor me. Ik heb er tot op de dag van vandaag last van wanneer ik in mijn eentje piano zit te spelen in een leeg huis. Ze is mijn andere oor, allergisch voor muziek die snel, ingewikkeld of dissonant is, altijd in afwachting van iets eenvoudigs en lieflijks, en zelfs nu nog ben ik me ervan bewust dat ze meeluistert over mijn schouder. Ze berispt me en moedigt me aan, en ook al is het tientallen jaren geleden dat ik regelmatig voor haar speelde, toch laat ik mijn oordeel over mijn spel nog altijd afhangen van de vraag of ze in slaap valt of me toelacht vanuit de andere kamer. Ze houdt van Chopin en de langzame delen van Mozart, hoort op de ochtend van Thanksgiving graag een bekend kerstlied of 'We Gather Together', en hoewel ze intussen diep weggestopt liggen in een kist op zolder weet ik dat ze het heerlijk zou vinden om een paar van de liedjes te horen die ik als kind verzon en opschreef, vrolijke wijsjes die ik componeerde in navolging van dingen die ik op de radio hoorde, opgewekt en vol herhalingen.

Naarmate mijn pianospel beter werd, sprak de muziek die ik speelde haar steeds minder aan. Ze genoot nooit van Liszt of Rachmaninov, met uitzondering van een paar preludes en de wat lyrischer karakterstukken. Bij Brahms zei ze altijd: 'Oef, te zwaar.' In mijn studietijd liep ik weg met de muziek van de grillige Russische romanticus en mysticus Alexander Skrjabin en later met de Poolse componist Karol Szymanowski, maar de klanken die zij voortbrachten maakten haar alleen maar prikkelbaar. Opera, waarvan ik meer ging houden dan van welke andere muziek ook, vond ze niet interessant, afgezien van een paar aria's die populair waren gemaakt door Pavarotti. Als ik muziek van Verdi draaide, riep ze vanaf de bovenverdieping: 'Wat is dat voor afschuwelijk misbaar?' En dan zette ik de muziek uit, terwijl ik me afvroeg waar dat woord eigenlijk vandaan kwam.

In de loop der jaren versmalde haar muzikale voorkeur zich tot de fundamenteelste dingen, het overbekende klassieke werk en eenvoudige stukjes vol charme en gevoel. Mijn pogingen om technisch lastige passages onder de knie te krijgen, of me door muziek met veel vertoon van virtuositeit heen te worstelen, werkten haar op de zenuwen. Maar wanneer er lyriek in het spel kwam, wanneer de onstuimigheid van een Beethoven-sonate overging in een pastorale episode of Mozarts kwikzilverige loopjes plaatsmaakten voor een langere, bezielde melodie, wist ik dat ze de aansluiting zou terugvinden en tevreden zou zijn over mijn inspanningen. Toen ik nog een jongen was gaf ze wel eens commentaar vanuit een andere kamer en noemde me dan bij mijn roepnaam: 'Dat is mooi, Flip.' En hoewel ik me de klank van haar stem niet meer zo goed herinner, zijn mijn hersenen even goed afgericht als een trouwe hond, zodat wanneer de muziek mooi is op de manier waarnaar ze altijd verlangde, ik die nog lieflijker speel en nog altijd mijn beloning verwacht: 'Dat is mooi, Flip.'

Tegen het eind van haar leven was er voor zover ik weet nog maar één stuk waarvan ze echt genoot: Ralph Vaughan Williams' vioolfantasie *The Lark Ascending*. De muziek, die voor haar als meisje en jonge vrouw een groot deel van haar leven had bepaald, was allengs ingekrompen tot een enkel stuk, een muzikale uitbeelding van een vogel die opstijgt in de lucht en de aarde en alle daaraan gebonden dingen achter zich laat, voor hij omhoogzwevend de stilte nadert – '*to silence nearer soars*', de woorden van George Meredith, wiens gedicht de Britse componist tot inspiratiebron diende. En hoewel er een wereld van verschil is tussen de twee stukken, tussen de eenvoudige vioolfantasie die rijk is aan melodische inspiratie en de *Goldbergvariaties* met hun contrapuntische complexiteit, kan ik die laatste herhaling van de aria aan het slot van Bachs meesterwerk nooit beluisteren zonder te denken dat iets daarin 'omhoogzwevend de stilte nadert'.

Tussen mijn kindertijd en dat ogenblik dat ik, opeengeperst in een middenstoel, in een uit Chicago vertrokken vliegtuig zat, met de *Goldbergvariaties* op schoot, had ik een wereld aan muziek opgebouwd die helemaal van mijzelf was, stukken ingestudeerd die ik nooit voor haar gespeeld heb, en van muziek gehouden die voor haar altijd wezensvreemd en ondoorgrondelijk zou blijven. Daarom kwam het als een verrassing dat ik, terwijl ik inwendig naar de onvergetelijke *Goldberg*-aria zat te luisteren, plotseling werd overvallen door het besef dat ik déze muziek nooit voor haar zou spelen. Ik had hetzelfde kunnen zeggen over de grote hoeveelheid stukken die ik in de afgelopen decennia had leren spelen. Maar daarbij was er altijd nog de mogelijkheid geweest dat ik ze ooit aan haar zou laten horen, dat ze vanuit de andere kamer 'dat is mooi, Flip' zou roepen. Tot nu toe had die stem altijd een dunne, maar plausibele connectie met een ander levend mens gehad. Nu leefde ze alleen maar voort in mijn herinnering. Het was een talisman van volwassen eenzaamheid, die alleen bleef voortbestaan dankzij mij, iets wat niemand ooit nog zou opmerken, benoemen of zou helpen onthouden, en als ik er niet meer was om die herinnering nog te koesteren zou het vervagen ervan uitermate onbelangrijk, maar tevens absoluut onherroepelijk zijn. En het treurigste van alles was dat deze aria nou precies het soort muziek was waar ze dol op zou zijn geweest.

* * *

Ik zou willen dat Forkels verhaal over Bach en de jonge Goldberg waar was, dat Bach die muziek had geschreven voor een jonge klavecinist, om een slapeloze graaf vanuit een verduisterd vertrek naast diens slaapkamer mee te tronen naar dromenland. Het is een aantrekkelijke anekdote die de componist, de uitvoerder en de luisteraar bijeenbrengt in een volmaakte cirkel, door het genie van de rijpe kunstenaar te verbinden met de levenslust van de jonge musicus en de verfijnde smaak van de ideale luisteraar. Componisten hebben behoefte aan uitvoerenden, uitvoerenden hebben behoefte aan luisteraars, en luisteraars willen graag geloven dat de muziek speciaal voor hen is gemaakt. Ik geniet van dat onwaarschijnlijk hoge bedrag, de honderd louis d'or die de graaf zou hebben neergeteld voor de muziek, een adellijk eerbetoon aan een waarachtig genie, een teken dat zowel de mecenas als de kunstenaar zich bewust was van de waarde van hetgene wat uitgewisseld werd. Ik mag graag denken dat Keyserlingks gulheid verklaart waarom er helemaal niets over hem te lezen staat op het titelblad, dat er ergens een brief van Bach ligt waarin hij de graaf de tekst van een onderdanige opdracht voorlegde, en dat het antwoord van de graaf luidde: 'Nee, de muziek is genoeg.'

Ook stel ik me graag voor dat de jonge Goldberg dit alles met enig ontzag heeft gadegeslagen, in het besef dat hij de bemiddelaar en intermediair was tussen die beide prominente mannen die vele jaren ouder waren, en een zware verantwoordelijkheid op zijn schouders voelde drukken wanneer hij begon te spelen. Misschien vroeg hij zich overdag af wat zijn plaats in de wereld was, in de schaduw van de bezigheden en aangelegenheden van de graaf, van diens werk als diplomaat en positie als aristocraat. Maar wanneer de avond was gevallen en ze de buitenwereld achter zich hadden gelaten, speelde zich iets af wat nog indrukwekkender was. Dan nam de jonge Goldberg plaats achter het klavecimbel en speelde zo mooi en nauwgezet als hij maar kon, waarbij hij zijn aandacht verdeelde tussen de noten op het papier en de geplaagde man in het andere vertrek. Doodsbang om een vergissing te maken, waardoor zijn werkgever wakker zou kunnen worden, maar intens geboeid door de muziek, die totaal verschilde van alles wat hij ooit eerder gespeeld had, zette hij dan de aria in, langzaam, onopgesmukt en met de sierlijkste frasering die zijn vingers maar konden voortbrengen. Misschien volstond dat al om de graaf in slaap te brengen, maar zo niet, dan speelde de jongeman verder, al liet hij wellicht de onstuimige polonaise van de eerste variatie vallen ten gunste van de volgende, die ongedwongen door een rustiger deel van het bos kuiert.

En als hij gesnurk hoorde opstijgen uit de slaapkamer, het overtuigend bewijs dat de graaf ten langen leste vertrokken was, verkeerde hij in tweestrijd: zou hij de moed hebben om voor zijn eigen plezier verder te spelen, op het gevaar af dat een nieuwe wending in de muziek zijn inspanningen teniet zou doen, dat een levendige variatie vol drama en contrasten de rust zou verstoren en zijn werkgever in de aangrenzende kamer zou wekken? Of deed hij er beter aan zich dat genoegen te ontzeggen en middenin te stoppen, plichtsgetrouw de stroom van de muziek af te kappen ten gunste van de stilte? Maar hij moest wel ophouden, Bachs bladmuziek bijeengaren, de kaarsen snuiten en het vertrek verlaten, om zich ergens te ruste te leggen, ergens waar het ongetwijfeld veel minder imposant en behaaglijk was dan in de kamer waarin het klavecimbel achterbleef, stil en stom.

Drie

Myfanwy woonde maar een paar deuren verder dan het huis waar ik de eerste zes jaar van mijn leven doorbracht, in een buitenwijk van Schenectady, New York. Haar huis was ongetwijfeld gebouwd in dezelfde tijd als alle andere split-levelhuizen in die wijk, en de indeling van de kamers was nagenoeg gelijk aan die bij ons, maar de atmosfeer was totaal anders. In haar huis was het stil, de ramen waren omhangen met dikke gordijnen, en het licht dat binnenviel door de vitrage was warm en doorschoten met kleuren. Het stond er vol met allerlei spulletjes uit vervlogen tijden, zoals porseleinen beeldjes en droogbloemen in vazen van geslepen glas, en aan de muren hingen reproducties van schilderijen van oude meesters, die ze leende van de plaatselijke bibliotheek. Myfanwy, die oorspronkelijk uit Wales kwam en minstens zeventig jaar oud was, was een in de wijk alom geliefde en bekende vrouw die pianoles gaf aan kinderen uit de buurt.

Bij ons, wat verderop in de straat, was er altijd herrie. Wanneer in de warme maanden de ramen openstonden, kon je mijn zussen haperend en plichtmatig toonladders horen krassen op hun goedkope beginnersviooltjes, waar mijn moeder soms vanuit een andere kamer in het huis iets van Vivaldi doorheen speelde. Maar er werd ook gegild, ruziegemaakt en met deuren geslagen, en hoewel dat niet doordrong tot de straat kon je soms iemand horen huilen in de kamer van mijn ouders, in een gedeeltelijk verbouwde zolder boven de benedenverdieping. Het was een klein huis vol eigengereide mensen, met een sterke maar wispelturige vrouw aan het hoofd, die dikwijls zei dat ze helemaal geen moeder wilde zijn. Ik was in die tijd te jong om te weten wat het probleem was – dat een meisje van negentien, dat had gedroomd van een groots en meeslepend leven, beland was in een doorsneebestaan – maar telkens wanneer ik dat kleine eindje van het huis van mijn pianojuf naar mijn eigen huis aflegde, voelde ik dat er iets mis was.

Ik heb drie jaar lang les gehad van Myfanwy en speelde dan op haar met fraai houtsnijwerk versierde buffetpiano kleine stukjes uit fleurige leerboeken waarbij zij meezong, met haar charmante Welshe accent. Ze was klein en dik, heel aardig en lachte graag. Ze hield van kinderen zonder dat ze hun ooit het gevoel gaf dat ze kinderen waren. Als ik bij haar binnenkwam stelde ze me vragen over de dingen die jongens van vier of vijf belangrijk vinden. Dan stuurde ze me naar het toilet om mijn handen te wassen, waarna ze me optilde, met een overdreven gekreun en een diepe lach, alsof ik een zak meel was, en me op de ronde zitting van haar pianokruk zette. Anders dan onze piano, een in Japan gefabriceerde kast van glanzend hout met kunststof toetsen en een scherpe metalige klank, had die van haar ivoren toetsen en bracht een donker en warm geluid voort. Zo zaten we aan het instrument dat boven ons allebei uittorende, ik met mijn beentjes die te kort waren om de pedalen te bereiken en Myfanwy naast me in haar pluchen leunstoel, naar alle kanten uitdijend, behalve opwaarts.

Ik weet dat ik vier of vijf was, omdat ik piano kon spelen voordat ik kon lezen. Muziek kwam mijn leven binnen op dezelfde manier als taal, onbewust en moeiteloos. Mijn zusters zullen me thuis wel een paar dingen hebben geleerd, maar Myfanwy bracht me de elementaire kennis bij. En toch herinner ik me niet dat ik mezelf dingen aanleerde of van anderen iets leerde, maar alleen dat ik eens per week naar Myfanwy's huis ging en dat we dan heerlijk een halfuur bezig waren met zingen, op de toetsen timmeren en lachen. Een paar jaar later leerde ik lezen, een moeizaam proces dat gepaard ging met veel kopzorgen, en nog altijd staat het moment me bij dat mijn lerares tegen de klas zei: 'Philip leest', toen ik zwoegend de lettergrepen uit mijn eerste leesboekje uitsprak. Maar ik kan me geen vergelijkbaar moment aan de piano herinneren, waarop mijn vingers plotseling deden wat er van ze verwacht werd en iemand zei: 'Philip speelt piano.'

In mijn vroege jeugd kweet mijn moeder zich van alle verplichtingen die volgens haar tot het moederschap behoorden, en een daarvan was dat ze haar kinderen muziekles gaf. Haar oudste dochters kregen allebei een viool en ze ging hun zelf lesgeven, wat een vergissing was. Ze speelde met hen mee, werd dan gefrustreerd en boos en verweet hun dat ze slordig en onoplettend waren. Na de dood van mijn moeder vroeg ik mijn tante of ze een ijverige vioolleerling was geweest. 'O ja, ze was de beste van ons allemaal,' zei ze, doelend op de drie zusters die samen waren opgegroeid in de jaren veertig. Hoewel de snoepwinkel van mijn grootvader slecht liep, slaagde hij erin om instrumenten voor zijn dochters te kopen, waaronder een heel behoorlijke tweedehands kwartviool die van een buurman was geweest. De goede viool ging naar mijn moeder. 'Ik kreeg altijd afdankertjes,' zei mijn tante. Mijn moeder en mijn tante verkleedden zich van tijd tot tijd als zigeuners en speelden samen duetten op feestjes, niet voor geld, maar om vrienden en familie plezier te doen of een dienst te bewijzen. Mijn moeder heeft me daar nooit iets over verteld, maar in mijn tantes herinnering was het een serieuze aangelegenheid, met een paar minder leuke kantjes: 'Er werd een keer gebeld of we konden komen spelen en ik zei dat we dat niet zouden redden,' vertelde ze. Maar mijn grootmoeder rukte de telefoon uit haar vingers en snerpte in de hoorn: 'Ze zullen er zijn.'

Misschien had mijn moeder het idee dat ze van haar oudste dochters net zo'n duo kon maken als ze destijds had gevormd met haar zus. Misschien vond ze dat haar dochters niet inzagen hoeveel geluk ze hadden dat ze elk op een eigen nieuw aangeschaft viooltje konden spelen, en niet op een tweedehands exemplaar van een welvarende buurman. Misschien had ze gewoon geen geduld en stond ze onder hoogspanning, met vier kinderen in huis, en herinnerde het samen musiceren met haar dochters haar eraan dat de muziek voor haar niet de weg naar onafhankelijkheid en vrijheid was geweest. In elk geval was vioolspelen voor mijn oudste zusters een bezoeking, wat leidde tot heftige conflicten met mijn moeder, die dreigementen uitte, kleinerende opmerkingen maakte en in woede uitbarstte, tot het hele huis trilde van de slaande deuren en iedereen zo ver mogelijk was weggevlucht van de woede en de tranen van de anderen. Om een of andere reden bespaarde ze mij en mijn jongste zuster die kwellingen. Wij mochten naar pianoles bij een lieve mevrouw voor wie muziek een bron van gezelligheid en plezier was, en een discipline die vermomd was als spel.

Myfanwy was de eerste van de drie pianoleraressen die ik als kind had, en het afscheid verliep bij geen van drieën prettig. Kort nadat ik begonnen was met de lagere school, gingen we weg uit ons eerste huis en kochten mijn ouders een paar kilometer verderop een ruim nieuwbouwhuis met moderne gemakken, zoals een elektrische garagedeur en kamers die verbonden waren door een intercomsysteem. Dat gebruikten we overigens nooit, omdat we niet bijzonder veel behoefte hadden om met elkaar te communiceren, en als dat absoluut noodzakelijk was, was roepen makkelijker. Het huis stond op een kale vlakte met pas ingezaaid gras, zonder een spoor van bomen, struiken of bloemen. In mijn ogen was het gigantisch, met een eigen kamer voor elk van de vier kinderen en eindelijk een behoorlijke slaapkamer voor mijn ouders, die genoeg hadden van het slapen op zolder. Mijn moeder was reuze blij met het nieuwe huis en ging aan de slag om gordijnen te maken, die ze helemaal zelf knipte en naaide, en alles te voorzien van bij elkaar passende kussentjes en overtrekken, met inbegrip van de piano, die een bekleding kreeg met een geometrisch zwart-wit ruitjespatroon dat wij destijds heel modern vonden. Maar het nieuwe huis bracht ook minpunten met zich mee: de jongste kinderen, onder wie ik, moesten van school veranderen, en we woonden niet meer op loopafstand van Myfanwy's huis.

Mijn zus Lisa en ik hadden dus een nieuwe lerares nodig, en omdat Lisa ouder was en ik al aardige vorderingen maakte, gingen we op zoek naar een lerares die meer was dan een muzikale babysitter, een gekwalificeerde docent die ons naar een hoger niveau zou tillen. Charlotte was een Duitse vrouw die in een van de nettere buitenwijken woonde en een drukbezochte lespraktijk had in een ruimte naast haar keuken. Anders dan Myfanwy, die bij het opendoen altijd de indruk wekte dat ze juist klaar was met het kneden van brooddeeg of in een pan soep had staan roeren, bestierde Charlotte haar studio met doortastende efficiëntie. Iedere week zaten we zenuwachtig te wachten aan de keukentafel en hoorden door de deur heen het geluid van de piano en de stem van Charlotte die almaar telde en telde en telde. Dan ging de deur open en volvoerde Charlotte met een brede glimlach een soepele manoeuvre, waarbij ze het ene kind met de rechterhand naar buiten schoof en met de linker het volgende naar binnen wenkte, alsof ze van een of ander tijdbesparend huishoudelijk apparaat de batterijen verwisselde. Na de eerste les stuurde Charlotte ons naar huis met een postordercatalogus van een muziekuitgeverij waarin ze minstens vijfentwintig boeken had aangekruist die blijkbaar acuut noodzakelijk waren voor onze verdere scholing. 'Jezus Christus,' zei mijn moeder, toen ze had uitgerekend wat dat ging kosten.

Een van onze nieuwe aanwinsten was het *Notenbüchlein für Anna Magdalena Bach*, een muzikale bloemlezing die in de jaren twintig van de achttiende eeuw is samengesteld door de familie Bach. Anna Magdalena was Bachs tweede vrouw, die voor haar huwelijk een begaafde beroepszangeres was geweest. Het muziekboek dat haar naam draagt bevat een mengelmoes aan muziek, waaronder diverse danssuites die tot Bachs meest toegankelijke klavierwerken horen, en korte stukken van andere componisten. In een tijd waarin gedrukte muziek niet makkelijk verkrijgbaar was, hadden zulke muziekboekjes zo'n beetje dezelfde functie als een familieplakboek of een receptenbundel – een vrij willekeurige verzameling muziek die was geschreven voor uiteenlopende doeleinden. Er was muziek bij die gebruikt kon worden om thuis dansles te geven, aria's die favoriet waren bij familiebijeenkomsten, koralen waarmee kinderen de basisprincipes van de harmonieleer leerden, en zelfs door de kinderen zelf gecomponeerde muziekstukjes, hun eerste probeersels (met correcties van hun vaders hand), die werden bewaard en gekoesterd, als een lok haar van een zuigeling of oude polaroids.

De aria die het uitgangspunt zou worden voor de *Goldbergvariaties* komt voor het eerst voor in het *Notenbüchlein für Anna Magdalena Bach* uit 1725 (hoewel ze waarschijnlijk later is toegevoegd), samen met twee menuetten die populair waren als oefenstukjes toen ik het instrument leerde spelen. Charlotte zei altijd: 'Heer, geef ons heden onze dagelijkse Bach', en deze twee menuetten waren bedoeld als mijn eerste kennismaking met Bach. Het zijn eenvoudige, elegante, melodieuze tweestemmige werkjes, maar er is geen geoefend oor voor nodig om te constateren dat ze niet echt klinken als muziek van Bach. In de jaren zeventig is dan ook vastgesteld dat ze zijn geschreven door Christian Petzold, een componist en organist die, anders dan Bach, heel Europa doorkruiste. Het boek met muzikale notities van de familie Bach biedt ons een intrigerend maar onscherp kijkje in het huiselijke leven van het gezin, en geeft misschien enig idee van hun voorkeuren en interesses. Petzolds menuetten bevinden zich hier in het gezelschap van een klein maar fijn rondeau van François Couperin, de Franse grootmeester van het klavecimbel en een componist voor wie Bach bewondering had, en van een menuet met een onduidelijke toeschrijving aan 'Mons. Böhm', wellicht de beroemde organist Georg Böhm, bij wie Bach waarschijnlijk als tiener heeft gestudeerd. Uit deze en andere werken, waaronder aria's uit diverse genres, zoals ook de opera (een vorm die Bach nooit heeft beoefend), rijst het beeld op van een pragmatisch en ingetogen huishouden, waar men nieuwsgierig was naar de buitenwereld en het niet gênant vond om van muziek te houden die makkelijk in het gehoor lag en niet veel om het lijf had, althans vergeleken met de muziek die de pater familias beroepsmatig componeerde.

Ook aangaande de *Goldberg*-aria bestaat bij sommige kenners twijfel of ze wel van Bachs hand is. Eigenaardig genoeg staat het stuk in het muziekboekje op twee pagina's die een andere aria in tweeën delen. Kennelijk is ze toegevoegd nadat de kopiist van een lied met de titel 'Bist du bei mir', dat ontleend is aan Gottfried Heinrich Stölzels opera *Diomedes*, per ongeluk twee bladzijden in het midden onbeschreven heeft gelaten. Misschien zaten die aan elkaar vastgekleefd en wilde degene die de *Goldberg*-aria erin schreef geen blanco papier verspillen. Maar de in 'Bist du bei mir' uitgedrukte gevoelens sluiten merkwaardig goed aan bij de betoverende melodische aantrekkingskracht van de *Goldberg*-aria, alsof het *Goldberg*-wijsje een zoete vulling was die in het donkerder getinte omhulsel van de aria werd gestopt:

Bist du bei mir, geh ich mit Freuden
zum Sterben und zu meiner Ruh.
Ach, wie vergnügt wär so mein Ende,
es drückten deine schönen Hände
mir die getreuen Augen zu!

Als jij bij mij bent, dan ga ik met vreugde
naar de dood en naar mijn rust.
Ach, hoe aangenaam zou mijn einde zijn
als jouw mooie handen
mijn trouwe ogen zouden sluiten.

Philip Spitta, wiens Bach-biografie dikwijls wordt beschouwd als het eerste serieuze standaardwerk over Bach (en nog altijd een van de lezenswaardigste boeken over dit onderwerp is) waagde zelfs te veronderstellen dat de *Goldberg*-aria in aanleg een liefdesliedje was. 'Hij moet haar oorspronkelijk stellig voor Anna Magdalena gecomponeerd hebben,' schrijft hij, en bij Bachs besluit om deze aria als inspiratiebron voor zijn variaties te gebruiken 'speelden vermoedelijk tevens bijzondere persoonlijke motieven mee'.[6] Maar in de jaren tachtig, nog juist op tijd voor Bachs driehonderdste geboortejaar, brak er een heftig debat uit over de vraag wie de auteur was, waarbij een onderzoeker stelde dat het stuk 'vrijwel zeker niet van Bach is, maar van een tot dusverre onbekende Fransman'.[7] Anderen spraken dit met kracht tegen, maar inmiddels heerst er een niet volkomen eensluidende consensus dat de aria weliswaar niet altijd kenmerkend is voor Bach en voorzien is van 'galante' fijnzinnigheden, maar wel degelijk van Bachs hand is.

Ik moet de *Goldberg*-aria en 'Bist du bei mir' als kind wel honderd keer langs hebben zien komen terwijl ik op zoek was naar andere, wat eenvoudiger stukken die voor mij toegankelijker waren, zoals Petzolds menuetten. Dat zijn heerlijke stukjes, wie ze ook geschreven heeft, en ik leerde ze onder Charlottes toezicht goed genoeg spelen om over te stappen op Bachs wat eenvoudigere preludes, en daarna, in de loop van de volgende jaren, naar de eerste preludes en fuga's uit zijn grote standaardwerk *Das wohltemperierte Klavier*. Charlotte had duidelijke en vastomlijnde ideeën over pianotechniek en verlangde een precieze positie van de hand, met de pols en de handpalmen vlak en de vingers iets gekromd, die stuk voor stuk even opgetild moesten worden en de toets moesten raken met de licht percussieve tik van een oude typemachine. 'Weet je hoeveel gewicht er nodig is om een pianotoets in te drukken?' vroeg ze me ooit, toen ik te luid speelde. Ik bekende dat ik het niet wist. 'Twee Hershey-repen.' Dat komt dus neer op ongeveer negentig gram. Ooit, toen ik het geluk had twee chocoladerepen tot mijn beschikking te hebben, heb ik geprobeerd die op een toets te leggen om te kijken of die naar beneden zou gaan en zachtjes een snaar zou laten klinken, maar het lukte me niet om ze fatsoenlijk in evenwicht te krijgen. Ik ben er nooit achter gekomen of Charlotte gelijk had, maar ik kan me nog duidelijk voor de geest halen hoe ze vermanend 'twee Hershey-repen' zei wanneer ik harder speelde dan gewenst was.

Myfanwy had gezegd dat ik talent had, en Charlotte droeg me op handen, in tegenstelling tot mijn zus Lisa, die wel talent had maar door haar stiefmoederlijk werd bejegend. Hoewel Lisa het in het begin fijn vond bij Charlotte, zag ze de les algauw met angst en beven tegemoet, en volgden er gesprekken met mijn moeder, op fluistertoon of achter gesloten deuren. Ten slotte barstte de bom. Mijn zus zegt dat het zo ging: kort voor Kerstmis zei ze tegen Charlotte dat ze een lastige Beethoven-sonate wilde instuderen, maar die zei dat dat stuk te moeilijk was voor haar. Lisa hield voet bij stuk en studeerde tijdens de vakantie het eerste deel in, maar toen ze dat tijdens de eerste les van het nieuwe jaar speelde, zei Charlotte alleen maar: 'Je speelt het in de verkeerde toonsoort.'

Het is moeilijk te zeggen wat je hiervan moet denken. Ik heb het verhaal uit de tweede hand en was niet aanwezig bij de confrontatie aan de andere kant van de keukendeur. Het lijkt onaannemelijk dat een kind een Beethoven-sonate in 'de verkeerde toonsoort' zou kunnen instuderen, wat nog moeilijker zou zijn dan het stuk in de juiste toonsoort te spelen. Maar misschien speelde ze het in het verkeerde tempo of vergat ze hier en daar wat mollen en kruisen. Misschien heeft ze Charlotte verkeerd verstaan of verkeerd begrepen, of misschien was Charlotte gewoon gemeen tegen haar. Maar hoe het ook zij, mijn moeder en mijn lerares kregen ruzie en daarmee scheidden ook voor mij onze wegen.

Ik zat in zak en as, en Lisa was zo aangeslagen door het gebeurde dat ze het pianospelen helemaal opgaf. Bij Myfanwy was muziek vooral leuk geweest, maar Charlotte gaf me het idee dat muziek ook iets belangrijks was. Ze had me laten kennismaken met serieuze muziek, stukken die gewichtige namen hadden zoals 'sonatine', 'inventie' en 'menuet'. Ze had me het gevoel gegeven dat ik deel uitmaakte van een volwassen traditie, van iets wat in ere gehouden moest worden, en in de tijd dat ik les van haar had was ik voor het eerst in staat van muziek te genieten als muziek, en niet als een kunstje dat een kind opvoert voor volwassenen of als een klusje dat moest worden geklaard. Succes was daar intrinsiek mee verbonden en betekende heel wat meer dan een ster die in mijn leerboek werd geplakt, wat Myfanwy's beloning voor een goede prestatie was geweest. Bij Charlotte was ik voor het eerst in staat om buiten mezelf te treden en het luisteren naar de muziek los te zien van mijn geploeter op de piano. Voor het eerst kon ik tegen mezelf zeggen: Philip speelt piano. Het is best mogelijk dat Charlotte mijn zus lelijk heeft behandeld, maar mij maakte dat niet veel uit. Tegen mij was ze altijd aardig geweest.

* * *

De bloei van het piano-onderwijs als cultureel fenomeen hield in de Verenigde Staten tot ver in de jaren tachtig aan.[8] In de eerste tien jaar van de twintigste eeuw fabriceerden Amerikaanse pianobouwers naar schatting 370 000 piano's, een productie die tijdens de Grote Depressie en de Tweede Wereldoorlog terugliep, maar omstreeks 1980 weer was gestegen tot bijna een kwart miljoen instrumenten. In de tijd dat ik opgroeide, kwam je in de nettere voorsteden maar zelden een huis zonder piano tegen. Maar het vreemde ritueel van de muziekles, dat beladen is met sociale aspiraties en de hang naar zelfverbetering van de middenklasse, heeft wortels die verder teruggaan dan de positie van de piano als het dominante instrument in burgerlijke huishoudens. De voorloper van de piano was het klavecimbel, dat ingezet werd ter ondersteuning van professionele operazangers, kamermuziekensembles en orkesten, maar ook in zwang was als solo-instrument. In het Frankrijk van het ancien régime was er een bescheiden beroepsgroep die zich toelegde op het klavecimbelonderricht, hoofdzakelijk aan leerlingen uit adellijke kringen en de hogere standen, met name aan vrouwen. De beroemdste van deze docenten, François Couperin, was ook een van de grote genieën van de klaviermuziek; hij schreef diverse bundels korte stukken met raadselachtige titels die nu eens ironisch of idyllisch, dan weer sprankelend of sardonisch waren, bondige schetsen van iets – een stemming, een persoon, een idee – wat steeds op verfijnde, gevoelige en beheerste wijze in muziek was gevat. Bach, wiens muzikale stijl en opvattingen hemelsbreed verschilden van die van Couperin, bewonderde hem zeer, en hoewel niets wat hij geschreven heeft ooit verward zal worden met de muziek van Couperin, zijn er in zijn klavierwerken tal van momenten waar oplettende luisteraars sterk het gevoel zullen hebben dat ze een echo van of een hommage aan de Franse meester horen.

In 1716 was Couperins faam als leraar dusdanig gegroeid dat hij zijn eigen leerboek voor jonge spelers uitgaf, *L'art de toucher le clavecin* (De kunst van het klavecimbelspel). Hij presenteerde zijn inzichten aan de buitenwereld alsof het ging om het openbaren van familierecepten of belangrijke handelsgeheimen: 'Sommige personen zullen misschien zeggen dat ik mijn eigenbelang schaad door mijn eigen onderzoekingen te onthullen,' schreef hij in zijn voorwoord. Maar dat hij (in een latere editie) kon melden dat zijn muziek gunstig was ontvangen in 'Parijs, de provincies en het buitenland', gaf wel aan hoe wijdverbreid zijn reputatie was. Couperin was in die tijd buiten Parijs even beroemd als Bach onbekend was – het geïsoleerde Thüringen daargelaten – en zijn bescheiden boekwerkje is nog altijd een onmisbare informatiebron waaraan we een groot deel van onze kennis van de klavecimbeltechniek te danken hebben. Hierin wordt nauwkeurig beschreven hoe men het lichaam, de handen, de polsen en de armen moet houden en welke versieringen, vingerzettingen en fraseringen men bij het musiceren dient toe te passen. Ook bevat het nuttige adviezen over het belang van een waardig voorkomen tijdens het spelen: 'Wat betreft het maken van grimassen kan men dit zelf corrigeren door een spiegel op de lessenaar van het spinet of het klavecimbel te zetten.' Musiceren ging niet alleen over het plaatsen van de juiste vingers op de juiste toetsen, maar was een discipline die het hele lichaam betrof, een fysiek vertoon van gemak en gratie, van het gezicht tot de voeten tot de vingertoppen. Muziek werd steeds meer een integraal onderdeel van een geleidelijk opkomend zelfbewustzijn.

In zijn voorwoord uit 1717 gaf Couperin ook dit advies:

> Het is tijdens de eerste lessen die men aan kinderen geeft beter om hun niet aan te raden te studeren in afwezigheid van de persoon die hen onderwijst. Kleine mensen zijn te onoplettend om zich eraan te onderwerpen hun handen in de houding te houden die men hun heeft voorgeschreven. Zelf houd ik bij het begin van lessen aan kinderen uit voorzorg de sleutel bij me van het instrument waarop ik hen lesgeef, opdat ze niet tijdens mijn afwezigheid ongedaan maken wat ik hun in drie kwartier tijd zo zorgvuldig heb geleerd.[9]

Couperins leerlingen moeten uitzonderlijk veel persoonlijke aandacht hebben gekregen, althans vergeleken met de industrie die het piano-onderricht in de negentiende eeuw zou worden. Al voor het midden van de negentiende eeuw werden piano's en masse gefabriceerd door rivaliserende bedrijven in Europa en de Verenigde Staten, en de instrumenten waren inmiddels zo betaalbaar dat de kring van leerlingen niet langer beperkt bleef tot de jongedames uit Jane Austen-romans van een vorige generatie. Er kwam een voortdurend uitdijend en technisch veeleisend solorepertoire tot ontwikkeling, en ook jonge mensen uit de middenklassen legden zich toe op het instrument. De discipline van het pianospel drukte een steeds groter stempel op de mensen die het instrument bespeelden, en ook op het huiselijk leven, waar de piano niet alleen een muzikaal ankerpunt werd, maar tevens een manifestatie van de door de Verlichting in gang gezette rationalisering van de wereld.

Naarmate meer mensen over voldoende vrije tijd beschikten om een instrument als de piano te leren spelen, werd het steeds gebruikelijker om intensief te studeren, en brachten leerlingen lange eenzame uren door aan het klavier, waar ze zich verder bekwaamden in en schaafden aan wat ze tijdens de les hadden geleerd. Een van de beroemdste grootheden uit dit vroege tijdperk van de pianopedagogiek was Carl Czerny, een leerling van Beethoven. Hij zou later de leraar worden van de grootste virtuoos van de negentiende eeuw, Franz Liszt, die op zijn beurt de leermeester werd van een volgende generatie musici. Czerny leverde een belangrijke bijdrage aan de standaardisering van een uitgesproken mechanistische opvatting van wat de leerlingen zich eigen dienden te maken, en de beelden die hij oproept in zijn boek met praktische piano-adviezen zijn bijna cru: 'Want de vingers zijn kleine ongehoorzame schepselen als ze niet in toom worden gehouden, en gaan er graag als een jong paard vandoor zodra ze enige bedrevenheid bereikt hebben.'[10]

Couperin mocht dan het klavecimbel op slot doen om te voorkomen dat zijn leerlingen afdwaalden van het rechte pad, maar omstreeks het midden van de negentiende eeuw werd van pianoleerlingen verwacht dat ze lange uren in eenzaamheid doorbrachten achter het instrument. Tevens werden ze geacht een scrupuleuze toewijding en zelfverloochening op te brengen. De emotionele en existentiële verandering die dit teweegbracht in het huiselijk leven is te zien aan een schilderij uit 1916 van Matisse, *La leçon de piano*. Het toont Pierre, de zoon van de schilder, achter het klavier van een Pleyel-vleugel, waarop een grote metronoom staat die een prominente positie inneemt tussen hem en de toeschouwer. Pierre staart de toeschouwer aan met slechts één oog, want het andere gaat schuil achter een merkwaardig driehoekig vleeskleurig vlak, dat even groot is en dezelfde piramidale vorm heeft als de metronoom. Hoewel Matisse later op een verwant schilderij, *La leçon de musique*, een jongen zou afbeelden die samen met zijn lerares aan de piano zit, is Pierre op dit schilderij helemaal alleen, afgezien van de afbeelding van een vrouw op de achtergrond. In zijn eenzaamheid wordt hij gekweld en verscheurd door het onophoudelijke mechanische getik van de metronoom, die zijn afdruk direct op zijn gezicht heeft achtergelaten. En juist de rechterhelft van zijn hersenen, het deel dat de voornaamste rol speelt bij de verwerking van muziek, wordt verduisterd door die metronoomachtige uitwissing van zijn identiteit.

In de standpunten van pedagogen als Czerny zien we eenvoudigweg een weerspiegeling van algemenere negentiende-eeuwse discussies over opvoeding. Verwerven we kennis en meesterschap door middel van voortdurende aandacht en discipline? Of is dat eerder afhankelijk van emotionele betrokkenheid en het vrijelijk kunnen toegeven aan nieuwsgierigheid? Voorstanders van een strikte discipline huldigden niet noodzakelijkerwijs een mechanistische opvatting van educatie, maar hun aversie van vrijheid en ongebondenheid is duidelijk voelbaar, en die ongerustheid loopt al sinds de Verlichting als een rode draad door de muziekgeschiedenis. Ze is zelfs te beluisteren bij iemand als Robert Schumann, die pleitte voor een holistischer opvatting van educatie, waarin een gezonde balans tussen discipline en vrijheid het uitgangspunt was. In zijn 'Musikalische Haus- und Lebensregeln' wees hij op het belang van een ruimhartige muzikale belangstelling en betrokkenheid, die niet beperkt zou moeten blijven tot toetsinstrumenten. Hij raadde de lezer aan om naar allerlei soorten muziek te luisteren, ook naar opera en religieuze muziek, zich een grondige kennis van harmonieleer en de muzikale basisprincipes eigen te maken en geregeld mee te spelen in kamermuziekensembles. Maar volgens hem was er ook een rol weggelegd voor plezier, vertier, en incidenteel voor improvisatie:

> Als de hemel je een levendige fantasie heeft gegund, zul je dikwijls in eenzame uren als betoverd aan de vleugel zitten, in het streven de harmonieën van je innerlijk te uiten, en hoe onduidelijk het rijk van de harmonie je vooralsnog wellicht voorkomt, je zult je op des te geheimzinniger wijze een magische cirkel binnengetrokken voelen worden. Dat zijn de gelukkigste uren van de jeugd. Maar waak er intussen voor je te vaak over te geven aan een talent dat je zal verleiden om kracht en tijd als het ware aan schaduwbeelden te verspillen.[11]

Schumann schreef dit in het tijdperk waarin de conservatoria opkwamen, dus zelfs zijn terughoudende goedkeuring van die 'levendige fantasie' en die 'magische cirkel' is strijdig met de opinies die in die tijd opgeld deden. In de eerste decennia van de negentiende eeuw schoten overal in Europa conservatoria uit de grond, die een keur aan pianovirtuozen voortbrachten, waardoor steeds meer amateurs zich aangetrokken voelden tot het instrument, wat er weer toe leidde dat nog meer mensen, met name jonge vrouwen, zich meldden bij de conservatoria. Maar het conservatoriumsysteem kon een machine met raderen zijn waartussen zielen vermorzeld werden. Edvard Grieg, die reeds als tiener studeerde aan het conservatorium van Leipzig, verzette zich tegen het conservatisme van zijn leraren en ervoer de daar doorgebrachte jaren als een vreselijke tijd; hij beweerde dat hij er niets had geleerd. Bij de verschillende pianoscholen bestond de neiging vast te houden aan een bepaalde methodiek voor het leren bespelen van het instrument, en deze systemen hielden niet altijd gelijke tred met de snel evoluerende eisen die de moderne pianotechniek stelde. In Stuttgart kregen de leerlingen de opdracht om hun armen en polsen absoluut roerloos te houden, de vingers als klepjes op te heffen en dan de toetsen met kracht aan te slaan, een methode die velen van hen naar verluidt ongekende schade toebracht. De beroemde pedagoog Theodor Kullak, die was opgeleid door Czerny, onderwees een wijze van spelen die zo inspannend was dat de leerlingen de raad kregen na het studeren hun armen los te schudden om de spanning kwijt te raken. Amy Fay, een Amerikaanse die omstreeks 1860 in Duitsland studeerde, schreef naar huis dat ze de uitputtende etudes van Johann Baptist Cramer zo snel, zo luid en zo vaak moest spelen als ze maar kon. Haar leraar, die ze bewonderde, boezemde haar tegelijkertijd angst in: 'Mijn hand word zo moe dat hij lijkt te breken, en dan zeg ik dat ik niet verder kan. "Maar je móét doorgaan," zegt hij dan.'[12]

In de Verenigde Staten werd het piano-onderwijs voornamelijk gegeven door particulieren. Vrij gevestigde docenten hadden een eigen studio, waar ze soms individueel en soms in groepen lesgaven. Rivaliteit kwam veel voor, en docenten stonden dikwijls aan het hoofd van een schare trouwe volgelingen. In de eerste decennia van de twintigste eeuw raakte dit systeem wijd verbreid, mede door toedoen van vrouwen als Myfanwy, die misschien lesgaven om wat bij te verdienen, of als uitlaatklep voor hun creatieve energie die anders verstikt zou zijn, in aanmerking genomen hoe weinig mogelijkheden er voor vrouwen waren om buitenshuis een beroep uit te oefenen. Een groeiend aanbod aan docenten voorzag in de vraag van een groeiend aanbod aan leerlingen, wat bijdroeg tot de opkomst van een brede en goed onderlegde muziekcultuur, die onder meer tot uiting kwam in lokale pianoconcoursen, muziekclubs die zondagmiddagconcerten organiseerden en veelgelezen tijdschriften waarin bladmuziek was opgenomen. Hoewel in de tweede helft van de twintigste eeuw de sociale dynamiek van het luisteren naar en omgaan met muziek begon te veranderen door de opkomst van de massamedia en de muziekregistratie, hadden deze ontwikkelingen de rol van de piano als essentieel gereedschap voor de muziekbeleving in huiselijke kring nog niet teruggedrongen. Binnen dit bloeiende muziekleven, dat nu grotendeels verdwenen is, vertegenwoordigde de subcultuur van het piano-onderwijs een eigenaardige en innemende weerspiegeling in zakformaat van de rest van de Amerikaanse maatschappij, vol idealisme en bepaald niet vrij van dikdoenerij. De concurrentie kon fel zijn, jezelf op de kaart zetten was essentieel, er ontstonden tal van rituelen, rond vreemde en esoterische systemen vormden zich sekte-achtige groepen aanhangers, bondgenootschappen werden gesloten en verbroken, en dat alles bij elkaar leverde op een of andere manier een grote in muziek geïnteresseerde bevolkingsgroep op, en voldoende ordentelijke, gezonde en muzikaal competente mensen om een beroepsgroep van professionele orkestmusici en operazangers te doen ontstaan.

Anders dan in het openbaar onderwijs, waarin leerlingen samen met een groep leeftijdgenoten in hetzelfde tempo gestandaardiseerde lespakketten en niveaus doorlopen, onder leiding van leraren die (voor het grootste deel) een zekere afstand bewaren ten opzichte van hun pupillen, was de relatie tussen docent en leerling binnen het muziekonderwijs veel persoonlijker en psychologisch intenser. Muziek was kunst, dus geheimzinnig en dikwijls zelfs esoterisch, en het was niet ongewoon om van een nieuwe leraar te horen te krijgen dat de vorige je alles verkeerd had geleerd, van de houding van je handen tot je methode van studeren. Van leraar veranderen deed menigmaal denken aan een overgang van de ene godsdienst naar de andere: de sabbat, die altijd op zondag was geweest, viel nu op zaterdag, en terwijl je vroeger naar de hel ging als je tijdens de communie niet ging staan, luidde het gebod nu dat je moest blijven zitten. De opschudding die voortkwam uit deze oppervlakkige veranderingen van rituelen en praktijken leidde in de eerste paar weken of maanden van een nieuwe relatie soms tot opmerkelijke resultaten. Een radicale breuk met een vastgeroeste gewoonte kan de geest en het lichaam losrukken uit hun oude routines. Maar op den duur deed die wildgroei aan systemen en dogma's nogal willekeurig aan, en het beste wat je ervan kon zeggen is dat ze je een heel scala aan mogelijkheden boden waaruit je je eigen interpretatie van het geloof kon destilleren.

De ascetische geloofsrichting die mijn derde lerares aanhing maakte op een haar na een einde aan mijn belangstelling voor muziek. Na de sympathieke en stimulerende benadering van Charlotte pakte het met Joyce veel minder goed uit. Haar oordeel over mijn pianovaardigheid was correct: ik was ongedisciplineerd, eigengereid en te ambitieus bij het kiezen van nieuwe stukken, die ik daardoor nooit goed leerde spelen. Maar haar lesmethode was geestdodend en leek erop gericht om elk plezier dat ik aan het instrument beleefde opzettelijk de kop in te drukken. Joyce had besloten dat de enige manier om me in te tomen eruit bestond mij de muziek in kleine, verteerbare porties toe te dienen, van niet meer dan acht maten per keer. Daartoe maakte ze van elk nieuw stuk een fotokopie, knipte die in repen en gaf me elke week één nieuwe regel mee die ik dan moest instuderen. Als ik dan de week daarna die acht maten voldoende beheerste, beloonde ze me door ze op een stuk stevig papier te plakken, en zo werd week na week het volledige stuk weer in elkaar gezet. Maar als ik er niet in slaagde het fragment van de voorbije week goed te spelen, stuurde ze me na afloop van de les met lege handen naar huis, na me op het hart te hebben gedrukt dat ik me de muziek de week daarop eigen moest hebben gemaakt. Het had akelig veel weg van het avondlijke ritueel in onze eetkamer, waarbij mijn moeder erop stond dat we alles op ons bord moesten opeten. Als het eten oneetbaar was, wat af en toe voorkwam, ontstond er een patstelling die urenlang aanhield tot het bedtijd was en het voedsel in cellofaan verpakt de koelkast in ging, waarna we het de volgende avond opnieuw voorgezet kregen.

Na de eerste les bij mijn nieuwe lerares nam ik mijn kostbare acht maten mee naar huis, zette het krullende strookje papier op de lessenaar en bestudeerde het mismoedig. Ik was vrij vlot in à-vuespelen, dat wil zeggen dat ik me wel zo'n beetje door een stuk heen kon werken, en al na de eerste of tweede keer doorspelen begreep waarover het ging. Zo doorliep ik dat eerste brokje uit een stuk van Robert Schumann, waarbij ik wat noten miste, het ritme zo'n beetje benaderde en alle details oversloeg, maar toen was ik opeens bij het eind en leek het wel alsof ik een film middenin zag afbreken, of dat iemand de naald van de grammofoonplaat haalde. Het hele idee bleef in het luchtledige hangen met die afgekapte melodielijn, in een stilte die mijn nieuwsgierigheid tot ondraaglijke hoogten opstuwde. Ik wilde tot het eind toe worden meegesleept door de muziek, horen hoe het stuk zou aflopen en mezelf kunnen inbeelden dat ik het zou spelen voor een enthousiast publiek. Ik voelde me zoals de jonge leerlingen van Couperin zich moeten hebben gevoeld bij het zien van het afgesloten deksel van het klavecimbel, in het gefrustreerde verlangen om meer te horen van wat het te zeggen had.

Zo werd ik gedwongen niet langer muziek te maken voor mijn plezier, en me in plaats daarvan toe te leggen op dat domme en saaie studeren. Met haar oordeel over mijn muzikale zwakheden had Joyce het bij het rechte eind, maar de door haar gekozen methode maakte dat ik elke minuut dat ik aan de piano zat verfoeide. De acht maten lange mootjes van elk stuk kwamen pas in de loop van maanden bij elkaar, en tegen de tijd dat het compleet was had ik de pest aan elke noot. In plaats van te studeren gaf ik me over aan de gevaarlijke onanistische vrijheden die Schumann heeft beschreven in zijn 'Musikalische Haus- und Lebensregeln', speelde akkoorden om te zien waar ze me zouden leiden, verloor me in de magische cirkel van schaduwbeelden en kwam daardoor niet veel dichter tot een werkelijk begrip van muziek, maar was in elk geval bevrijd van de eentonige taak te trekken aan een dood paard.

Mijn moeder ergerde zich steeds meer aan de ongunstige verslagen die Joyce uitbracht over mijn vorderingen. In de auto op weg naar huis veegde ze me de mantel uit en dreigde bepaalde privileges in te trekken als ik niet beter mijn best deed. Ik ging de piano zoveel mogelijk uit de weg, en als ik er niet onderuit kon om te gaan studeren, ging ik gedachteloos toonladders oefenen tot mijn moeder niet meer oplette en ik me kon overgeven aan het verzinnen van mijn eigen deuntjes. Links van het gedeformeerde beeld van een geplaagde jongen zien we in Matisses *La leçon de piano* een baan groene verf die het hele doek domineert, een afgesneden driehoek met dezelfde vorm als die van de metronoom en de vreemde uitgewiste plek op het gezicht van de arme Pierre. De onderste rand van dit groene veld begint waar de piano eindigt, en het is duidelijk dat dit het groen van de buitenwereld symboliseert, een buitenwereld waarnaar ik steeds heviger verlangde naarmate ik minder plezier beleefde aan de piano. Ik kwam extra laat thuis om het instrument uit de weg te gaan en vluchtte naar buiten zogauw ik ontslagen was van het verplichte studeren.

Op een dag kreeg ik een lumineus idee. Joyce had me naar huis gestuurd met acht maten uit een stuk van Mendelssohn. In die tijd was een bezoek met het hele gezin aan de bibliotheek voor veel mensen een wekelijks ritueel. Waarom had ik daar niet eerder aan gedacht? Onze bibliotheek had ook bladmuziek in huis, en bij ons volgende bezoek vond ik verschillende bundels van Mendelssohn. Ik bladerde ze door, bladzijde voor bladzijde, en stuitte algauw op het begin van mijn stuk, een van de wat eenvoudiger deeltjes uit Mendelssohns *Lieder ohne Worte*, die hij schreef in de trant van populaire liederen uit die tijd. Ik nam het boek mee naar huis en zette me aan de taak het complete stuk in te studeren, maar met uitzondering van de acht maten die Joyce me had meegegeven.

Ik beleefde meer plezier aan het vooruitzicht mijn lerares de loef af te steken dan dat het uiteindelijk opleverde. Ik stelde me voor hoe ik me onbeholpen door de toegestane portie muziek heen zou werken en dan vol zelfvertrouwen zou oprukken naar verboden terrein, om haar ten slotte triomfantelijk toe te lachen en mijn vrijheid op te eisen. Ik zou haar laten zien dat haar opzet was mislukt, en dat ik me op geen andere manier in de muziek zou laten inwijden dan onder mijn eigen voorwaarden. Niemand zou het klavecimbel afsluiten voor mijn ongezeglijke vingers. Misschien rekende ik erop dat ik haar zou overdonderen, dat ze overstag zou gaan, haar vergissing zou inzien en verklaren dat ik een genie in de dop was. Of misschien verwachtte ik dat ze in woede zou uitbarsten als de heks die ik na al die maanden vol nare lessen in haar was gaan zien. Maar uiteindelijk was er niets leuks aan. Toen ik verder speelde liet ze me ophouden en zei rustig: 'Ik zie dat je de muziek gevonden hebt. Laten we iets anders proberen.' Ze haalde een andere bladzijde met gefotokopieerde muziek tevoorschijn, pakte haar schaar, knipte er een stuk af en gaf dat aan mij. Daar waren we de rest van de les mee bezig. Als ik minder boos was geweest en me niet zo had geschaamd, had ik misschien gemerkt dat ze me probeerde te leren hoe ik moest studeren.

Toen de les voorbij was zei Joyce dat ze met mijn moeder wilde praten en moest ik in de auto gaan zitten wachten. Het was winter, dus was het om vijf uur al donker; het was koud en het regende. Ik was net begonnen met puberen, ik wilde hemelbestormende muziek spelen en had het gevoel of ik in plaats daarvan moest gaan zitten punniken. Joyce verklaarde dat onze pianolessen op niets waren uitgelopen, en zei dat ik beter bij iemand anders in de leer kon gaan. Ze raadde mijn moeder aan op zoek te gaan naar iemand die de zaken wat steviger zou aanpakken, een mannelijke leraar misschien, en noemde een aantal namen.

Ik besef nu dat mijn moeder ook niet zoveel van Joyce moest hebben, misschien omdat Joyce haar toesprak op dat zangerige, belerende en neerbuigende toontje dat dokters dikwijls bezigen tegen hun patiënten. Moeders kregen van haar altijd een bondig geformuleerde instructie mee, een samenvatting van de les, of van huiswerk waarop toegezien moest worden. 'Potlood en gum,' kweelde Joyce wanneer ik die week aan mijn vingerzettingen moest werken, of 'toonladders en drieklanken', als ik de basistechniek moest oppoetsen. Toen mijn moeder na het overleg bij de auto arriveerde probeerde ze streng te zijn.

'Nou, dat heb je behoorlijk verprutst,' zei ze. Blijkbaar had Joyce haar niets verteld over mijn stiekeme streek, want ze vroeg: 'Wat heb je verdorie nu weer uitgehaald?' Ik vertelde het haar en zag vluchtig een vrolijk trekje verschijnen op haar gezicht. 'Jij kleine dondersteen,' zei ze, en ik geloof dat ze daarbij even giechelde. Maar het resultaat was in elk geval dat ik nu verlost was van mijn oude lerares, dat we een nieuwe zouden gaan zoeken en dat ik nooit meer bij Joyce op les hoefde te komen. Een paar minuten lang voelde ik iets wat in de buurt kwam van blijdschap.

* * *

Over Bachs vroege leerjaren weten we heel weinig. Hij stamde uit een legendarisch geslacht van muzikanten die in heel Thüringen zoveel aanzien genoten en zo bedreven waren in het genadeloze spel van het politieke muziekbedrijf, dat het hun soms kwalijk werd genomen dat ze nagenoeg het alleenrecht hadden op de vele muzikale betrekkingen die onlosmakelijk verbonden waren met het religieuze leven aan het begin van de achttiende eeuw. Bach bracht zijn eerste levensjaren door in Eisenach, waar hij naar dezelfde school ging die Maarten Luther zo'n twee eeuwen voor hem bezocht had. Dankzij Luther had muziek een enorme betekenis gekregen, niet alleen voor de rituelen van het religieuze leven, maar ook voor het opbouwen van een christelijke gemeenschap die verbonden was door een gemeenschappelijke canon aan kerkgezangen, waarin de intensiteit van de godsdienstbeleving vaak op bijna expressionistische wijze werd verwoord. Muziek was een wezenlijk onderdeel van het dagelijks leven en een van de grondslagen van het onderwijs. Iedere schooldag begon met het zingen van de geloofsbelijdenis, het lesprogramma omvatte samenzang en de beginselen van het notenschrift en muziekbeoefening, en muziek speelde een essentiële rol als geheugensteuntje bij het leren van andere vakken.

Bach werd al op zijn tiende wees en vervolgens in huis genomen door zijn oudere broer, Johann Christoph Bach, die in een nabijgelegen stad werkzaam was als organist. We weten niet wat voor uitwerking de dood van zijn ouders op hem had, nog los van de gevoelens die zo'n gebeurtenis ongetwijfeld bij elk kind zal opwekken. Bachs emotionele leven blijft voor ons voornamelijk een kwestie van vermoedens, waarbij de muziek die hij schreef een krachtige, maar tweeslachtige ondersteuning levert. Zijn werken hebben dikwijls een verzengende emotionele lading, vol droefenis en angst, maar omdat een hoge graad van emotionaliteit een vast element was van de religieuze cultuur die hij diende, is het lastig om daaruit conclusies te trekken over zijn persoonlijke gevoelens. In de tijd dat hij bij zijn oudere broer in de leer was moet hij al heel ambitieus en zeker van zijn zaak zijn geweest. Een beroemde anekdote – afkomstig uit Forkels biografie – geeft aan dat hij een jongen was voor wie muziek een soort honger of obsessie was geworden. In een tijd waarin van internet of brede publicatiemogelijkheden nog geen sprake was, werd Bachs muzikale dieet voornamelijk bepaald door zijn broer, en volgens dit verhaal was de jonge Bach de muziek die hij als lesstof gekregen had al snel ontgroeid en hunkerde hij ernaar complexere werken van de grote componisten uit die tijd te bestuderen:

> Hij had gezien dat zijn broer een boek bezat waarin verscheidene stukken van de voornoemde meesters verzameld waren, en vroeg hem vol verlangen het hem te geven. Maar het werd hem steeds geweigerd. De be-

geerte om het boek te bezitten werd door deze weigering steeds groter, zodat hij uiteindelijk zocht naar een manier om er heimelijk de hand op te leggen. Omdat het boek bewaard werd in een kast die afgesloten was met een traliedeur, en zijn handen nog klein genoeg waren om die erdoorheen te steken en het slechts in papier gebonden boek op te rollen en naar buiten te trekken, aarzelde hij niet lang om van deze gunstige omstandigheden gebruik te maken. Maar bij gebrek aan een kaars kon hij de muziek alleen overschrijven wanneer de maan scheen, en kostte het hem zes volle maanden alvorens hij deze moeizame arbeid tot een goed einde kon brengen. Toen hij ten slotte meende dat hij de schat veilig in bezit had, en er heimelijk goed gebruik van wilde maken, kwam zijn broer erachter en nam hem het zo moeizaam verkregen afschrift zonder genade en barmhartigheid weer af; en hij kreeg het niet eerder terug dan na de dood van zijn broer, die kort daarop volgde.[13]

Net als het beroemde verhaal over het ontstaan van de *Goldbergvariaties* bevat deze anekdote een verrassende hoeveelheid details – de traliedeur, de kleine handen, de maanverlichte nachten – en een paar eigenaardige onjuistheden en tegenstrijdigheden. Bachs oudere broer stierf niet 'kort daarop', maar had nog meer dan twintig jaar te leven, tot 1721, toen de jongere Bach al in de dertig was. En hoe slaagde Bach erin om zijn nachtelijke kopieerwerk een halfjaar lang te verbergen?

Hoewel de details aanleiding geven tot twijfel, is het verhaal niet volledig onbetrouwbaar. Het is zo goed als zeker dat Bach ernaar hunkerde om nieuwe muziek te leren kennen; zijn talent oversteeg dat van zijn broer misschien wel in die mate dat er enige animositeit tussen hen was gerezen. Ten tijde van het verhaal moet Bach zich ongetwijfeld al even intensief hebben toegelegd op het componeren als op het klavierspel, kennis die hij zich voornamelijk eigen gemaakt zal hebben door muziek te kopiëren en te bestuderen; onder praktiserende musici golden partituren als een waardevol bezit, dat soms angstvallig werd bewaakt. De beschreven situatie is natuurlijk roerend; Bach had zijn ouders verloren, maar tegelijkertijd was zijn ambitie om te leren zo sterk dat hij 's nachts zonder kaarslicht partituren overschreef. Zijn machteloosheid, zijn kleine handen en zijn streven om zichzelf te verbeteren zijn voelbaar. Tegen het eind van de *Goldbergvariaties* introduceert Bach een quodlibet, een muzikale vorm waarin een aantal populaire liedjes uit die tijd werden hergebruikt en met elkaar vervlochten. Tijdens familiebijeenkomsten van de Bach-clan, waarbij bier en wijn waarschijnlijk rijkelijk vloeiden, werden vaak zulke quodlibets gezongen, waarin menigmaal boertige of schunnige grapjes verwerkt werden. Het quodlibet van de dertigste variatie, de laatste, is een luchthartig stuk, dat makkelijker in het gehoor ligt dan veel van de voorgaande bladzijden. Een van de wijsjes die in het werk worden geciteerd was een populair drinklied met de slotregel: '*Hätt' mein' Mutter Fleisch gekocht, so wär' ich länger blieben*' (Had mijn moeder vlees gekookt, dan was ik langer gebleven). In de variaties, een van de monumentaalste stukken in zijn oeuvre, bereidt Bach dus de afsluitende aria voor met een komische verwijzing naar familieleden en een speelse toespeling op eten.

In 1700, toen Bach pas vijftien jaar oud was, verliet hij het huis van zijn broer en trok zo'n driehonderd kilometer noordwaarts naar Lüneburg, een stad nabij de bedrijvige handelsstad Hamburg, om zijn opleiding voort te zetten aan het Sint Michaelis-gymnasium. Er zijn curieuze anekdotes over zijn tijd in Lüneburg, waar hij als sopraanzanger deel uitmaakte van het schoolkoor. Hij had heel weinig geld en gebruikte het beetje dat hij had om af en toe naar Hamburg te reizen en daar de grote organist Johann Adam Reincken te horen spelen:

> Aangezien hij om deze kunstenaar te horen meermalen daarheen reisde, gebeurde het op een dag dat hij langer in Hamburg was gebleven dan de inhoud van zijn beurs toestond, en daarom op de terugweg naar Lüneburg niet meer dan een paar schilling op zak had. Hij had nog niet de helft van de terugweg afgelegd, toen hij flinke honger kreeg en daarom een herberg binnenging, waar de toestand waarin hij zich bevond hem door de kostelijke geuren uit de keuken nog tienmaal pijnlijker voorkwam. Midden in zijn troosteloze overpeinzingen daarover hoorde hij knarsend een venster opengaan en zag dat daaruit een paar haringkoppen op de vuilnishoop geworpen werden. Bij de aanblik van deze koppen liep hem, als een echte Thüringer, het water in de mond, en hij aarzelde geen ogenblik om ze te bemachtigen. En zie, welk wonder! Hij was nauwelijks begonnen ze uit elkaar te halen, of hij ontdekte dat in elk van de koppen een Deense dukaat verstopt zat.[14]

Kort na zijn komst naar Lüneburg kreeg Bach de baard in de keel en werd daarmee teruggeworpen op zijn overige muzikale vaardigheden, zijn bedrevenheid als toetsenist en zijn vermogen om muziek te kopiëren en wellicht te componeren. Daarmee trad hij in feite voor het eerst in de openbaarheid als professioneel musicus. Als zijn broer de muziek die hij heimelijk overschreef inderdaad voor hem had weggehouden, als hij ongelukkig was in het huis van zijn broer, als de elementaire onderdelen van het verhaal waar zijn, is het goed voorstelbaar dat hij tijdens die maanbeschenen nachten waarin hij muziek uit de afgesloten kast stal een diepe eenzaamheid heeft ervaren die vormend was voor zijn karakter. Op alle bewaard gebleven portretten van Bach heeft hij een gezet postuur; afgaand op de meeste overgeleverde beschrijvingen van zijn huishouden en zijn gezin gonsde het er van de activiteiten, muziek, gesprekken en genoeglijk samenzijn. Maar door die twee anekdotes uit zijn jeugd weten we dat hij ook wel eens honger heeft geleden en een wanhopig verlangen naar muziek heeft gekend, en misschien raakten die twee dingen in zijn gedachten op een bepaalde manier met elkaar verbonden. Toen hij de munten vond die verborgen waren in de weggegooide haringen, trakteerde hij zichzelf op een fatsoenlijke maaltijd en gebruikte de rest van het geld om terug te reizen naar Hamburg en Reincken nog eens te horen spelen.

Vier

De eerste keer dat je je waagt aan een nieuw muziekstuk, en vooral als het gaat om muziek die je hebt gehoord maar nooit eerder hebt gespeeld, gaat dat gepaard met een gevoel dat lijkt op de roes van een verliefdheid. Misschien raak je maar net genoeg essentiële noten om de melodie en de baslijn aan te duiden, maar de klank is betoverend. Door die stemmen eigenhandig op te roepen krijgen ze een extra bekoring, ongeveer zoals wanneer je iemand die je alleen van een foto kent in levenden lijve ontmoet. Zelfs als de muziek helemaal nieuw is voor je, en zelfs als je haar gebrekkig speelt, heeft de directheid van je relatie met dit nieuwe, die zich ontvouwt in de tijd, veel weg van het vuur van de ontdekkingsdrift en het kritiekloos genoegen dat we ervaren bij een gesprek met een aantrekkelijke onbekende. De muziek trekt aan je voorbij, zonder enig voorproefje van de complicaties en de inspanning die je te wachten staan.

Op de lessenaar van de vleugel staat de aria van de *Goldbergvariaties*. Bach betitelt deze bevallige dans niet als een 'sarabande', wat hij wel doet bij vergelijkbare delen van zijn klaviersuites, en geeft evenmin aanwijzingen over het tempo en de expressie. Dergelijke zaken zullen musici uit de achttiende eeuw bij het zien van de melodische contouren en het ritmisch patroon ogenblikkelijk duidelijk zijn geweest. Tegenwoordig doen pianisten hun voordeel met

Bachs terughoudendheid en kneden de vorm van de aria naargelang hun intuïtie of hun stemming het hun ingeven, rekken haar op tot een tergend solipsistische meditatie, of dienen haar op met een pompeuze plechtstatigheid. Maar daarmee zetten ze alleen maar de volgende stap in de historische evolutie van het stuk. Net als de chaconne is de sarabande waarschijnlijk afkomstig uit de Nieuwe Wereld en gold in de zestiende eeuw eveneens als een louche en losbandige dans. Ze mocht dan haar oorsprong hebben in de Nieuwe Wereld, maar werd al snel door het culturele establishment van Frankrijk en Versailles gemodelleerd naar de algemene geest van politiek absolutisme die zich door heel Europa verbreidde; ze werd geperst en gladgestreken tot een perfecte en fragiele dansvorm, passende muziek voor een elite wier positie even ongewis was als haar aanspraken op beschaving hardnekkig waren. Vroege beschrijvingen van de dans – vol woeste bewegingen en openlijke hartstocht – hebben dus nauwelijks iets gemeen met de gedomesticeerde vorm die ten slotte in zwang raakte in Frankrijk. Tegen het eind van de zeventiende eeuw was de statige, traag voortschrijdende sarabande een vast onderdeel geworden van de baroksuite, en had intussen het karakter gekregen van een melancholieke weeklacht. Hedendaagse choreografen die een historisch beeld willen geven van de wijze waarop ze gedanst werd, creëren een zekere spanning tussen statische elegantie in het kaarsrecht gehouden lichaam en geïsoleerde bewegingen van de handen en onderbenen, alsof de torso als een pop aan onzichtbare touwtjes hangt en de ledematen schijnbaar vrijuit kunnen bewegen, zonder gewicht of belemmering. Als er al iets is overgebleven van de oude, woeste vorm van de dans, dan is dat de neiging van de muziek om bij de overgang van de derde tel naar de eerste lichtelijk voorover te vallen, met een enigszins gesyncopeerd ritme, en misschien de rijke versieringen waarmee de ballistische precisie van de vingers als het ware een substituut wordt voor de wilde bewegingen van de armen en de benen.

In de tijd dat Bach zijn sarabandes schreef, die hij onder andere opnam in zijn Franse en Engelse suites, waren de melodische contouren van de dans behoorlijk gestandaardiseerd: dikwijls was het een eenvoudige klaaglijke melodielijn met een lichte nadruk op de tweede tel en de neiging om op een soepele manier op te lossen in het onderliggende harmonische patroon. Dit sobere raamwerk werd vervolgens nader ontwikkeld en, in het geval van de *Goldberg*-aria, voorzien van rijke versieringen. Versieringen in muziek uit deze tijd vergden discretie, goede smaak en improvisatie, maar waren niet facultatief of van ondergeschikt belang op de manier waarop we architectonische versieringen bezien, als niet meer dan toegevoegde franje om iets alledaags of onopvallends te verfraaien. Versieringen waren een wezenlijk onderdeel van de muzikale taal en zonder die versieringen boet Bachs sarabande aanzienlijk in aan plasticiteit en tederheid.

Alle discussies over de vraag of de aria nu al dan niet van Bachs hand is gaan voorbij aan een essentieel punt: ongeacht of hij de componist ervan was, heeft hij haar hoe dan ook tot uitgangspunt van dit werk verheven, en die keus is op zichzelf al fascinerend. De aria lijkt zowel naar het verleden als naar de toekomst te verwijzen, en speelt curieuze spelletjes met de tijd. De rijke versieringen doen vermoeden dat er een vroegere, eenvoudigere variant van het stuk heeft bestaan, alsof de aria zelf de eerste variatie is op een niet-gehoorde imaginaire voorloper. De Bach-kenner Peter Williams heeft een vrij overtuigende reconstructie van dat prototype gemaakt: een bekoorlijke, maar ietwat stereotiepe sarabande die door elk van Bachs tijdgenoten gecomponeerd had kunnen zijn. Er is op zijn minst één pianist, Wilhelm Kempff, die getuige zijn in 1970 gemaakte opname van het werk naar die voorloper lijkt te verwijzen, door een groot deel van de versieringen weg te laten en de vereenvoudigde melodische contouren naar de voorgrond te halen. Het was een interessant experiment waarin expliciet werd gemaakt wat impliciet is, maar de muziek klinkt vreemd en ongemakkelijk, alsof je een ooit keurig gekapte en gekamde showhond aan het begin van de zomer kaalgeschoren terugziet. Maar hoewel de aria zinspeelt op een vroegere versie van zichzelf, lijkt ze ook gaandeweg te evolueren. Het duidelijke sarabanderitme en de overvloedige ornamenten van het begin maken in de tweede helft plaats voor de vloeiende melodische contouren van de galante stijl, waarin misschien Bachs eigen besef doorklinkt van de grote muzikale veranderingen in de wereld om hem heen. Bach mag dan de naam hebben dat hij een conservatief musicus was, maar hij was zich terdege bewust van en dikwijls zeer geïnteresseerd in nieuwe muzikale stromingen. Ongeacht de vraag of de *Goldberg*-aria nu al dan niet door hem geschreven is, kan ze deel hebben uitgemaakt van een persoonlijke verkenning van nieuwe ideeën.

Ook was het een gewaagde keus om een stuk van deze omvang te gebruiken als basis voor een reeks variaties die zoveel verschillende stijlfiguren en ideeën zou gaan omvatten. De eerste acht maten bevatten een baslijn die een standaardgegeven was voor componisten uit Bachs tijd, onder wie ook Händel, die er een chaconne voor klavecimbel op baseerde. Maar dit kerngegeven van acht maten wordt aanzienlijk uitgebreid, en wel tot tweeëndertig maten. Die tweeëndertig maten worden dan telkens opnieuw in tweeën gedeeld, waarmee een reeks segmenten of episoden ontstaat. De aria wordt verdeeld in twee helften die elk zestien maten duren. Elk daarvan wordt verdeeld in twee segmenten van acht maten die eindigen met een retorisch rustpunt. Deze segmenten van acht maten worden op hun beurt verdeeld in frases van vier maten die elk een bevredigende, zij het niet geheel stabiele conclusie bereiken. En deze frases van vier maten zijn weer onderverdeeld in subgroepjes van elk twee maten. Deze uitgekiende structuur doet enigszins denken aan de opzet van een conventioneel gedicht, doordat de muziek keurig is ingedeeld in strofen, coupletten en regelmatige versvoeten. Maar dit stelt de componist tevens voor enorme uitdagingen, omdat hij in dat raamwerk niet alleen karakterstukken en dansen moet onderbrengen, maar ook canons en een fuga (plus een ouverture waarin een tweede fugatische passage is opgenomen), die zich elk op hun eigen manier ontwikkelen en een intrinsieke dynamiek hebben die zich verzet tegen een willekeurig architectonisch keurslijf. Een dichter die een heldendicht wil gaan schrijven dat verklaringen, karaktertekening, filosofische overwegingen, ingrepen van wijdlopige godheden en wellicht amoureuze tussenspelen en gevechtsscènes moet bevatten, doet er verstandig aan een flexibele en kleinschalige versvorm te kiezen, zoals gepaard rijm. Bach legt zich van meet af aan vast op een muzikale structuur die evenveel beperkingen oplegt als een sonnet.

Deze subtiele aspecten gingen aan me voorbij toen ik het

stuk voor het eerst speelde, en zelfs na maanden studeren vergde het een enorme concentratie om al die versieringen erin te wurmen zonder dat de muziek log en pedant ging klinken. Maar in de eerste paar weken die ik doorbracht met de variaties bekommerde ik me niet al te veel om details. In volle tevredenheid nam ik elke paar dagen een nieuw deel tot me, zij het dat ik de canons oversloeg, waarbij je een zorgvuldige voorbereiding en precieze vingerzettingen nodig hebt om de afzonderlijke stemmen goed uit te laten komen. Ook de meest virtuoze variaties liet ik links liggen, vooral degene waarin Bach gebruikmaakt van de twee manualen van het klavecimbel. Als je deze 'arabeske' variaties op de piano speelt dwingt dat je ertoe je armen elkaar te laten kruisen, je beide handen door elkaar te vlechten, en menigmaal de stemmen anders te verdelen om te voorkomen dat je vingers in de knoop raken. Maar de eerste, de tweede, de vierde, en de zevende variatie maakte ik me betrekkelijk makkelijk eigen, althans in die zin dat ik ze goed genoeg kon spelen om te horen waar de muziek over ging.

Van verfijning of zorgvuldige afwerking was geen sprake. Het bleef bij de hoofdlijnen, en telkens als ik een volgende pagina van het boek omsloeg kwam er een knagend en maar al te bekend schuldgevoel bij me op. Het echte werk, het verder komen dan de globale contouren van de muziek, liet ik liggen, en dat soort luiheid kan funest zijn. Als je een muziekstuk nog moet leren kennen, is het onvermijdelijk dat je benadering oppervlakkig is, maar als je vasthoudt aan die oppervlakkige relatie, zet de muziek zich in een ruwe, onafgewerkte vorm vast in je geest. Als competente musici gaan studeren hebben ze vooraf een lijstje in hun hoofd met de lastige punten, de gecompliceerde passages en de overgangen die speciale aandacht behoeven. Maar ik speelde alleen maar voor mijn eigen vertier.

Vrijwel alle zonden die je kunt begaan tegen een ander mens, en vooral tegen iemand die je heel na staat, kun je ook begaan tegen een muziekstuk. Een daarvan is de zonde van het niet luisteren, van het alleen maar horen wat jij wilt horen. Als je je voor het eerst bezighoudt met een muziekstuk dat zo opvallend mooi is als de *Goldbergvariaties*, geef je je over aan een soort narcisme. De rommel die je aanricht, de noten die je feitelijk uit de toetsen haalt, gaan verloren in de verrukking jezelf een benadering van het echte stuk te horen voortbrengen. En voor een tijdje, zolang de muziek je oor voor het lapje houdt door het nieuwe ervan, verkeer je in een soort zelfhypnose en zit je misschien zelfs bewonderend naar je eigen spel te luisteren, uit pure opwinding dat je een spreekbuis bent voor de muziek die Bach eeuwen geleden geschreven heeft.

Die trance verdwijnt ogenblikkelijk wanneer je probeert het stuk voor iemand anders te spelen. Zodra het nodig is om de muziek volledig onder controle te hebben en haar helder en met zelfvertrouwen voor te dragen, zodra er een publiek is dat je dwingt om eerlijk te zijn, verdwijnt dat aanvankelijke plezier als sneeuw voor de zon. Een paar maanden na mijn eerste pogingen om het stuk te spelen kwamen mijn buren eten. Er was wijn, en na het eten zaten we onderuitgezakt met likeurtjes op de bank in de huiskamer. Ik bood aan om iets te spelen, wat dom was. Mijn hoofd was niet helder en alle basiskennis van het stuk die had kunnen blijven hangen doordat ik het vaak had gespeeld verdampte. Mijn vingers waren sloom en onwillig, en wat ze voortbrachten was een karikatuur van de variaties. Mijn gasten herkenden de muziek, leken zich niet te bekommeren om de tekortkomingen van mijn uitvoering en applaudisseerden. Maar ik voelde me een bedrieger.

Ik kende dat gevoel. Tot mijn tienertijd kon ik zonder enige vorm van faalangst in het openbaar spelen. Muziek maken ging me gemakkelijk af, onbewust bijna, en zolang ik gegrepen was door mijn enthousiasme en vertrouwde op mijn reflexen, vloeide de muziek vanzelf onder mijn vingers vandaan, als uit een automaat. Hormonen en onzekerheid maakten daar een eind aan. Ik kan me niet precies herinneren wanneer ik voor het eerst angst voelde terwijl ik aan de piano zat. Maar ik herinner me wel een van de eerste keren dat ik besefte hoe groot het vermogen van angst is om alles in de muziek wat je niet door en door kent en mentaal volledig onder controle hebt totaal teniet te doen.

Toen ik een jaar of elf, twaalf was gingen we in de zomer met het hele gezin naar het westen van het land om de vele familieleden te bezoeken die mijn ouders daar hadden achtergelaten toen mijn vader, die wetenschapper was, een onderzoeksbaan aannam bij een bedrijf in een industriestad in de staat New York. Een van hen was mijn oudtante Clara, een excentrieke kunstenares die haar echtgenoot, een timide, wellevende man die een klein fortuin had vergaard als advocaat in San Francisco, stevig onder de plak had. Clara woonde in een huis dat al even artistiek en excentriek was als zijzelf, en daar stond ook een vleugel. Ze had zich als jonge vrouw serieus toegelegd op de piano, iets waar ik later achter kwam toen ik veel van haar muziekboeken erfde. Ze had zich verdiept in Bach, Beethoven, Chopin en Debussy, en haar muziekboeken stonden vol aantekeningen die getuigden van kennis van zaken en aandacht voor details, waaronder ook tempoaanwijzingen die ze had ontleend aan opnames van Walter Gieseking en Rudolf Serkin, musici die niet alleen grootmeesters van de piano waren maar ook in hoog aanzien stonden vanwege hun subtiele en integere vertolkingen. Clara was een mooie, jonge vrouw geweest met veel talenten en een opvallend onafhankelijke en eigenzinnige geest. Ze sprak op een sprankelende, lichtvoetige toon, vol ironie en humor, waarvan veel ons ontging, hoewel ik nog weet dat ik toen dacht: als ik later groot ben wil ik zo praten.

Mijn moeder had een moeizame relatie met mijn tante, die ze bewonderde, maar ook wantrouwde. Clara woonde in het heuvelgebied ten noorden van San Francisco en zorgde voor enige lichtpuntjes in het bestaan van haar bewonderende nichtjes, die opgroeiden in Salt Lake City, in een gezin dat tijdens de Grote Depressie en de oorlogsjaren moeite had om de eindjes aan elkaar te knopen. Haar bezoeken aan Utah hadden de dramatiek van een filmscène. Ze arriveerde in vol ornaat, met bagage en hoedendozen, en stapte uit de trein met een air van arrogantie en kosmopolitische zelfgenoegzaamheid. Mijn moeder en haar zusters keken met hooggespannen verwachtingen uit naar haar komst, maar blijkbaar liep zo'n logeerpartij meer dan eens uit op tranen of conflicten. Ik kreeg een verhaal te horen dat ik moeilijk te geloven vind, al snijdt het zeker hout wanneer ik de diepe gevoelens van gekrenktheid en wrok in mijn familie van moederskant probeer te doorgronden. Volgens mijn moeder had Clara haar nichtjes bij zich geroepen en hun opgedragen hun koffers te pakken voor een lange reis, met de grootste zorgvuldigheid, zonder iets thuis te laten wat nodig zou kunnen zijn bij lange stadswandelingen, maaltijden in restaurants, zeereisjes of een tocht met een nachttrein. Ze zouden naar Europa gaan. De meisjes waren door het dolle heen. Ze hadden het in die tijd niet breed, en er was geen geld om hen fatsoenlijk uit te rusten voor een reis naar het continent. Maar ze deden hun best, naaiden en verstelden kleren en leenden het een en ander van vrienden en buren. Toen de dag van het vertrek was aangebroken, gingen ze met al hun bagage voor de deur staan wachten op tante Clara, maar die kwam niet opdagen. Ze bleven urenlang wachten en vroegen zich af of ze zich vergist hadden in de datum. Maar Clara was intussen de stad uit, en de meisjes pakten hun eentonige leven weer op. Zoals veel van de verhalen die mijn moeder placht te vertellen is ook de beschrijving van mijn oudtantes harteloosheid bijna te extreem om waar te zijn. Maar of het nu letterlijk zo gebeurd is of niet, het moet iets representeren wat op een of andere manier wél echt waar was. Overdrijving en verzinsels waren de middelen die mijn moeder hanteerde om een hartzeer te uiten dat dieper ging dan ze met louter waarheden duidelijk kon maken.

Misschien verklaart dat waarom ze zo graag wilde dat ik piano speelde voor Clara. Ze wilde zich bewijzen tegenover haar tante en laten zien dat het haar goed ging in het leven. Er speelde een element van genoegdoening mee, en dus hoopte ze misschien dat Clara, die nooit kinderen had gehad, een beetje jaloers op haar zou zijn. Mijn moeder was dan misschien geen musicienne, geen kunstenares en niet rijk, maar ze had een groot gezin, een comfortabel huis en vier kinderen die bezig waren zich de fijne kneepjes van het leven eigen te maken. Kort na onze aankomst zaten we in

Clara's grote en zonnige huiskamer en werd ik aangespoord om eens wat te spelen. Ik vond dat geen probleem en ging naar het instrument, dat veel beter was dan alle andere piano's waarop ik ooit had gespeeld. Ik ging ervan uit dat ik mijn vingers op de toetsen zou zetten, dat de muziek vanzelf zou beginnen te vloeien en dat mijn tante me stralend aan zou kijken. Eerder dat jaar had ik een van Beethovens twee sonates uit opus 49 ingestudeerd, betrekkelijk eenvoudige muziek die beginnende pianisten dikwijls gebruiken als opstapje naar de langere en moeilijkere werken van Beethoven, de grote sonates, de late vooral, en de pianoconcerten. Maar om een of andere reden bleef de trance uit en kwam de muziek niet vanzelf toen ik eenmaal aan de piano zat. Ik moest stukken overslaan en hier en daar wat verzinnen om de paar flarden van de sonate die ik me nog kon herinneren aan elkaar te breien. Ik voelde dat mijn tante naar me keek, realiseerde me dat zij merkte dat ik fouten maakte en het leek wel of ik niets anders meer kon doen dan fouten maken. Zo verprutste ik de expositie van het eerste deel. In plaats van beleefd te wachten tot ik klaar was, stond Clara op en zei: 'Zo is het wel genoeg.' Mijn moeder ging door de grond. Ik liep rood aan van schaamte, en beleefde geen enkel plezier meer aan de rest van het bezoek, dat onder meer een heerlijke maaltijd omvatte en een rondleiding door het atelier waar mijn tante vlijtig en met speels gemak schilderde en beeldhouwde. Toen we aan het eind van de middag vertrokken, stemde Clara ermee in zich samen met mijn zuster en mij te laten fotograferen. Ze trok ons dicht tegen zich aan en zei gekscherend dat ze minder dik zou lijken als we haar lichaam afschermden voor de camera. De toon van haar stem was weer luchthartig en ironisch, maar ik kon aan niets anders denken dan aan mijn mislukte optreden, en die herinnering zou me nog dagen dwarszitten. In de auto zei mijn moeder bits: 'Wat had je nou opeens?'

Het was een angst die ons voortdurend kwelde, mij en al die horden andere kinderen die naar piano- of vioolles gestuurd werden in het tijdperk van de burgerlijke aspiraties en pretenties die typerend waren voor het naoorlogse Amerika. De angst voor een totale black-out. Ik had het al verschillende keren meegemaakt. Dan ging een jonge pianist aan de piano zitten en zette zelfverzekerd een stuk in dat ons de eerste paar minuten deed duizelen door zijn complexiteit. Maar dan, als je goed oplette, merkte je dat er ergens iets misging. Een modulatie die van het ene onderdeel naar het volgende moest leiden, keerde steeds maar terug naar hetzelfde punt, twee, drie, misschien wel vier keer, tot de speler ermee ophield en van voren af aan begon. En dan raakte de muziek opnieuw in zichzelf verstrikt en spartelde hulpeloos rond, alsof ze beland was in een draaikolk en het contact met de hoofdstroom kwijt was. Uiteindelijk keek hij of zij dan wanhopig op en raakte iedereen in het vertrek vervuld van angst en fascinatie, en soms van leedvermaak. Misschien kwam dan de leraar of een overijverige ouder aanzetten met de bladmuziek, die dan op de piano werd gezet, waarna de ongelukkige muzikant de draad oppakte op het punt waar hij of zij telkens het spoor bijster was geraakt. Met het muziekboek als geheugensteuntje begon de pianist dan opnieuw, vol verlangen om de puinhopen achter zich te laten en te ontkomen aan de schande van een mislukking, en speelde met een verbetenheid, soms zelfs woede, die een eind maakte aan alle schoonheid en plezier. Meer dan eens was dat de laatste keer dat je zo iemand ooit nog achter een piano zag zitten. De vernedering was compleet en de muziek had voor hen afgedaan – of in elk geval iedere behoefte om die zelf te spelen.

Op dat soort momenten was muziek iets met een occulte kracht – geen vluchtig genoegen of tijdspassering, maar een duivels kansspel waar we buiten onze wil in waren gestort. Ten overstaan van dat ondoorgrondelijke, onvoorspelbare iets wat ons kwelde had studeren eerder de functie van een schietgebed dan van een medicijn. Je studeerde om dezelfde redenen waarom mensen indertijd amuletten droegen of bijgelovige spreuken opdreunden, je deed het om de wraakgodinnen gunstig te stemmen die je zouden straffen bij je volgende les of optreden, je studeerde op dezelfde manier als onze voorouders ooit bepaalde rituelen volvoerden om er maar voor te zorgen dat de zon 's ochtends op zou komen, en dat de seizoenen hun normale volgorde zouden aanhouden. Maar de kracht van het gebed is wankel, en dus kwamen we op, gingen naar de piano en bogen voor de leraar, waarna we ons onderwierpen aan de dubbelhartige aandacht van onze medeleerlingen en onze vingers neervlijden op het sacrosancte geometrische patroon van ivoor en ebbenhout, in de hoop dat we al niet meteen het volgende moment het gedoodverfde slachtoffer zouden blijken te zijn.

* * *

Pas toen ik op de universiteit zat leerde ik hoe ik naar behoren moest studeren. Mijn leraressen hadden hun best gedaan om mij die complexe en geestelijk uitputtende benadering bij te brengen, maar ergens in mijn hoofd viel iets niet op zijn plaats. Ik was meer dan bereid om urenlang achter de piano te zitten en de oefeningen te doen die ze me opgaven. Ik speelde eindeloze etudes, toonladders, drieklanken en het gevreesde *Le pianiste virtuose* van Charles-Louis Hanon, een Franse pianist en pedagoog die wonderen beloofde: 'Deze bundel kan in een uur in zijn geheel worden doorgespeeld; en als men zich de inhoud eenmaal grondig eigen heeft gemaakt en die enige tijd dagelijks herhaalt, zullen de moeilijkheden als bij toverslag verdwijnen, en zal men die fraaie, heldere, schone, parelende voordracht hebben verworven die het geheim is van vooraanstaande artiesten.'[15] Hanon gold indertijd als een plaag bij alle pianoleerlingen. Ze hadden een gloeiende hekel aan zijn meedogenloze slierten nietszeggende noten, die totaal ontbloot waren van melodie, harmonie of muzikale charme. Zelf vond ik die oefeningen lang niet zo vreselijk als de anderen. Ze waren geestloos en mechanisch, eindeloze reeksen snelle figuurtjes die met twee handen gespeeld moesten worden, eerst in parallelle beweging, vervolgens in tegenbeweging, en ten slotte met andere rolverdelingen, maar ik had het idee dat de belofte van dat magische moment en die heldere, schone, parelende voordracht van een vooraanstaande artiest ruimschoots opwogen tegen de saaie opdracht om de muzikaal inhoudsloze exercities steeds te herkauwen.

Maar het werkte niet, zelfs niet toen ik ze allemaal onder de knie had en ze daarna in alle twaalf majeurtoonaarden had gespeeld. En hetzelfde gold voor al die andere mechanische foefjes die ik probeerde, het plichtsgetrouw herhalen van moeilijke passages, ze in een andere toonsoort spelen, met ritmische varianten of met een overdreven articulatie, zoals met een scherp tikkend staccato. De docenten die dergelijke oefeningen opgaven hebben me nooit voorgespiegeld dat die een goed alternatief waren voor mentale inspanning. Alleen door mijn spel te onderbreken, me te concentreren en uit te zoeken waar het probleem zat, zou ik vooruitgang boeken. Als ik maar doordenderde zonder eerdere mankementen te herstellen zou de stapel onopgeloste problemen alleen maar groter worden en daarmee ook het risico dat een uitvoering zou uitdraaien op een fiasco.

Toen ik me serieuzer begon toe te leggen op de piano stak ik desondanks uren werk in die oefeningen, ook omdat ik erop terugviel wanneer ik te moe of te weinig geconcentreerd was om me bezig te houden met complexere en veeleisender kwesties. In de uren voor schooltijd, wanneer het nog stil was in huis, ging ik nog maar half wakker aan de piano zitten en speelde nog meer Hanon, in afwachting van het wonder van de virtuositeit dat als bij toverslag op mij zou neerdalen. Intussen verwaarloosde ik de stukken die ik voor het eerstkomende optreden moest instuderen, in de ijdele hoop dat al die vingeroefeningen het uitgestelde instuderen van die muziek op een of andere manier makkelijker en efficiënter zouden maken. Ik vond het zelfs heel prijzenswaardig van mezelf dat ik me onderwierp aan zo'n rigoureuze atletische discipline. Maar ook dat was een zonde tegen de muziek, van hetzelfde soort dat we dikwijls begaan tegen degenen van wie we houden: we houden ons voor dat de offers die we makkelijk kunnen brengen op een of andere manier een adequate vervanging zijn voor de offers die werkelijk nodig zijn. Ook maakte ik me schuldig aan de zonde van de valse hoop, dat de dingen vanzelf beter zouden gaan, of dat me, als ik maar braaf elke dag op die pianokruk ging zitten, een soort openbaring ten deel zou vallen als beloning voor mijn plichtsgetrouwheid. Ook heel wat relaties zijn op die manier gestrand, door jarenlange trouwe aandacht, maar emotionele verwaarlozing.

Ongelukkig genoeg waren die urenlange vingeroefeningen niet alleen inefficiënt en zinloos, maar maakten ze ook dat ik nergens op terug kon vallen als ik daadwerkelijk voor publiek moest spelen. Soms, wanneer de datum van een optreden of pianocompetitie naderbij kwam, stelde ik mezelf op de proef om te zien hoe ver ik eigenlijk was opgeschoten; ik hield op met spelen en zei tegen mezelf: speel het nu alsof je voor publiek speelt en kijk hoe het gaat. En dan was het resultaat bijna altijd erbarmelijk. De angst voor het komende optreden tastte geleidelijk ook de dingen aan die ik al onder de knie meende te hebben. Zo ging het van kwaad tot erger, en wanneer ik naar pianoles ging stak ik mijn handen uit, smekend om hulp, alsof ze een mechaniek waren dat nodig gesmeerd of gerepareerd moest worden.

Jaren later, op de universiteit, raakte ik bevriend met een violiste, die ik begeleidde tijdens haar lessen. Ze speelde veel beter dan ik, en haar leraar was een beroemd musicus met een respectabele staat van dienst, die verschillende opnames op zijn naam had die door kenners nog altijd hoog worden aangeschreven. In mijn ondergeschikte rol als begeleider had ik op een of andere manier minder last van mijn zenuwen, en wist ik met kunst- en vliegwerk door de klavieruittreksels van vioolconcerten van Vieuxtemps en Wieniawski heen te komen. Maar toen ik haar alles opbiechtte over mijn podiumvrees en de eindeloze uren werk die zo weinig opleverden, vroeg ze ongelovig: 'Weet je dan niet hoe je moet studeren?' Ze zei dat ik mijn handen van de toetsen moest halen en me een moeilijke passage voor de geest moest halen. 'Stel je voor dat je rechterhand de noten speelt,' zei ze. 'Stel je elke spier voor, en hoe het voelt om je vingers van de ene naar de andere toets te verplaatsen. Doe het zo langzaam dat elke noot losstaat van de vorige en je alleen verder kunt komen doordat je je de muziek volledig bewust herinnert. Zorg dat je de eerstvolgende noot in je hoofd hoort, voor je hem in gedachten speelt.' Dat moest in stilte gedaan worden, met je handen op je schoot. En dat alles had slechts tot doel om met één hand een deel van een bepaalde passage te leren spelen. Later zou ik me dan op dezelfde scrupuleuze manier de bewegingen van de linkerhand moeten voorstellen, en daarna, terwijl ik de rechterhand speelde, me eerst moeten inbeelden hoe mijn linkerhand de rechter begeleidde, en dat vervolgens nog een keer, maar nu andersom.

Om een of andere reden luisterde ik naar wat ze zei, misschien wel omdat er verder niets was wat werkte. Ik speelde al meer dan vijftien jaar toen ik voor het eerst in een studeerkamer in een souterrain aan een oude gebutste Steinway ging zitten en me begon te verdiepen in een ingewikkelde etude, waarbij de beide handen in tegenbeweging heen en weer moesten springen over de toetsen. Als iemand aan de deur had geluisterd, had hij heel weinig geluid uit de kamer horen komen, en bijna niets wat op muziek leek. De noten hadden geen samenhang en de lijnen waren kaal en karig. Het grootste deel van de tijd bracht ik geen enkel geluid voort en zat stilletjes met mijn handen in mijn schoot. En pas toen ik eenmaal begon te spelen drong in een flits tot me door wat mijn leraren me al die jaren duidelijk hadden proberen te maken: hoeveel kracht je ontleent aan een visueel en auditief beeld van alles wat je handen doen.

Als ik één hand heel langzaam speelde, kreeg ik het gevoel dat ik de zaak onder controle had. Niet compleet, maar ik kende de stappen en wist wat er kwam. Het kwam me voor dat ik die korte passage met hetzelfde vanzelfsprekende gemak zou kunnen spelen als waarmee ik 's ochtends een kop koffie zette. Op die manier was ik ongeveer twintig minuten bezig, zeker niet meer. Tegen die tijd begon de wereld om me heen zich weer aan me op te dringen. Ondanks de dikke wanden van de studeercabine was ik me bewust van de aanwezigheid van mensen daarbuiten, en maakte een pijnlijke verlegenheid zich van me meester. In een kwartier tijd had ik misschien de helft van een regel muziek leren spelen. Het was geen lang stuk, een paar pagina's hooguit, maar evengoed leek het weinige wat ik die ochtend bereikt had in het niet te vallen bij de portie die ik nog te gaan had. En toen liet ik, als een verslaafde, beide handen los op de toetsen en stortte me op het stuk om te zien of datgene wat ik nu geleerd had nog steeds overeind zou blijven als ik het op volle snelheid speelde. Helaas, dat was niet het geval, en niet alleen mankeerde er nog van alles aan de rest van het stuk, maar toen ik de passage waarop ik een paar minuten daarvoor nog zo vlijtig had zitten studeren opnieuw probeerde, klonk ook die onzekerder en rommeliger. Ik stond op van de piano, onthutst door de enorme hoeveelheid werk die me nog te doen stond en uitgeput door mijn eerste echte poging tot serieuze muziekbeoefening.

Desondanks vierde ik dit nieuwe begin met mijn vioolspelende vriendin, alsof ze mij opnieuw tot muzikant had gedoopt, en in de dertig jaar sinds die doorbraak heb ik moeizame pogingen gedaan om het vaker zo aan te pakken. Die benadering blijft voor mij een maatstaf voor wat ik zou kunnen bereiken als alles in mijn leven op orde was, vooral de chaos in mijn hoofd. Het drama van die paar minuten, drie decennia geleden nu – een plotseling inzicht, een gevoel van groeiend begrip, waarna ik die kleine overwinning grotendeels verknoeide met mijn roekeloosheid – lijkt intussen het basispatroon van mijn leven, het grondbeginsel van mijn bestaan. Al dertig jaar lang keer ik telkens terug naar de piano, worstel om de concentratie en gemoedsrust te vinden die nodig zijn om verder te komen met een stuk, en bij geen van die vele pogingen, losjes verspreid door elk hoofdstuk van mijn leven, ben ik er ooit in geslaagd om meer dan een paar kwartier lang het idee te hebben dat ik werkelijk greep op de muziek had.

Muziek is nu iets wat ik aldoor opnieuw oppak, een voortdurend herbeginnen. Als ik lang niet gespeeld heb, is het niet te zeggen in wat voor staat ik mijn wispelturige verhouding met het instrument zal aantreffen, en dus gaat elk nieuw begin gepaard met vrees. Wanneer je na maanden nietsdoen weer gaat sporten kan het gebeuren dat je lijf tegensputtert, omdat alles verslapt en verzwakt is. Maar bij de piano is dat niet altijd het geval. Het komt vreemd genoeg ook voor dat het beter lijkt te gaan, alsof het werk dat je maanden terug hebt onderbroken is bezonken en is gestold tot een solide fundament waarop nieuwe dingen gebouwd kunnen worden. Moeilijkheden zijn niet onoverkomelijk meer, en passages waarbij je altijd in de knoop raakte, die zich zozeer in je systeem hadden verankerd dat er eenvoudigweg geen enkele manier was om ze correct te spelen, maken opeens een losse, plooibare indruk, en als je er aandacht aan besteedt, wordt het mogelijk om ze te ontwarren en op orde te brengen.

Maar in veel gevallen is er niets anders dan het ontmoedigende gevoel dat je helemaal opnieuw moet beginnen en je twee keer zo hard moet inspannen om het punt te bereiken waarop je het werk had laten liggen, en mag je hopen dat je tegen de tijd dat je alles hebt teruggevonden wat je was kwijtgeraakt nog wat tijd over zult hebben om ten minste een beetje verder te komen. Sommige mensen hebben een project waarmee ze hun ganse leven op die manier in de weer zijn: een antieke auto die in de achtertuin staat te verkommeren, waaraan ze elk jaar opnieuw beginnen te sleutelen, het een en ander repareren, en misschien zelfs iets verbeteren, maar die ze nooit bedrijfsklaar zullen krijgen. Of ze hebben een huis waaraan ze één of twee keer per jaar wat opknappen, dat permanent achterstallig onderhoud heeft en telkens wat bouwvalliger is dan de vorige keer. Er is altijd dat ontmoedigende eerste moment van de terugkeer, wanneer we de motorkap van de auto optillen of de krakende voordeur opendoen en de ravage aanschouwen die is ontstaan sinds de laatste confrontatie met die eigenaardige pelgrims die ons vergezellen in ons versnipperde bestaan. Sommige mensen slagen erin zich te bevrijden van zulke dingen, wanneer ze er geen plezier meer aan beleven. Dan wordt de rammelkast naar het autokerkhof gebracht, waarna de sporen die hij in de achtertuin heeft achtergelaten algauw begroeid raken; dan wordt het oude buitenhuisje verkocht, waarna de knagende gedachten over het lekkende dak of de goten die ontstopt moeten worden vervagen; en wat rest is een gevoel van opluchting.

Maar de greep die muziek op ons heeft is hardnekkiger. Ze is geen object, geen ding, geen bezit dat we kunnen weggeven. Het gaat hier om een relatie, en als we die wegsnijden uit ons leven, snijden we een stuk van onszelf weg. We keren steeds naar haar terug omdat ze in wezen verbonden is met een gevoel van hoop, met de voortdurend voorwaartse beweging in ons leven. De viool waarop mijn moeder het eerste deel van haar leven gespeeld had, heeft ze tot op het laatst bewaard, ook al had ze hem al lang opgeborgen in een kast. De gedachte eraan gaf haar het gevoel dat ze tekort was geschoten en maakte haar soms boos, maar hij bleef permanent deel uitmaken van haar leven. Voor mij is het met de piano net zo, en de *Goldbergvariaties*, waarop ik nu al jaren zit te zwoegen, zijn het brandpunt van die relatie geworden, de plek waar de muziek en ik elkaar steeds weer treffen, maand in maand uit, jaar in jaar uit, in een poging de oude liefde nieuw leven in te blazen.

Het is intussen bijna een ritueel. Wanneer ik voel dat er weer zo'n moment van wedergeboorte ophanden is, waarop het leven je de kans lijkt te geven opnieuw te beginnen, je schouders eronder te zetten en je werkelijk te concentreren, ruim ik mijn bureau op, sorteer rekeningen, breng oude tijdschriften naar de papierbak en haal alle bladmuziek van de piano, afgezien van mijn inmiddels beduimelde exemplaar van de *Goldbergvariaties*. Misschien staat er een lang weekend voor de deur, of weet ik dat ik een hele week alleen thuis zal zijn; dikwijls is het gewoonweg het onverklaarbare, intuïtieve gevoel dat ik eraan toe ben om weer aan het werk te gaan. Om mijn hoofd leeg te maken, stel ik de wekker van mijn mobieltje in op een uur later en zet het toestel dan op stil, zodat ik me zonder afleiding kan concentreren. Intussen weet ik waar de zwakke plekken zitten – ook dat die er misschien altijd zullen zijn – en ga daar direct mee aan de slag. Er zijn variaties waarin snelheid, tempo en helderheid de voornaamste uitdaging vormen, zoals de vijfde en de drieëntwintigste, en andere waar de moeilijkheid hem vooral in de versieringen zit, zoals de zevende, en nog weer andere, waaronder de zesde en de negende, die een langzamer tempo hebben, maar waarbij je precies moet uitstippelen wat elke vinger doet. In de vijfde variatie wordt een snelle melodielijn die eerst met de rechter- en dan met de linkerhand wordt gespeeld omvlochten door een eenvoudige, maar charmante dialoog tussen twee stemmen die doen denken aan houtblazers, een fagot en een fluit misschien, die naar elkaar kwekken en kakelen, waarbij ze steeds vasthouden aan hetzelfde idee. Op een gegeven moment, tegen het eind van de eerste helft van de variatie, stijgt de linkerhand op naar een hoogtepunt in de melodielijn, dat wordt voorafgegaan door een terloopse mordent – een korte versiering –, een detail dat ik nog nooit permanent naar behoren heb kunnen spelen. Ik speel de passage langzaam door en realiseer me dat het me, als ik een klein beetje vertraag en dat lastige groepje van drie noten een klein beetje extra ruimte geef, misschien zal lukken het voor elkaar te krijgen zonder dat het er te dik bovenop gelegd klinkt. Het is een trucje, maar ik probeer het, eerst in mijn hoofd, en dan langzaam, met één hand. En het werkt.

En nu verder met de canons, die het hart van de variaties vormen, maar waartussen ook een paar van de allerlastigste stukken zitten. De eerste canon verschijnt in de derde variatie, en het is een van de vreemdste canons, met een bezige, bloemrijke en spraakzame baslijn die de canonische lijnen daarboven ondersteunt. Ik heb uren zitten ploeteren op die twee met elkaar verweven stemmen, die elkaar met een tussenruimte van één maat opvolgen, en op precies dezelfde manier een lange klaaglijke melodische lijn afwikkelen. Wat dit teweegbrengt is niet zozeer een echo-effect als wel het wonderlijke gevoel dat de muziek zichzelf al bij de inzet van de eerste stem herhaalt. Psychologisch gesproken hoort het oor de eerste melodische lijn en zodra het de vorm en de richting ervan heeft waargenomen, hoort het die lijn opnieuw, waarmee een soort perceptieverschuiving tot stand komt. Anders dan andere canons of fuga's, waarin de stemmen in dialoog met elkaar lijken te zijn, doet deze canon eerder aan als één enkele stem die verstrikt is geraakt in een dromerige feedbacklus.

Omdat de twee bovenstemmen precies dezelfde noten bevatten, en de rechterhand de taak te beurt valt om die bijna allemaal te spelen, zitten ze elkaar voortdurend in de weg, en dat lijkt dan ook het voornaamste probleem van het stuk te zijn. Maar wanneer je je toelegt op dat wat in eerste instantie het moeilijkst lijkt, verwaarloos je algauw dingen die eenvoudiger zijn, maar het zwakke punt worden als je niet oplet. De baslijn van de eerste canon is rusteloos en complex, en vraagt om aandacht. Dus vanochtend besluit ik om me uitsluitend te concentreren op de baslijn, hem uit mijn hoofd te leren en me onder het spelen de andere twee stemmen in mijn hoofd voor te stellen. Zonder de bovenstemmen voelt de baslijn kaal en dor aan, wat waarschijnlijk de reden is waarom ik hem heb verwaarloosd. Maar na een halfuur ken ik de helft van de baslijn uit mijn hoofd, en heeft het stuk nu tot mijn vreugde een nieuwe stabiliteit wanneer ik de stemmen opnieuw combineer.

Een ogenblik lang voel ik een soort triomf, en stel me voor dat deze nieuwe start een echt nieuw begin zal blijken, een opstap die de rest van het stuk nu eindelijk voor me zal ontsluiten en me zal helpen het onder de knie te krijgen, in plaats van de zoveelste patstelling. Maar als ik ertoe overga de rest van de baspartij uit mijn hoofd te leren verslapt mijn concentratie en volgen mijn gedachten dit spoor: ik werd gisteravond gebeld door een oude vriendin; ik ben jarenlang nauw bevriend geweest met haar en haar man, en ze betekenen allebei heel veel voor me; hij is onlangs overleden en zij heeft moedig de draad weer opgepakt, maar ik weet dat het na een huwelijk van tientallen jaren niet eenvoudig kan zijn; ik maak me zorgen om haar omdat ze, kort nadat ze is begonnen haar leven weer op de rails te krijgen, heeft gehoord dat een van haar beste vriendinnen ook ziek is en niet lang meer te leven heeft. Heeft mijn moeder erg geleden? Waar was ze bang voor? Als ze die laatste paar maanden 's ochtends wakker werd, viel er voor haar dan nog enig plezier te beleven aan de wereld om haar heen? Toen ze de hoop opgaf, was die hoop toen voorgoed verdwenen, of was het iets hardnekkigs, iets wat voortdurend de kop ingedrukt moest worden tot het de geest gaf? Mijn linkerhand speelt nog altijd de baslijn van de canon, maar louter mechanisch, en nu is de dood bij mij in de kamer.

En dus leg ik de muziek opnieuw opzij, en vraag me af wat er zal beklijven van de in dit povere uurtje gemaakte vorderingen.

Vijf

Lang voor het licht werd was het begonnen met sneeuwen en toen om halfzeven de wekker ging lag er een laag van zeker tien centimeter. De school ging niet door, en ik was zielsgelukkig. Ik bleef lekker liggen dommelen in mijn warme bed, voor één keer bevrijd van de angst die elke ochtend voor schooltijd bezit van me nam. Ik was veertien, zat op de middelbare school en was het mikpunt van het gejen en getreiter van een stel pestkoppen. Maar deze dag konden ze me niet meer afnemen.

Mijn moeder bleef in haar kamer, en dat maakte het allemaal nog wat beter. Een poosje later liep ik naar beneden, ging naar de plek waar ze de oude boeken uit haar studietijd bewaarde en pakte een boek van Dante dat ik nog nooit had gelezen. Het verraste me dat ik het zo toegankelijk vond, en algauw was ik totaal verdiept in zijn *Inferno*, vol verwondering, afgrijzen en spanning bij de ontmoetingen met de toornigen, de wrokkigen, de godslasteraars en de engelen die te wankelmoedig en te angstig waren om partij te kiezen in de goddelijke strijd en daardoor voorgoed gevangen waren tussen hemel en hel. Sommige namen herkende ik – Dido, Tristan en Achilles – en andere, zoals Semiramis, Tiresias en Nimrod, waren nieuw voor me. Ik wilde ze allemaal leren kennen, die tragische, illustere personages, afkomstig uit mythen, legenden en de wereldgeschiedenis, maar hier verbonden in hun leed. Daarna ging ik achter de ontstemde piano zitten en studeerde een poos op een impromptu van Schubert, waarbij ik me concentreerde op de zachtste gedeelten, uit angst om mijn moeder te storen, ook al was het al bijna middag. Toen het al hoog en breed lunchtijd was en ze nog steeds niet was komen opdagen, liep ik naar haar kamer, klopte zachtjes op de deur en vroeg of ik een sandwich mocht maken voor mezelf. Ik had altijd honger.

Bij ons thuis waren er eindeloos veel regels: regels over eten, over kleren en wasgoed, over deuren (die altijd open moesten blijven), over handdoeken, over het licht, over de radio, de telefoon, de televisie en de post (die eerst werd opengemaakt en bekeken voordat hij aan ons werd doorgegeven). In de meeste huishoudens gelden regels, en bij ons thuis had je alle gewone voorschriften: geen voeten op tafel, handen wassen voor het eten, geen vuile vaat in de gootsteen. Maar er bestonden bij ons nog tientallen andere regels: over lezen, slapen en in bad gaan, over geld, over spelen en over vrienden. De regels over voedsel waren het strengst van allemaal; we mochten niets eten of drinken zonder expliciete toestemming. Toen mijn moeder het goed vond dat ik mijn eigen sandwich maakte was ik in de wolken, omdat ik wist dat ik nu de onuitgesproken maar onwrikbare regel zou kunnen negeren die bepaalde dat het eten bij iedere maaltijd karig, eentonig en niet te vreten was.

Ik kon die middag dus mijn gang gaan en mijn honger verdween. Intussen bleef het maar sneeuwen. Ik wilde naar buiten, om te genieten van de sneeuw, en hem te bedanken voor een van de beste dagen die ik me kon heugen, dus besloot ik mijn moeder te verrassen en de oprit en de paden sneeuwvrij te maken zonder daar opdracht voor te hebben gekregen. De sneeuwlaag was stroef en nat en minstens dertig centimeter dik. Het was zwaar werk, maar gaf veel voldoening, en onder het sneeuwruimen zong ik flarden Schubert en andere muziek die ik pas had leren spelen. Ik stelde me voor hoe verrast en blij mijn moeder zou zijn bij de ontdekking dat ik vrijwillig een afmattende en onaangename taak op me had genomen en die netjes had uitgevoerd. In het grijze licht van de namiddag voelde ik me energiek en voldaan. Toen ik klaar was deed ik mijn laarzen uit, zette ze bij de voordeur en ging naar mijn kamer, waar ik onder de wol kroop met de *Inferno*.

Ik was totaal verdiept in Dante toen ik haar hoorde roepen. Het ergerde haar dikwijls als ik een tijd alleen in mijn kamer zat te lezen. Ze had letterkunde gestudeerd, en de meeste boeken die ik las waren van haar en stonden vol met balpenaantekeningen in een klein, geoefend, elegant handschrift. Maar allengs had ze, om redenen die ik nooit heb begrepen, argwaan opgevat tegen lezen, en dan vooral wanneer anderen dat deden. Mijn vader, die een niet te stillen voorliefde had voor populaire lectuur, met name thrillers en spionageromans, had er intussen een gewoonte van gemaakt zijn boeken op uiteenlopende plaatsen in huis te verbergen en ze in het geniep te lezen. Toen ik klein was en nog in de nauwe ruimte tussen de bank en de muur paste, verstopte ik me daar en kon er urenlang zitten lezen, dat wil zeggen tot ze merkte dat ik verdwenen was en me begon te roepen. Ik kon erop rekenen altijd gestoord te worden onder het lezen, vooral als het onmogelijk was om te doen alsof het om huiswerk ging. Ik was daar intussen zo aan gewend dat ik tijdens het lezen altijd voor een deel op haar aanwezigheid was gespitst en erop voorbereid was dat ze me zou onderbreken. Als ze wist dat ik zat te lezen, verzon ze altijd een of ander klusje dat meteen gedaan moest worden, een alledaagse bezigheid die opeens dringend geworden was, zoals het vegen van de garage of het op kleur en formaat rangschikken van de tijdschriften, zodat het netter stond op de plank. Soms gebeurde het dat ik naar haar toe ging wanneer ze me met haar geroep uit mijn dagdromen haalde, en dan merkte dat ze niets kon verzinnen wat gedaan moest worden. Dan zag ik haar denken tot haar iets inviel – de raamkozijnen op de tweede verdieping schoonmaken, of de plinten in de huiskamer afnemen met een vochtige doek – en dan zei ik: 'Maar dat heb ik gisteren al gedaan.' Dan gaf ze het op en liet me teruggaan naar mijn boek.

Toen ik haar ditmaal hoorde roepen ging ik ervan uit dat ze blij en verrast zou zijn en me misschien zelfs zou belonen. Maar haar stem klonk kwaad en toen ik haar bij de voordeur aantrof was ze razend. Laarzen moesten altijd bij de achterdeur worden neergezet, zei ze. 'We zijn geen beesten,' zei ze met verstikte stem. 'We wonen niet in een schuur.' Ik wist niets van die regel; mogelijk had ze hem zojuist verzonnen. Ik stamelde iets over sneeuwruimen, maar ze werd alleen maar nijdiger. Ze haalde met beide handen naar me uit, sloeg me op mijn borst en op mijn hoofd en dreef me door de gang naar de achterdeur, met mijn laarzen in mijn hand. Ze was klein en wanneer ze ons sloeg deed het zelden pijn, tenzij er toevallig een of ander voorwerp binnen handbereik lag, zoals een bezemsteel of een haarborstel. Het was vernederend geslagen te worden, maar het had meestal niet meer om het lijf dan een boel gekrijs, rondzwiepende armen en een paar tikken met een vlakke hand.

Maar dit keer was ze kwader dan gewoonlijk, of misschien onderschatte ze haar eigen kracht. Toen ik bij de achterkant van het huis kwam, waar een glazen schuifdeur toegang gaf tot de binnenplaats en de achtertuin, zag ik haar laarzen netjes op de mat staan en ik bukte me om de mijne ernaast te zetten. Op dat moment sloeg ze me zo hard in mijn nek dat ik mijn evenwicht verloor en op de grond viel. Daar lag ik, met mijn armen stijf tegen mijn gezicht gedrukt. Ik huilde, en ik schaamde me dat ik huilde. Ik probeerde te roepen dat ze me pijn had gedaan, maar ik had nog maar net de baard in de keel, en het kwam eruit met het piepstemmetje van een kind.

'Stel je verdomme niet zo aan,' zei ze en ze stoof ervandoor. Ik denk dat ze kwaad was op zichzelf omdat ze haar gebruikelijke geweldslimiet had overschreden, en ik was kwaad op mezelf omdat ik huilde. Ik vermande me zo goed en zo kwaad als het ging, op zoek naar de beheerste houding die ik op school altijd aannam wanneer ik werd gepest en geslagen. Ik hield op met huilen en bedwong die brok in de keel die je aan het snikken brengt. Ik was doodop, niet alleen door de inspanning van het sneeuwruimen, maar vooral doordat mijn perfecte dag bedorven was. Mijn moeder was naar haar eigen kamer gevlucht en opnieuw had ik het huis voor mezelf alleen. Ik draaide me op mijn rug en keek liggend op de vloer door de glazen schuifdeur naar de hemel boven me, waaruit de sneeuw nog altijd in dikke zware vlokken neerviel.

Er leek geen eind aan te komen. Ze vulden een onbegrensde hemel en kwamen tevoorschijn uit een rondtollende grijze warreling, alsof elk vlokje pas ontstond op het moment dat ik het waarnam. Het effect was hypnotiserend, en ik lag daar maar in het kwijnende namiddaglicht en probeerde me voor te stellen dat ik ergens anders was. Ik wilde een vriend die ik niet had over Dante vertellen. Ik wilde iemand die meer van boeken wist vragen waarom Dantes hel zo onbarmhartig was. Waarom moesten de ongedoopten lijden, ook al waren ze goed en nobel en hadden ze een voorbeeldig leven geleid? Waarom bleven zoveel verdoemden tieren en tekeergaan, tegen elkaar en zelfs tegen God, terwijl de realiteit van de hel en de overmacht van de goddelijke toorn toch elke twijfel aan zijn bestaan hadden uitgebannen? Misschien, dacht ik, waren ze boos op Hem, boos op Zijn onvoorspelbare regels, boos over Zijn wreedheid. Ze hadden ook hun trots en klampten zich diep in hun hart vast aan die ene zekerheid: dat zij te goed waren voor dit lot.

In zijn *Berliner Chronik* buigt Walter Benjamin zich over de eigenaardige aspecten van de manier waarop we ons plaatsen herinneren. 'Niets belet ons aan kamers waar we vierentwintig uur zijn geweest een min of meer scherpe herinnering over te houden, en andere, waarin we maanden hebben doorgebracht, totaal te vergeten. Het is dan ook niet altijd te wijten aan een te korte belichtingstijd wanneer er geen beeld verschijnt op de plaat van het geheugen.'[16] Gewenning kan inderdaad indrukken doen vervagen en herinneringen onderdrukken, terwijl een bepaalde ruimte door een schok zo hel kan oplichten dat de fotografische 'plaat van het geheugen' het beeld vasthoudt. Ik heb dagelijks vele uren doorgebracht in de slaapkamer van het huis waar ik ben opgegroeid, maar herinner me die nauwelijks. Maar voor zover ik weet heb ik maar één keer op de linoleum vloer van de keuken gelegen en door de schuifdeur opgekeken naar de hemel, en toch is dat de scherpste herinnering die ik heb bewaard aan de meer dan tien jaar dat ik in dat huis gewoond heb. 'Juist aan deze ontregeling van ons diepste ik in shock heeft onze herinnering de onuitwisbaarste beelden te danken,' schrijft Benjamin.

Ik beschouw dat ogenblik als een baken in mijn persoonlijke mythologie. Het maakt niet uit of het al dan niet die ene keer was dat ik, liggend op de vloer op die besneeuwde dag, het besluit nam dat ik geen kind meer wilde zijn. Ik heb ervoor gekozen het me op die manier te herinneren, en als het niet toen was, was het in elk geval in die periode van mijn leven, misschien na een andere aframmeling, mogelijk zelfs een keer in het bijzijn van andere mensen, wat nog vernederender was. In elk geval besloot ik dat ik te goed was voor dit lot, te goed voor deze banale situatie waarin ik boos en huilend op de vloer lag. Eerder die dag, toen ik Dante had zitten lezen en besloten had de sneeuw weg te ruimen, had ik me onafhankelijk en volwassen gevoeld, maar het volgende moment was ik opeens weer een jongen, in de macht van mijn moeder. Dus nam ik het besluit om de rest van mijn jeugd nietig te verklaren en mezelf alleen nog aan dingen te wijden die ertoe deden. Wat dat voor dingen waren, afgezien van bijvoorbeeld Dante en Schubert, wist ik niet precies. Maar ik had vaag het gevoel dat er in boeken en muziek en kunst een leven te leiden viel dat meer inhoud had dan het inferieure, rommelige leven dat me naar dit specifieke moment, naar dit specifieke dieptepunt had gevoerd.

Die middag formuleerde ik mijn eigen regels. Ik besloot dat ik klaar was met mijn moeder, dat ik me nooit meer zou laten verleiden door die enkele vriendelijke bui, dat ik nooit meer met haar zou praten over iets wat ertoe deed, en dat ik haar nooit meer zou vertrouwen. Ik zag duidelijk in dat ik eraan onderdoor zou gaan als ik haar niet uit mijn leven zou bannen. Ik zou me fatsoenlijk, beleefd en bovenal beheerst gedragen. Maar ik besefte dat ik afstand moest houden. En ik besefte dat ik moest zien weg te komen om nooit meer terug te keren. Het zou niet makkelijk zijn om die besluiten in praktijk te brengen. De eerstvolgende jaren was ik nog gebonden aan mijn familie en mijn ouderlijk huis, en er zat niet veel anders op dan me terug te trekken in een zelfopgelegde ballingschap, in stilte en ondoorgrondelijkheid. Maar als het ging om het voornemen me voortaan alleen nog bezig te houden met ernstige en betekenisvolle dingen, had ik wel degelijk de mogelijkheid en de middelen om dat te doen, en vanaf dat moment hield ik me dan ook strikt aan dat besluit.

Ik was er totaal niet op toegerust om te bepalen wat groot was en wat triviaal, om ook maar iets van een eigen oordeel te hebben over muziek of literatuur of kunst, maar ik kon wel om me heen kijken en me spiegelen aan de smaak van anderen. Als ik op bezoek was bij mijn oudere zussen, die al studeerden, inspecteerde ik hun boekenplanken en kwam thuis met exemplaren van de boeken die ik daar had gezien. Als ik bij andere mensen op bezoek was, nam ik hun platen- en boekenverzameling door, op zoek naar dingen waarvan ik vaag gehoord had, dingen die zich aftekenden tegen de verre horizonten van de intellectuele wereld, voor zover ik daar een beeld van had. Als ik mensen hoorde praten die ik beschouwde als kenners, luisterde ik oplettend naar de exotische namen van denkers en kunstenaars, en maakte daar consciëntieus mentale aantekeningen van. En ik verliet me vooral op dit ene idee: dat iets wat moeilijk was vast ook belangrijk moest zijn.

Achteraf lijkt het nogal onnozel om je emotionele leven te grondvesten op zo'n iel en aan anderen ontleend fundament. Maar ik had niets anders, en in de loop der tijd kunnen dingen die we in eerste instantie hebben geleend wel degelijk ons eigendom worden, iets wat niet minder bij ons past dan al het andere wat we bezitten in ons leven. Iedere vorm van smaak is overgenomen van anderen, of we nu gericht zoeken naar de beste voorbeelden of zomaar onbewust en kritiekloos registreren wat er om ons heen gebeurt. Maar datgene wat eerst een overlevingstactiek was, een vlucht in dingen die zo esoterisch waren dat mijn moeder me daarheen nooit zou kunnen volgen, is uitgegroeid tot een levenshouding die volledig samenvalt met mijn zelfbeeld. Ik beleef werkelijk geen plezier aan slechte boeken, en zelfs niet aan boeken die alleen maar onderhoudend zijn; ook heb ik nooit iets gehad met populaire muziek, afgezien van die paar liedjes die onlosmakelijk verbonden zijn met vroegere liefdesrelaties. En hoewel ik ervan doordrongen ben dat het op zijn best een bijgeloof is, ben ik er nog altijd van overtuigd dat in een goed boek of een groot muziekstuk de mogelijkheid van een verlossing schuilt.

* * *

Het lijkt intussen een ouderwetse gedachte dat er op esthetisch gebied grootse en mindere dingen te beleven zijn, maar toch was dat gedurende een groot deel van de afgelopen eeuw een gangbare en min of meer respectabele opvatting. Ik ben opgegroeid in de jaren zeventig en tachtig, met de muziekkritieken van Harold Schonberg in de *New York Times* en met zijn boeken *The Lives of the Great Composers*, *The Great Pianists* en *The Great Conductors*. Bij ons in de kast stonden een aantal in kartonnen cassettes gestoken delen uit de reeks *Great Books*, Mortimer Adlers curieuze poging om de Grote Ideeën te bundelen voor een breed publiek, boeken die als lesstof meegingen naar de zondagsschool toen we in de jaren zeventig een aantal jaren lid waren van de unitarische kerk. Tot ver in de jaren negentig viel in gesprekken over kunst op radio en televisie om de haverklap het woord 'groot', zonder dat iemand zich daar ongemakkelijk bij voelde. Ik herinner me dat ik ooit, toen ik achter in de twintig was, een zomer heb doorgebracht in een huisje in het noorden van New Mexico, waar maar één radiozender met klassieke muziek ontvangen kon worden. Elke ochtend werd daar het programma *Adventures in Good Music* uitgezonden, gepresenteerd door Karl Haas, een naar de Verenigde Staten uitgeweken joodse Duitser, die met een vet Midden-Europees accent sprak over de grootheid van Beethoven, de subtiliteit van Bach en de diepzinnigheid van Brahms.

Maar toen het klassieke-muziekpubliek begon te slinken en te vergrijzen, en een nieuwe generatie musici en hun entourage het idee kregen dat er om het begrip 'grootheid' een geur van snobisme hing, raakte het woord in diskrediet. Als het betrekking had op cultuur met een grote c werd grootheid in toenemende mate geassocieerd met ideeën over bevoogding en klasseverschillen, en werd het vermijden van het woord onderdeel van een noodzakelijke poging om tegenwicht te bieden aan eeuwenlange ongelijkheid en racisme. Maar intussen is het woord doodgewoon verhuisd naar de populaire cultuur, waar een tijdschrift als *Rolling Stone* zich er niet voor geneert om een lijst met '100 Greatest Artists' te publiceren, en waar het oude concept van grootheid in vermomming is teruggekeerd, bijvoorbeeld als boeken 'die je gelezen moet hebben' of 'Oprah's favorieten'. Ook in deze tijd blijft het voor de meeste mensen een categorie waar ze niet buiten kunnen, en ook al bestaat er weinig tot geen overeenstemming over wat 'groot' is, en al kunnen de maatstaven voor grootheid van de ene dag op de andere totaal veranderen of verschuiven langs demografische, culturele en stilistische demarcatielijnen, toch is het begrip nog altijd een leidraad bij het algemene discours over muziek.

Het is moeilijk om het te stellen zonder dit idee, niet alleen omdat het diep geworteld is in onze manier van denken, maar ook omdat we erop terugvallen wanneer we besluiten nemen over de manier waarop we luisteren en waarnaar we luisteren. Het leven is kort en we willen allemaal liever grote dan gewone dingen. Ik kan nu wel pretenderen, zoals veel van mijn collega's en vrienden doen, dat ik niet denk in termen van grote muziek, dat het gegeven dat bepaalde soorten muziek mensen meer of minder aanspreken louter berust op persoonlijke voorkeur, en dat zulke muzieksoorten beter of slechter functioneren in een bepaalde context (als vermaak, als afleiding, als verlevendiging, als ontspanning of als provocatie). Maar wanneer ik bij mezelf naga hoe ik muziek eigenlijk beleef, is het duidelijk dat grootheid op dit moment nog altijd even belangrijk voor me is als toen ik op de vloer van mijn ouderlijk huis lag en de hoop koesterde om in deze wereld iets verhevens te vinden, iets wat groter was dan kleinzielig zelfmedelijden. Ik kan aan alle soorten muziek plezier beleven, maar wanneer ik écht behoefte heb aan muziek gaat het meteen ook om gróte muziek.

Als Bachs *Goldbergvariaties* geen grote muziek zijn, is er niets wat die naam verdient. De mens heeft de eigenaardige gewoonte om niet alleen muziek te maken, maar er ook over te praten, en al sinds eeuwen worden er in de westerse cultuur allerlei theorieën ontwikkeld om muziek te analyseren en te evalueren, wat onvermijdelijk heeft geleid tot ideeën over de vraag wat sommige soorten muziek beter maakt dan andere. Sommigen zijn van mening dat dit in wezen afhankelijk is van formele perfectie, en kennen dan ook veel gewicht toe aan aspecten als complexiteit, orde en evenwicht; anderen houden het op emotionele zeggingskracht, waarmee de nadruk komt te liggen op retorische of affectieve vermogens; en dan zijn er nog de diverse stromingen die staande houden dat muziek hogere of kosmische zaken weerspiegelt, dat ze een akoestische belichaming is van het zonnestelsel, een representatie van wiskundige of geometrische denkbeelden, een afstraling van de geest van God of een metafoor voor de spirituele architectuur van de kosmos. De *Goldbergvariaties* zijn geschreven op een sleutelmoment in de geschiedenis van deze drie fundamentele stromingen binnen de muziekesthetiek, en binnen al die denkrichtingen heeft Bachs muziek de inspiratie geleverd voor de ontwikkeling van eigen interpretaties. Bachonderzoekers hebben zich beroepen op verhandelingen over formele retorica om Bachs muzikale middelen en expressieve melodiewendingen te verklaren en gebruikgemaakt van numerologie om nagenoeg alles te duiden, van de samenstelling van zijn muzikale motieven tot de tonale structuur van de grote meerdelige werken. Ze hebben ideeën ontleend aan de oude Grieken, de Renaissance en de Verlichting om zijn muziek te verklaren, verbanden gelegd met zijn kennis van het Latijn en de exacte wetenschappen, en Bach zelfs afgeschilderd als een soort Newton of Kepler van de muziek. Maar gedurende het grootste deel van de twintigste eeuw is de blik van de Bach-kritiek voornamelijk gericht geweest op de formele perfectie van zijn muziek.

Dus als we leven in een tijdperk waarin een eenduidige maatstaf om de grootheid van muziek te beoordelen ver te zoeken is, zouden we ook kunnen zeggen: kies elke maatstaf die je maar wilt, en het is zo goed als zeker dat Bachs muziek volgens die maatstaf nog altijd groot zal zijn. Als ik mijn overtuiging dat dit grote muziek is probeer uit te leggen aan mensen die weinig op hebben met dat begrip, ga ik om mijn standpunt over te brengen graag mee met andermans maatstaven. Is zijn muziek charmant, pakkend en melodisch? Luister naar de gigue van de zevende variatie, het spinnewielliedje van de negentiende, of het huppelende dansje van de vierentwintigste als bewijs van haar eenvoud en charisma. Is ze complex, streng en knap gemaakt? Je vindt het bewijs in elke regel op elke pagina. Heeft ze een hogere spirituele betekenis die die van andere soorten muziek overstijgt? Die vraag is lastiger te beantwoorden, maar ik kan er dit over zeggen: de *Goldbergvariaties* zijn beslist een weerspiegeling van mijn eigen persoonlijke kosmologie.

Laten we het eerst hebben over de structuur. De overkoepelende vorm van het werk is een van de vernuftigste en subtielste die ooit verzonnen zijn. De dertig variaties worden geflankeerd door de aria, die tweemaal te horen is, eerst aan het begin en dan aan het slot. In totaal zijn er dus tweeëndertig delen, waarin halverwege, bij de zestiende variatie, een scheidslijn waarneembaar is, een scharnier dat de twee grote panelen van een muzikaal tweeluik verbindt. Elke variatie is op haar beurt verdeeld in twee segmenten, en elk van deze segmenten wordt herhaald. Dit fractalachtige patroon wordt aanmerkelijk complexer door de aanwezigheid van negen canons, waarin twee stemmen dezelfde melodie ten gehore brengen, maar de tweede wat later invalt, zoals in het bekende lied 'Row, Row, Row Your Boat'. In elk van deze negen canons is het interval tussen beide stemmen een toonschrede groter dan in de voorgaande, zodat de eerste canon begint in unisono (of de prime), de tweede met een toon verschil (een secunde) en de stemmen in de derde een terts uit elkaar liggen, enzovoort, tot de laatste canon, waarin de tweede stem een none hoger inzet. Na de eerste drie variaties tekent zich een vast patroon af: elke canon wordt voorafgegaan door twee andere variaties, een arabeske die snel en lichtvoetig is en een beroep doet op de fysieke vaardigheid van de speler, en een andere variatie, gewoonlijk een soort dans, of een verwijzing naar een ander populair muziektype uit Bachs tijd.

Het werk heeft daarmee zowel een symmetrische als een open structuur, en kan worden onderverdeeld in veelvouden van twee en veelvouden van drie. De grote tweedeling en de herhaling van de aria aan het slot leiden tot een sterk gevoel van evenwicht en afronding, maar het patroon van twee variaties, gevolgd door een canon, zou tot in het oneindige herhaald kunnen worden (als het toetsenbord breed genoeg was en je armen lang genoeg om de steeds verder uit elkaar liggende stemmen te omvatten). De opbouw van het werk heeft dus zowel het statische evenwicht van een architectonische façade als de dynamische onbegrensdheid van een mathematisch patroon, zoals de reeks 1, 3, 7, 15, 31... In vrijwel iedere vormanalyse van de variaties zie je dat ze gearrangeerd zijn in een boogvorm, waarbij de auteur dikwijls krampachtige pogingen heeft gedaan om ze in volmaakt symmetrische groepjes van twee of drie variaties te ordenen, zodat niet alleen de boog in evenwicht is, maar zelfs de bouwstenen aan weerszijden overeenstemmen. Maar we zouden de structuur ook kunnen opvatten als een cirkel, en iedereen die de huivering heeft gevoeld die de terugkeer van de aria aan het slot teweeg kan brengen, zal zich wellicht deze bekende regels herinneren over het samenvallen van een begin- en een eindpunt, en het paradoxale karakter van ons cyclische bestaan, uit het laatste deel van T.S. Eliots *Four Quartets*:

We shall not cease from exploration
And the end of all our exploring
Will be to arrive where we started
And know the place for the first time.

We zullen niet ophouden met ontdekken
En het eind van alle ontdekking
Zal zijn aan te komen waar we vertrokken
En de plaats te kennen voor de eerste keer.[17]

En toch zijn al die formele metaforen om de structuur van de *Goldbergvariaties* te beschrijven – de symmetrische boog, de wiskundige reeks met een open einde, de gesloten cirkel – gebaseerd op dezelfde premisse, de opvatting van het werk als geheel, als een integraal muziekstuk met een doelbewust gekozen vorm, dat bedoeld is om als het ware van een grote afstand of een grote hoogte waargenomen en begrepen te worden, van het begin tot het eind. Het is niet duidelijk of het Bachs intentie was dat het stuk zo opgevat zou moeten worden, als een meesterwerk met een sterke interne samenhang, en de musici uit Bachs tijd hebben het hoogstwaarschijnlijk niet op die manier benaderd. Er is mij geen enkele verslaglegging bekend van een uitvoering van de *Goldbergvariaties* uit de periode omstreeks hun ontstaan, of tijdens Bachs leven. Maar voor zover de *Goldbergvariaties* in de eerste jaren of decennia na de boekuitgave van 1741 al werden gespeeld, werden ze waarschijnlijk uitgevoerd als losse stukken, waarbij de musicus een eigen keuze uit de bundel maakte, en die niet in zijn geheel uitvoerde. Het staat vast dat het werk aan het eind van de achttiende en het begin van de negentiende eeuw in gedrukte vorm in omloop was, en men neemt aan dat Beethoven het niet slechts kende, maar ook zeer bewonderde toen hij circa tachtig jaar later zijn magistrale *Diabellivariaties* schreef. Maar pas in de tweede helft van de twintigste eeuw zijn de variaties uitgegroeid tot het repertoirestuk zoals we het vandaag kennen, een werk dat van het begin tot het eind wordt uitgevoerd als een integrale compositie.

Maar ook al worden ze tegenwoordig op die manier gespeeld, toch is de grote, macroscopische structuur die de variaties bijeenhoudt niet waarneembaar voor de luisteraar, tenzij hij of zij die vooraf heeft bestudeerd. Misschien valt het de oningewijde toehoorder op dat er halverwege het werk, als de zestiende variatie het tweede deel van het tweeluik aankondigt, iets belangrijks gebeurt, al is het maar omdat deze variatie, die is geschreven naar het voorbeeld van een Franse ouverture, een uitgesproken gewichtig en zelfs pompeus karakter heeft. En de meeste luisteraars worden diep getroffen door de afsluitende aria en begrijpen dat die belangrijk is voor de grote symmetrische of cyclische structuur, ook al omschrijven ze het niet precies in die termen. Maar afgezien daarvan doet het werk eerder aan als een verzameling met elkaar verbonden episodes, als een aaneenschakeling van ideeën, dan als een grote boog of als een steeds herhaald en opklimmend driedelig patroon van twee variaties en een canon. Het werk maakt een monumentale indruk omdat het complex en lang is, maar de luisteraar zal het eerder ervaren als een staalkaart van grote ideeën dan als een streng geordende structuur.

Bach biedt de luisteraar bepaald geen handreiking bij het waarnemen van de onderliggende architectuur, vooral niet waar het gaat om de verdeling in drietallen, de reeks met het open einde. De uitgekiende progressie van de negen canons gaat aan de doorsneeluisteraar voorbij, en dat niet alleen omdat de canon een gecompliceerde vorm is, maar ook omdat Bach dikwijls het onderscheid tussen de canons en de andere variaties verdoezelt, en een aantal van de canons zo heeft gecomponeerd dat ze niet specifiek 'canonisch' klinken. De vierentwintigste, de canon in het octaaf, waarin de bovenstem het thema duidelijk presenteert voordat de tweede stem invalt, klinkt onmiskenbaar als een canon, met een geprononceerde imitatie tussen de twee stemmen. Maar in de zesde variatie, de canon in de secunde, zijn de stemmen zo onderling verweven en zitten elkaar zo op de huid dat de muziek eerder aandoet als één enkel idee dat langzaam rondwentelt in de ruimte, waardoor je haar eerder ervaart als twee kanten of aspecten van hetzelfde gegeven dan als twee afzonderlijke stemmen die met elkaar in dialoog zijn. In de eenentwintigste variatie, de canon in de septiem, lijkt de tweede stem dikwijls aan te sluiten op wat de eerste voortbrengt, door de draad op te pakken waar de andere hem laat liggen, als twee mensen die al zo lang met elkaar in gesprek zijn dat ze elkaars zinnen aanvullen. Weer andere canons worden verhuld door hun baslijn, zoals in de derde variatie, de canon in de prime, waarin de bijna constante zestiendenbeweging van de omspeelde bas een verrukkelijk gemurmel of gedruis op de achtergrond creëert dat het waarnemen van de in elkaar grijpende stemmen daarboven bemoeilijkt, of in de negende variatie, de canon in de terts, waarin de baslijn zoveel belangrijke details van de canonische stemmen imiteert dat het oor zich afvraagt of hier alle drie de stemmen deel hebben aan een soort driestemmige fuga. In de achttiende variatie, de canon in de sext, lijkt het wel of we een lesje krijgen in ouderwets contrapunt: Bach blaast hier een type muziek nieuw leven en kracht in dat hij vermoedelijk saai zou hebben gevonden als hij ooit orthodoxe compositieles van een pedante schoolmeester had gehad. Om de zaak nog ingewikkelder te maken, doet Bach er ook nog een paar staaltjes polyfonie bij die minstens zo contrapuntisch en streng georganiseerd aandoen als de canons, waaronder een fughetta (korte fuga) in de tiende variatie, het fugatische vervolg op de ouverture van de zestiende variatie, en het *alla breve* van de tweeëntwintigste variatie, een imitatie van een ouderwets motet. Iemand die het werk voor het eerst hoort en van plan is de negen canons te traceren tijdens het luisteren kan makkelijk denken dat deze variaties daar ook bij horen, maar heeft het dan toch bij het verkeerde eind.

Waarom spant Bach zich zo in om ons te dwarsbomen bij onze pogingen de formele structuur van de variaties te begrijpen? Misschien wel omdat hij een dergelijke mentale inspanning niet essentieel achtte voor het muziekgenot. Het is inderdaad zo dat de feitelijke ervaring van het luisteren naar muziek kennelijk niet gepaard gaat met het waarnemen van tal van zaken die lang hebben gegolden als maatstaf voor de grootheid van het werk, waaronder ook complexe architectonische vormen. We luisteren naar muziek in het moment zelf; we zijn ons bewust van wat er zojuist gebeurd is en gespitst op wat er zo meteen zal gaan gebeuren. De reikwijdte van onze muzikale waarneming is opvallend sterk gericht op het hier en nu. Als we in alle eerlijkheid nagaan hoe onze geest nu echt reageert op muziek, moeten we erkennen dat het lijkt of we onze weg zoeken door een groot museum, in het voorbijgaan van alles aan de muren zien hangen, ons vaag herinneren hoe prettig het was in de ruimte die we juist hebben verlaten en er misschien naar uitzien in de volgende zaal iets tegen te komen wat we ons herinneren van een vorig bezoek, maar dat we volstrekt niet in staat zijn het gebouw als geheel en de inhoud ervan op een betekenisvolle manier te ervaren. We geloven, of hopen, dat de grootschalige patronen die Bach in de muziek heeft verwerkt ons op een of andere onbewuste manier toch bereiken, en we kunnen die natuurlijk bestuderen om ze makkelijker te traceren tijdens het luisteren; maar het oor heeft een voorkeur voor het aangename en het oppervlakkige, terwijl de geest van een afstand bewondert.

* * *

Het is eigenaardig dat in beschrijvingen van kunst zo dikwijls begrippen als warmte en kou als metafoor gehanteerd worden voor gemoedstoestanden en ervaringen, dat intellectuele inspanning wordt geassocieerd met het heldere, kristallijnen beeld van ijs, dit in tegenstelling tot warme stromen van plezier, en dat verschillende manieren van kunstbeleving verbonden zijn geraakt met gevoelens van trots en schaamte. In een boek uit 1914, getiteld *Art*, ontvouwde de criticus Clive Bell, een lid van de Bloomsbury Group, een hiërarchische en moralistische kunstopvatting, waarin appreciatie van het puur formele de hoogste of, sterker nog, enige betekenisvolle ervaring is en alle overige genoegens minderwaardig en onbeduidend zijn. Kunst is volgens hem wel in staat emoties op te wekken, maar niet door middel van haar directe zintuiglijk waarneembare inhoud; de ware ontroering komt voort uit het ervaren van haar formele complexiteit. Bell was primair geïnteresseerd in beeldende kunst, maar probeerde hetzelfde soort intellectuele purisme toe te passen op zijn beleving van muziek. Zo analyseert hij zijn gemoedstoestand tijdens het bijwonen van een concert, en constateert dan dat hij 'moe of verward' is en geneigd om 'harmonieën die ik niet kan begrijpen te verbinden met de ideeën uit het leven'. Naar zijn overtuiging is dit een platvloerse gewoonte:

> Ik ben neergetuimeld van de sublieme toppen van de esthetische vervoering en beland in het gezapige laagland van de warmbloedige mensheid. Het is een genoeglijke omgeving. Niemand hoeft zich hier te schamen wanneer hij plezier heeft. Alleen kan niemand die ooit vertoefd heeft op de ijle hoogten eraan ontsnap-

pen zich toch ietwat terneergeslagen te voelen in de knusse dalen. En laat niemand zich inbeelden dat hij, omdat hij zich heeft vermeid in de warme beemden en de zonderlinge uithoeken van het romaneske, ook maar enig idee heeft van de verheven en enerverende verrukkingen van hen die de koude, witte bergtoppen van de kunst hebben beklommen.[18]

Een eeuw nadien laat dit idee ons nog altijd niet los, ook al zijn de meeste beschrijvingen van hoe mensen naar muziek luisteren intussen stevig geworteld in de warme beemden en de zonderlinge uithoeken van de directe ervaring. Aangezien de muzikale analyse zich inmiddels niet alleen bedient van ideeën over architectuur en structuur, maar ook van psychologische perspectieven op het feitelijke luistergedrag, spreken onderzoekers nu van 'syntactische' of 'quasi-syntactische' opvattingen van muziek. Muziek wordt niet gezien als een taal waarmee een specifieke betekenis kan worden overgedragen, maar als een esthetisch object dat zich gedraagt als taal en dat we niet in alinea's of hoofdstukken ervaren, maar in principe op zinsniveau. Overigens zijn er binnen de filosofie al zeker sinds de tijd van Bach discussies gaande over de vraag of diepere structuren – de grote spanningsbogen van Bach of de dialectische vormen van Mozart en Beethoven – al dan niet waarneembaar zijn voor luisteraars, en of men die wellicht op een of andere manier kan waarnemen aan de 'oppervlakte' van de muziek, feitelijk de enige hoedanigheid waarin we haar kunnen ervaren. Een bepaalde stroming binnen de muziekanalyse stelt naarstige pogingen in het werk om de oppervlakte en de structuur te verbinden. Kort samengevat komt dit erop neer dat, wanneer een symfonie op het meest basale niveau een progressie van A naar B en vervolgens terug naar A is, dit grote drama zich steeds weer op grote en kleine schaal blijkt te manifesteren, waarbij elk van de delen, hoofdstukken, alinea's en ook alle kleinere onderverdelingen dit A-B-A-schema vertoont – dus dat elk samenstellend deel op een of andere manier een representatie is van het overkoepelende A-B-A-patroon.

In een artikel uit 1985 beschrijven onderzoekers van de University of California, San Diego, dat ze aan de hand van de *Goldbergvariaties* hebben onderzocht hoe gewone luisteraars de voornaamste aspecten van interpretaties en structuren waarnemen. Nadat ze honderdtwaalf studenten het werk hadden laten horen, in verschillende vertolkingen en op verschillende instrumenten, constateerden ze dat er weinig verschillen bestonden in het door de proefpersonen gerapporteerde muziekgenot. Opmerkelijker was dat ze in een aantal gevallen ook de volgorde van een aantal variaties hadden veranderd, door de driedelige eenheden die besluiten met een canon te verwisselen, en ook hier luidde de slotsom dat het ervaren muziekgenot in wezen hetzelfde was. Ze concludeerden dat 'het wijzigen van het stuk slechts een minimaal effect had op het luisterplezier van de proefpersonen. Het lijkt er dus op dat het genot dat het stuk teweegbrengt voortkomt uit iets anders dan wat de muziekdeskundigen als oorzaak aanwijzen.'[19]

En toch denk ik niet dat structuur irrelevant is en dat pogingen om de structuur van muziek te verklaren en die in verband te brengen met de luisterervaring zinloos of tijdverspilling zijn. Ondanks de ijzige kou op de bergtoppen van Clive Bells Parnassus heeft het waarnemen van de grote structuur van een werk nog altijd een duidelijke zeggingskracht. Het verschaft inzicht in de methoden waarmee Bach orde aanbracht in een grootschalig muziekwerk, en maakt het mogelijk het stuk te onthouden op een manier die wellicht definitiever en permanenter is dan de herinnering aan het genoegen dat voortkwam uit de directe waarneming. En het is maar zelden het geval dat een bepaald aspect van de muziek dat je ervaart als een oppervlakkig detail met een ogenblikkelijke zintuiglijke aantrekkingskracht niet tevens direct verband houdt met de grote structuur van de variaties.

Geen van die eenduidige verklaringen van wat de *Goldbergvariaties* groot maakt is onmisbaar of toereikend, en toch zijn veel ervan op een bepaalde manier of in een zekere context van toepassing. Zelfs als we de architectonische aspecten totaal buiten beschouwing laten en het werk bezien als een collectie bekoorlijke muzikale karakterstukken, blijft het ook volgens tal van andere maatstaven grote muziek. De toegankelijkste variaties hebben veelal een vrij simpele dansvorm, en onder de eenvoudigste daarvan zijn er een paar die een bij uitstek zintuiglijke aantrekkingskracht hebben. De gigue van de zevende variatie is een ritmische dans in een opgewekte driedelige maatsoort, die je voeten als vanzelf in beweging brengt. En toch wordt zelfs in dit bijna overenthousiaste dansje de harmonische lijn van de *Goldberg*-aria met een verbazende behendigheid doorgegeven tussen de twee stemmen, en belandt ze op een gegeven moment in het bovenregister, waar ze wordt getransformeerd tot een melodie. Bach laat zijn basisgegeven met opzet opgaan in de uitbundigheid van de dans, zodat het geen zin heeft om deze muziek te beschouwen als een fundament in de onderstem met capriolen daarboven, maar eerder als iets nieuws met een organische samenhang. In de paar minuten die ze duurt ontpopt deze variatie, die eerst overkomt als een niemendalletje, zich tot een complete en integrale incarnatie van alles wat ertoe doet in de *Goldbergvariaties*.

Lang nadat ik met dit stuk in de weer was geweest, zat ik een keer in de partituur te lezen, zonder piano erbij, en bekeek een van mijn andere favorieten, de dertiende variatie. Hoewel ze op het eerste gezicht een van de transparantste en zelfs sentimenteelste van de hele bundel lijkt, ontdekte ik tot mijn vreugde dat dit ook een van de variaties is die het dichtst in de buurt blijven van de originele aria. Mocht je intussen moeite hebben om de baslijn nog te herkennen, twintig minuten na de eerste presentatie in de aria, dan tref je die hier merkwaardig intact aan en zul je zien dat ze van tijd tot tijd heel dicht in de buurt van de oorspronkelijke lijn blijft. Zelfs de bovenstem, die begint met een sierlijke omspeling die doet denken aan de kleine mordenten uit de eerste maten van de aria, lijkt de stijgende en dalende contouren van de ariamelodie te volgen. Maar hoewel er op papier tal van overeenkomsten zijn, is het lastig en misschien ook verkeerd om deze variatie op een manier te spelen die de nauwe verwantschap met de originele aria onderstreept. Terwijl Bach in veel van de variaties zegt: 'Ik heb alles veranderd en het is nog steeds hetzelfde', lijkt hij in deze variatie te zeggen: 'Ik heb weinig veranderd, maar het is totaal anders.'

We leven in een tijdperk waarin kunst wordt beschouwd als een collectieve ervaring, waarin men denkt dat muziek alleen plezier oplevert als je dat met anderen deelt. Maar een werk als de *Goldbergvariaties* brengt ook uitgesproken individuele gevoelens van voldoening met zich mee, genoegens die moeilijk of onmogelijk te delen zijn, en die misschien helemaal geen genoegens zijn, maar domweg momenten van bewustwording en openbaring die alleen betekenis hebben voor onszelf. Misschien is wat dit werk mede beoogt wel dat het ons terugwerpt op ons diepste, eigenste en eenzaamste ik, op een manier die nabootst hoe de dood ons wegneemt uit de wereld. Het ervaren van een schoonheid die onzegbaar is, die we alleen kunnen waarnemen in absolute eenzaamheid, helpt ons ons voor te bereiden op die andere, absoluut individuele ervaring in ons leven. We ervaren kunst op veel manieren, maar één daarvan, en misschien wel een van de essentieelste, is via een verinnerlijking van schoonheid die we nooit kunnen delen met of doorgeven aan anderen.

Ik heb weinig op met Clive Bells metafoor voor het verkennen van kunst, als een eenzaam verblijf op een geïsoleerde, besneeuwde bergtop, maar ik begrijp wel wat hij ermee probeerde te zeggen, en ik moet bekennen dat ik me aangesproken voel door het idee dat er een heroïsche inspanning voor nodig is, met de bijbehorende zelfverloochening en discipline, om daar te komen. Ik ben er jarenlang van overtuigd geweest dat er in het leven niets belangrijker was dan het bereiken van die plek, waar die ook was. Toen ik nog bij mijn ouders woonde las ik een van de andere afgedankte boeken van mijn moeder, Virginia Woolfs *To the Lighthouse*, en raakte behoorlijk ontregeld door een scène waarin de schrijfster duidelijk maakt wat voor risico's en offers het met zich brengt om een heel leven te wijden aan de zoektocht naar dat verheven doel van het ultieme inzicht. Woolf beschrijft met droge en rake ironie het 'voortreffelijk verstand' van een van haar protagonisten, Mr. Ramsay: 'Want als denken zoiets is als het klavier van een piano dat verdeeld is in een groot aantal toetsen, of als het alfabet waarvan alle zesentwintig letters keurig op een rij zijn gezet, dan had zijn voortreffelijk verstand geen enkele moeite om die letters zonder aarzelen in de juiste volgorde achter elkaar op te noemen. Tot hij bijvoorbeeld de letter Q bereikte.' Maar wat komt er na de Q? En na de R? 'Hoeveel mannen op de duizend miljoen, vroeg hij zich af, bereiken Z eigenlijk?'[20]

Toen ik bijna veertig jaar geleden op de vloer lag en opkeek naar de sneeuw die zonder ophouden neerviel uit het grijze zwerk, dacht ik dat mijn voortbestaan afhankelijk was van zoiets als Mr. Ramsays streven om Z te bereiken. In de betreffende passage uit het boek stond hij op een zomeravond op het terras van zijn huis op de Hebriden een pijp te roken en sloeg intussen zijn gezin gade door een venster. Hij was een filosoof. Ik was een vormeloos wezen, vol schaamte en woede en vastbesloten om orde aan te brengen in het kleine stukje van de wereld waarover ik wat te zeggen had. Ik had toen nog niet het ontnuchterende voorbeeld van Mr. Ramsays vergeefse streven, dat mijn hoop wat had kunnen temperen. Woolf, wier zuster getrouwd was met Clive Bell, beschrijft Mr. Ramsays mislukking in termen die doen denken aan Bells beschrijving van de steile hoogten van de esthetische ervaring. Met zijn heroïsche taak om Z te bereiken verkeert haar filosoof in de positie van de leider van een expeditie naar een hoge bergtop, een tot mislukken gedoemde onderneming: 'Gevoelens die niet eerder een leider zouden hebben misstaan die, nu de sneeuw is gaan vallen en de bergtop in nevels is gehuld, weet dat hij moet gaan liggen en sterven voor de ochtend aanbreekt – die gevoelens bekropen hem, deden de kleur van zijn ogen verbleken en gaven hem, zelfs in de twee minuten van zijn ommetje op het terras, de uitgebluste blik van een verschrompelde oude man. Maar hij zou niet liggend sterven.'

En ik evenmin. Toen ik opstond van de keukenvloer had ik een nieuw doel voor ogen. Een paar jaar later besloot ik van school te gaan en ging vroeg studeren, om te ontsnappen aan het huis dat ik haatte. Mijn innerlijk leven ontwikkelde zich buiten het blikveld van mijn moeder, en ik heb nooit met haar gepraat over liefde, schoonheid of wat ik van het leven verwachtte. Ik heb haar nooit verteld over mijn vermoedens dat het leven grote dingen in petto had, en als ik zulke dingen ontdekte liet ik haar er niet van meegenieten en vroeg evenmin om haar goedkeuring. Van tijd tot tijd maakten we nog wel samen muziek, maar ik begeleidde haar alsof ze een vreemde was – toegewijd, zakelijk en afstandelijk. En toen ik het huis waar ik was opgegroeid eenmaal had verlaten, ben ik er nog maar een paar maal teruggeweest. Mijn ouders verkochten dat huis en kochten een ander, in New Mexico, en ik was blij dat beide huizen me totaal onverschillig lieten. Pas toen ik de veertig gepasseerd was, ging ik terug naar de stad waar ik was geboren. Het was warm, zacht en behaaglijk weer, maar ik dacht: wat ik hier mis is de sneeuw.

Zes

Toen Bach de *Goldbergvariaties* schreef waren er in Duitsland drie verschillende types toetsinstrumenten in zwang. Het eerste, het instrument dat de grondslag was voor zijn formidabele reputatie, was het orgel, waarin samengeperste lucht wordt gebruikt om metalen en houten pijpen specifieke frequenties voort te laten brengen. Bach begon zijn carrière als organist, en kende het instrument door en door als medium voor zijn composities en zijn optredens, maar was evenzeer ingevoerd in de technische aspecten van een van de meest complexe machinerieën die Europa kende aan de vooravond van de industriële revolutie. Het tweede, het instrument waarvoor hij de *Goldbergvariaties* schreef, was het klavecimbel, waarin de snaren worden aangetokkeld met behulp van houten dokjes en plectra die in Bachs tijd werden gemaakt van de schacht van kraaienveren. Ook maakte Bach gebruik van het klavichord, een klein en intiem instrument, waarbij de tonen worden voortgebracht door de snaren aan te slaan en ingedrukt te houden met metalen tangentjes, een effect dat vergelijkbaar is met het zachte geluid dat een gitaar voortbrengt als je met enige kracht een vinger op een van de snaren zet. Anders dan het orgel en het klavecimbel kan het klavichord klanken met een genuanceerde geluidssterkte voortbrengen, en expressiemiddelen als het vibrato van de menselijke stem nabootsen.

Maar het geluid van het klavichord is teer en bescheiden in vergelijking met dat van het orgel en het klavecimbel, en dus leent het zich eerder voor huiselijk gebruik dan voor concertuitvoeringen.

Daarnaast was er in Bachs tijd een ander toetsinstrument in opkomst: de piano, die omstreeks het begin van de achttiende eeuw was ontwikkeld in Italië en enkele decennia later ook ingang vond in Duitsland. Bach heeft ooit een piano uitgeprobeerd die was vervaardigd door de eminente bouwer Gottfried Silbermann, en een geschreven verslag van die gebeurtenis toont aan hoe hoog Bach tijdens zijn leven werd aangeslagen:

> Hij prees de klank, bewonderde hem zelfs; maar hij vond het een bezwaar dat het instrument te zwak klonk in het hoge register en te moeilijk te bespelen was. Dit nam de heer Silbermann, die geen kritiek op zijn arbeid kon velen, hem zeer kwalijk. Hij bleef dan ook lang boos op de heer Bach. Niettemin zei zijn geweten hem dat de heer Bach geen ongelijk had. Hij besloot daarom – en het moet gezegd worden dat zulks hem tot eer strekt – dat hij beter niet meer van deze instrumenten kon produceren, maar daarentegen des te ijveriger moest nadenken over het verbeteren van de door de heer Bach opgemerkte gebreken. Hieraan heeft hij vele jaren gewerkt.[21]

Het verhaal van Silbermann en zijn piano's was daarmee niet voorbij en kreeg een voorspoedige afloop. De beroemde instrumentenbouwer verbeterde het mechaniek, Bach probeerde het nieuwe instrument uit en Silbermann 'ontving van hem volledige goedkeuring'. Maar dat was tegen het eind van Bachs leven en als componist bleef hij in wezen altijd trouw aan het orgel en klavecimbel.

Tegenwoordig worden de *Goldbergvariaties* zowel op de piano als het klavecimbel gespeeld. Er zijn tal van opnames van het stuk, op beide instrumenten, dus de keus is aan de luisteraars: willen ze de heldere, briljante klank met de iriserende boventonen van het klavecimbel (waarvoor het werk is geschreven) of het grotere bereik aan dynamiek en articulatiemogelijkheden van de moderne piano, die tegelijkertijd wat logger en bruusker klinkt? Op het klavecimbel lijkt de muziek te bruisen en te sprankelen, terwijl ze op de piano een welhaast symfonische rijkdom krijgt, maar de details minder nauwkeurig naar voren komen. Tot aan de wedergeboorte van het klavecimbel, die in de jaren tachtig een voldongen feit werd, was de keuze eenvoudig. Dat de *Goldbergvariaties* in de twintigste eeuw vanuit de marge in het voetlicht zijn beland, komt voornamelijk op het conto van Glenn Goulds piano-opname uit 1955. Het was niet de eerste opname van het stuk – de Pools-Franse oudemuziekpionier Wanda Landowska had het werk al in 1933 opgenomen, de allereerste opname op het klavecimbel – maar het is aan de opname van Gould te danken dat de *Goldbergvariaties* een vast onderdeel van het klassieke pianorepertoire zijn geworden.

Maar het werk is nu eenmaal niet geschreven voor de piano, en een musicus die het op zo'n modern instrument wil uitvoeren komt dan ook van tijd tot tijd voor geduchte problemen te staan. Boven aan elke variatie heeft Bach telkens een van deze drie aanwijzingen genoteerd: 'a 1 Clav.', 'a 2 Clav.' of 'a 1 ovvero 2 Clav.' Deze hebben betrekking op de twee klavieren (of manualen) waarmee grote klavecimbels in Bachs tijd gewoonlijk waren uitgerust, en geven aan dat de betreffende variatie bedoeld is om op één manuaal te spelen, dan wel op twee manualen, of naar keuze van de speler op een van beide of alletwee. Een instrument met twee manualen biedt de speler op zijn minst twee belangrijke voordelen. De twee manualen van een klavecimbel produceren een lichtelijk verschillend timbre, waarbij het onderste manuaal een vollere, rondere toon en het bovenste een iets helderder en pinniger geluid voortbrengt, een onderscheid dat zich enigszins laat vergelijken met dat tussen een klarinet en een hobo. Het verschil in timbre helpt de speler ook bij het differentiëren van de verschillende melodielijnen, zowel in de variaties waarin sprake is van een solostem en een begeleiding (zoals de dertiende en de vijfentwintigste) als in de snelle arabeske variaties, waarin het timbrecontrast tussen de beide manualen het onderscheid tussen de twee rappe, onafhankelijke en elkaar menigmaal kruisende lijnen kan verduidelijken (zoals in de achtste, veertiende en twintigste variatie).

De variaties met kruisende handen vallen uiteen in twee types. Bij de ene soort springt de linker- of de rechterhand over de andere heen om vliegensvlug een paar noten boven of onder de andere lijn te raken, iets wat op één klavier ook goed te doen is. Kruisingen van dit type hebben zowel een visuele als een muzikale functie, omdat ze bijdragen aan het theatrale aspect van de uitvoering, zodat 'het oog deelt in het plezier dat het oor eraan ontleent', in de woorden van Jean-Philippe Rameau, een Franse collega en tijdgenoot van Bach.[22] Problematischer zijn de variaties waarin de twee onafhankelijke lijnen zich op zo'n manier op en neer bewegen over het toetsenbord dat ze elkaar in het midden kruisen, of daar blijven hangen, zodat beide handen dezelfde gemeenschappelijke toetsen moeten zien te bespelen, en er tien vingers in het spel zijn op een plek die normaal gesproken slechts bemeten is op vijf. Op een instrument met twee klavieren is dit nog betrekkelijk makkelijk, omdat elke hand dan als het ware zijn eigen rijstrook heeft. Maar wat deze variaties ook dan echt lastig maakt is niet alleen dat de handen elkaar in de weg zitten, maar vooral dat ze de hersenen zwaar op de proef stellen: wanneer de armen gekruist zijn, is de rechterhand actief in het gebied van de linkerhand en vice versa, en dat kan een onthutsende kortsluiting teweegbrengen tussen ogen, handen en hersenen. Het schopt bij tijd en wijle de gebruikelijke dominantie van de ene hand over de andere in de war, en zonder oefening en speciale aandacht kan dit de motorische coördinatie tussen de beide handen flink bemoeilijken. Passages die betrekkelijk eenvoudig zouden zijn als de handen ten opzichte van elkaar in hun normale gebied opereerden, kunnen idioot lastig worden wanneer ze van positie wisselen aan weerszijden van de verticale lijn die het lichaam in tweeën deelt en het lateraliteit geeft.

De problemen die het met zich brengt om de *Goldberg-variaties* te transcriberen van twee klavieren naar een enkel toetsenbord zijn voor de toehoorders niet waarneembaar. De gevarenzones klinken niet moeilijker of virtuozer dan andere passages in de muziek. De lastige klus van het uitdokteren hoe je de verschillende lijnen moet verdelen, welke vingers welke noten moeten weglaten, en welke hand boven de andere of dichter bij de voorzijde van de toetsen gehouden moet worden, is bij een uitvoering onhoorbaar. Al in een vroeg stadium van mijn pogingen om de *Goldbergvariaties* de baas te worden werd ik in de achtste variatie geconfronteerd met deze problemen – vergelijkbaar met de ervaring dat je tijdens een trektocht stuit op een wegversperring of een ondergelopen pad. Toen ik de twaalfde maat van de variatie bereikte kwam ik maar niet verder: de rechterhand omspeelt daar een majeurakkoord in een neerwaartse keten van zestienden, terwijl de linkerhand dezelfde beweging in harmonie spiegelt in de tegenovergestelde richting. Die twee maten en een vergelijkbare passage verderop in het stuk slokten alle beschikbare mentale energie op en het kostte me weken voor ik een werkbare strategie had ontwikkeld om ze te spelen. Die paar maten, die elk in minder dan tien seconden voorbij zijn, riepen een bekend gevoel van ontreddering in me op, en zelfs toen ik ze eenmaal onder de knie had, had ik een akelig voorgevoel: *Dit is de plek waar ik de mist in zal gaan*. Hoeveel werk ik er ook in gestoken heb, hoe goed ik die noten ook kan spelen in de afzondering van mijn huiskamer, hoe eindeloos vaak ik ze zonder problemen gespeeld heb – als ik ze voor een publiek speel, gaat het fout. Precies op die plek, telkens weer, zonder mankeren.

* * *

Het lijkt bizar en contraproductief om een deel van je geest toe te staan al van tevoren te bepalen dat je de fout in zult gaan, maar die gewoonte is al sinds mijn adolescentie diep in mij geworteld. Dit vernederende mentale proces verloopt altijd volgens hetzelfde traject: ik stel vast op welke plek in de muziek het gevaar loert, ik zie de catastrofe onafwendbaar op me af komen, ik stel me teweer tegen het verstikkende voorgevoel, mijn verzet haalt niets uit en ik raak bevangen door een maar al te vertrouwd soort wanhoop. Vrijwel iedere poging om voor publiek te spelen loopt uit op het hetzelfde resultaat, en ik heb het al zo vaak gedaan, met zoveel stukken, dat ik er defaitistisch van geworden ben. Op een wrange manier is het bijna een talent: de gave om in elk nieuw stuk ogenblikkelijk en met volstrekte zekerheid de plek van mijn toekomstige blamage aan te kunnen wijzen. Er zit een kleine mordent in de rechterhand van de vijfde variatie, waarvan ik weet dat hij de bron van alle narigheid zal zijn; de negende variatie bevat een triller die met twee vingers van één hand gespeeld moet worden terwijl de andere vingers van dezelfde hand daarboven een soepel lopende lijn moeten neerleggen; in de zesentwintigste variatie zijn er verschillende plekken waar Bach kleine veranderingen introduceert binnen een continu vastgehouden patroon van zes noten, en ik weet zeker dat elk van die kleine afwijkingen me problemen zal bezorgen, hoe hard ik er ook op heb gestudeerd. En dan zijn er natuurlijk nog die maten met kruisende handen in de achtste variatie, waarvan ik weet dat ik ze technisch gesproken beheers, maar er nooit in zal slagen om ze foutloos voor publiek te spelen.

Hoe langer ik me bezighoud met een muziekstuk, hoe meer een deel van mijn bewustzijn een lijst lijkt bij te houden van wat mijn vingers fout kunnen doen, als een strafblad dat ze altijd zal blijven achtervolgen. Het plezier dat aan Bachs muziek te beleven is wordt gereduceerd tot een naargeestig diagnostisch overzicht van tekortkomingen en toekomstige fiasco's. Ook al beheers ik het stuk voor 99 procent, dat ene procent dat al bij voorbaat is uitgeroepen tot een rampgebied lijkt al het andere te overschaduwen. Ik besef dat dit stompzinnig is.

Veertig jaar geleden al, toen ik dit vreemde gedrag ontwikkelde, besefte ik dat het stompzinnig was. Toen ik zo'n twaalf, dertien jaar oud was, werd het snel ernstiger, en tegen de tijd dat ik op de middelbare school zat, kon ik al bijna aangeven waar het hem in zat en dat het een onuitwisbaar aspect van mijn persoonlijkheid was. In de maanden die voorafgingen aan een optreden tijdens een concert in de plaatselijke openbare bibliotheek was het al een vertrouwd schrikbeeld. Ik zat toen in de eerste of tweede klas, was een van de vier of vijf leerlingen die meededen, en mijn bijdrage was de achtste sonate van Beethoven, de 'Pathétique', een wervelend stuk met een daverende opening en een vlammende expositie, een van de schitterendste langzame delen uit het oeuvre van de componist en een snelle, vlindervlugge finale vol vreemde wendingen en verrassingen. Toen ik aan het begin van het schooljaar die sonate toegewezen kreeg en de eerste bladzijden opsloeg, was ik opgetogen. Dit was muziek die aanzienlijk ingewikkelder was dan alles wat ik daarvoor had gespeeld, een werk dat een vast onderdeel was van het repertoire van serieuze professionele pianisten. Maar ik had nauwelijks een paar uur doorgebracht met de partituur, of ik was al gestuit op die ene maat die me tot in lengte van dagen last zou bezorgen. De sonate opent met een langzame, grootse, gepassioneerde inleiding, eerst omineus, daarna lyrisch, en bereikt dan een hoogtepunt van waaruit de muziek zich halsoverkop in het hoofdthema stort. Die dalende beweging, een vlugge chromatische toonladder die zo snel gespeeld moet worden als menselijk mogelijk is, is niet meer dan een sierlijk gebaar, een korte, briljante veeg over alle toetsen, zwart en wit, die de aanzet levert tot het hoofdthema van het eerste deel. Behalve dat het er op de pagina al dreigend uitzag, een donkere, schuin aflopende sliert noten, was dit nou precies het soort detail dat me de meeste angst aanjoeg: kort, dramatisch, open en bloot, en in bepaalde opzichten niet echt verschrikkelijk belangrijk. Het zou in een vloek en zucht voorbij zijn, een vluchtig handjevol muzikale data, maar ik wist dat ik op de perfecte plek voor een opzichtig debacle was gestuit.

Ik studeerde maandenlang op die sonate, dat hele najaar en ook tijdens de kerstvakantie. Mijn moeder was vooral onder de indruk van de schoonheid van het tweede deel, en onder het spelen zag ik haar soms vlak bij me staan, net om de hoek van de keuken, waar ze dan even was opgehouden met haar dagelijks ritueel, het schrobben en schuren van smetteloze tegels en deurposten, een handeling die bij haar welhaast de vorm van een obsessieve compulsieve dwangstoornis had aangenomen. Ze was bijzonder gevoelig voor muziek, die haar hevig kon storen of juist een heilzame uitwerking had op haar rusteloosheid. Ze hield zich binnen gehoorsafstand schuil om naar me te luisteren, en ondanks onze gespannen verhouding veranderde ik dan mijn stijl van spelen om haar aandacht vast te houden, benadrukte de hymnische eenvoud van Beethovens extatische melodie net wat meer, en speelde nog iets langzamer dan gewoonlijk zodat ze extra kon genieten van de terugkerende melodielijn. Ondanks de breuk tussen ons beiden bleven zulke momenten van woordeloze communicatie bestaan en misschien ervoeren we die allebei als een soort aandenken aan vroeger. Ik speelde piano voor een ideale moeder die niet bestond, en zij luisterde naar een zoon die via de muziek tot haar sprak, zonder ironie, minachting of de bestudeerde vormelijkheid van een waanwijze puber.

Week in week uit zat ik te ploeteren op die ene vermaledijde maat. Ik probeerde hem langzaam te spelen. Ik probeerde hem in vreemde onderverdelingen van drie, vier of vijf noten te spelen, met verschillende gepuncteerde ritmes, in de hoop dat ik hem minder vertrouwd zou maken door hem te vervormen, zodat hij, wanneer ik hem ten slotte weer speelde zoals hij op papier stond, op een of andere manier aan kracht en zelfverzekerdheid gewonnen zou hebben. Mijn eerste pogingen leverden enig succes op en soms, als ik de passage afzonderlijk speelde, zonder de muzikale context, ging het bijna makkelijk. Maar zodra ik probeerde hem in te passen in het natuurlijke verloop van de muziek was het resultaat veel onvoorspelbaarder. Misschien ging het een op de drie keer volgens plan, vooral als ik er niet te veel over nadacht. Maar die incidentele successen waren des te onuitstaanbaarder, omdat daaruit bleek dat ik wel degelijk in staat was de muziek te spelen, dat ik de muziek op een of andere manier wel geïnternaliseerd had, maar dat het probleem zich ergens afspeelde tussen mijn hersenen en mijn vingers, niet in de vingers zelf. Als een probleem zich niet laat oplossen, is het een weinig troostrijke gedachte dat het eerder mentaal dan fysiek van aard is. Als het een louter fysiek probleem zou zijn, kon je je concentreren op het wegwerken van de zwakheden, en dan zou het probleem verholpen zijn; maar als het een mentaal probleem is, zie je je geconfronteerd met een hogere maar kwaadaardige macht – de mentale blokkade – die moet worden overwonnen, en is de vijand kennelijk niet iets externs, maar je bewustzijn zelf.

Toen de dag van het concert naderde en ik steeds meer kwade voortekenen dacht te bespeuren, ging de passage aldoor slechter. In de weken voor het optreden legde ik af en toe de muziek opzij, stond op, haalde een paar keer diep adem en ging dan aan de piano zitten alsof ik klaar was voor mijn optreden, stelde me een publiek voor en dwong mezelf me voor te bereiden op de spanning die ik die avond in de bibliotheek zou voelen. Ik dwong mezelf om door te blijven spelen, zonder een passage met gemiste noten te herhalen of iets wat niet goed ging opnieuw op te pakken. *Dit is precies hoe het zal gaan bij het concert*, zei ik tegen mezelf, en ik lette daarbij extra goed op iedere fout en elke tekortkoming in mijn uitvoering.

Toen ik nog maar een paar dagen over had om er iets aan te doen en de passage nog altijd niet wilde lukken, werd ik wanhopig en boos. Op een middag werd ik zo kwaad dat ik luid begon te vloeken en keihard met mijn vuist op de toetsen sloeg. Ik had niet in de gaten dat mijn moeder in de buurt was, maar het volgende ogenblik stond ze in de kamer. Ze was furieus. De piano was geen speelgoed, het was een instrument, een kwetsbaar apparaat dat kapot kon. 'Sla nooit meer op de piano!' krijste ze tegen me. Ik was op dat moment boos op mezelf, maar toch schrok ik van haar woede, en van haar griezelige inzicht in mijn dilemma. Je maakt het erger, je doet het allemaal verkeerd, je werkt je totaal in de nesten en het concert wordt een afgang als je jezelf dit blijft aandoen. Ze leek precies te weten wat ik doormaakte en onder welke kwellingen ik gebukt ging, alsof ze hetzelfde had meegemaakt. 'Je doet dit jezelf aan.' Zoals zo vaak wanneer ze begon te schreeuwen, raakte ik in een soort trance en luisterde naar haar alsof ze ver weg was, in een andere kamer, achter een dik gordijn, of in een diep gat in de grond. Haar boosheid ging niet over het feit dat ik op de piano had geslagen of over mijn averechts werkende gewoonten. Ze was kwaad op mijn kwaadheid. Ze kende het leed dat woede iemand kan berokkenen, en naar mijn idee vond ze het een onverdraaglijke gedachte dat haar zoon diezelfde karakterfout begon te ontwikkelen.

Het concert was op een vrijdagavond, en ik bracht de laatste paar dagen voor de noodlottige datum door in een staat van verbeten ontreddering. Het naderende fiasco kwelde me van het ogenblik dat ik 's ochtends wakker werd tot mijn laatste hersenspinsels voor ik 's avonds in slaap viel. Die laatste dagen hielden mijn sombere voorgevoelens gelijke tred met mijn oplopende frustratie en groeiden mijn angsten uit tot een lamlendige en continue paniek. Ik at weinig, beleefde nergens plezier aan en hield uiteindelijk helemaal op met studeren. Wat had dat nog voor zin, wanneer elke minuut aan de piano nieuwe problemen leek op te werpen en al die inspanning om de passage die me dwarszat onder de knie te krijgen vergeefs was geweest? In plaats daarvan gooide ik het op een akkoordje met het lot, en vertrouwde eerder op bijgelovige spelletjes, bijvoorbeeld dat ik in de gang alleen op de rode tegels mocht stappen, of dat er buiten een auto moest passeren binnen de tijd dat ik mijn adem kon inhouden.

Tijdens de autorit naar de bibliotheek met mijn ouders, het rondwandelen voor het concert begon en de optredens van de spelers die voor mij kwamen, was ik alleen maar misselijk van zenuwachtigheid. Ik veegde mijn klamme handen af aan mijn broekspijpen, masseerde mijn ijskoude vingers, haalde diep adem, telde tegels in het plafond en deed mijn uiterste best om niets te laten merken van mijn deplorabele gemoedstoestand. Mijn vader luisterde stil en aandachtig naar de muziek, hoe aarzelend en gebrekkig de uitvoering ook was, terwijl mijn moeder somber mijn al te zichtbare nervositeit gadesloeg. Toen het meisje dat aan mij voorafging haar laatste noten speelde en boog voor het publiek, dacht ik aan een hoge rots bij het meer waarheen we soms op vakantie gingen, aan de indruk dat de tijd en het bestaan werden stilgezet op het moment dat je van die griezelige hoogte het koude water in dook, en het gegeven dat de angst vooraf en het triomfantelijke gevoel na afloop enkel gescheiden leken te zijn door wilskracht en doorzettingsvermogen. Uiteindelijk was het dan mijn beurt. Ik liep als een zombie naar het instrument, ging zitten en vergat prompt de goede raad van mijn leraar dat ik altijd een ogenblik rust moest nemen en me de eerste paar maten en het tempo van het stuk voor moest stellen voordat ik mijn handen naar de toetsen bracht. De passage die vast en zeker in duigen zou vallen zat al in het begin van het eerste deel, en toen ik daar aankwam ging alles zoals ik gedacht had. De vingers van mijn rechterhand raakten in de knoop, ik rommelde maar wat aan en slaagde erin om het grootste deel van de noten tussen de hoogste en de laatste noot van het chromatische loopje te missen, maar kwam wel uit op de goede toets, ongeveer zoals een turner na het verprutsen van een oefening toch een goede afsprong kan maken.

Na dat rampzalige moment ging het verder best goed. Ik was zo kapot van die fout in het begin dat ik me om het vervolg niet meer zo bekommerde, en dat bracht een soort bevrijding teweeg. Ik voelde me ellendig en was nijdig op mezelf, maar al die emoties waren verbonden met één maat van het stuk die nu veilig achter me lag. Het tweede deel ging me probleemloos af en het derde, dat even veeleisend is als het eerste, kwam betrekkelijk ongeschonden door mijn concentratiestoornissen heen. De sonate eindigt met een teder, klaaglijk melodisch fragment dat nog een keer herhaald wordt, alsof het in het niets verdwijnt, gevolgd door een furieuze c-mineurtoonladder en een fortissimo slotakkoord. Ik hield veel van dat theatrale slot, dus deed ik er extra mijn best op en rekte de gefluisterde herinnering aan de lyrische melodielijn en de lange rust voor de verpletterende afsluiting nog iets uit. Toen volgde er applaus, wat me nogal onthutste. Het was bijna alsof het publiek die opzichtige fout van een minuut of twintig daarvoor glad was vergeten.

Het enthousiasme leek gemeend, en dat bracht me van mijn stuk. Datzelfde gold voor de blijdschap van mijn moeder, die me omhelsde en straalde van trots toen ik terugkeerde naar mijn plaats. Ik vond het pijnlijk, maar tegelijkertijd ervoer ik ongewild toch een soort plezier, en verweet mezelf meteen weer dat ik daaraan toegaf. Het publiek wist duidelijk niet al te veel van Beethoven als ze me zo konden belonen voor de puinhoop die ik had gemaakt van de laatste tel van de tiende maat van de inleiding tot het eerste deel. Toen de volgende speler het podium op ging, fluisterde mijn moeder me toe dat het tweede deel heel mooi was geweest. Natuurlijk was het tweede deel mooi, dacht ik, dat is het makkelijke stuk.

De volgende pianist was een jongen van ongeveer mijn leeftijd met donker krullend haar en een bleke huid, die zich soepel voortbewoog, als een kat. Ik had hem nooit eerder gezien, en hij maakte een wat droefgeestige indruk op me. Hij wierp het publiek een vage glimlach toe, ging zitten en speelde een twintigste-eeuws stuk, een jazzy etude met een pittig tempo en een pakkende, steeds terugkerende melodie, gracieuze en melancholieke muziek die op een of andere manier perfect bij de pianist paste. Ik was gefascineerd door zijn spel en door zijn verschijning, wat me in verwarring bracht. Als hij al vergissingen maakte, hoorde ik die niet. Ik weet niet hoelang hij speelde, maar ik ging helemaal op in zijn uitvoering en vond het jammer dat het voorbij was. Door het applaus van het publiek werd ik me weer bewust van de zaal en van mezelf, en toen ik de jonge speler het applaus in ontvangst zag nemen, met diezelfde vage glimlach, voelde ik twee dingen: ik wou dat ik hem was, en wat zou het fijn zijn als ik hem zich wat minder treurig kon laten voelen.

Na het concert waren er drankjes en hapjes, waarvoor mijn moeder had gezorgd. Pas toen ik de zelfgemaakte punch en schalen met koekjes zag, besefte ik hoeveel moeite ze daarin gestoken moest hebben tijdens die dagen dat ik opgesloten zat in mijn angstige solipsisme, en het zou nog tientallen jaren duren voor ik me realiseerde hoe afschuwelijk ze zulke demonstraties van traditioneel moederschap altijd had gevonden. De zorg voor haar kinderen bracht haar geen plezier, koken en bakken beschouwde ze als een corvee, en het irriteerde haar om op één hoop gegooid te worden met andere moeders. Een concert als dit werd altijd gevolgd door een roezemoezig sociaal samenzijn van pianoleraressen die met elkaar wedijverden om de beste leerlingen, en voor wie de wereld van muzieklessen, concerten en plaatselijke pianocompetities even hiërarchisch en gelaagd was als het Franse hof. Mijn oude lerares Charlotte was er ook. Ze had een hartgrondige hekel aan mijn moeder gekregen, wat ze paradoxaal genoeg uitte door zich over me te ontfermen alsof ik op tragische wijze mijn ouders verloren had toen we overgingen naar een andere lerares. Ze ratelde, maakte een hoop drukte en vertelde me hoeveel talent ik had, met de overduidelijke ondertoon dat dat talent nu werd vermorst. Een andere plaatselijke pianovorstin had de eigenaardige gewoonte de aanwezige moeders niet aan te spreken met hun eigen naam, maar eenvoudigweg als 'moeder', en ik weet zeker dat het mijn moeder geen plezier deed toen deze coryfee de tafel met versnaperingen inspecteerde en tegen haar zei: 'Goed werk, moeder.'

Tijdens de receptie ging ik de jongen met het donkere haar angstvallig uit de weg. De mensen zeiden aardige dingen tegen me, complimenten die ik met enige reserve in ontvangst nam. Maar er was één vrouw, een stuk ouder dan de rest, ouderwets en keurig gekleed, in de trant van mijn grootmoeder, met dikke brillenglazen die haar gezicht bedrieglijk goedmoedig maakten, en zij reageerde licht bestraffend toen ik haar lof wegwuifde. Nee, zei ze, het tweede deel was echt heel goed gespeeld en dat is geen geringe prestatie. Iedereen slaat wel eens mis. Muziek gaat niet over ontbrekende noten. Waarschijnlijk bedroeg het leeftijdsverschil tussen deze merkwaardige vrouw en mij minstens vijftig jaar, en toen ze dat alles tegen me zei, realiseerde ik me dat ik haar niet in een van de mij bekende categorieën kon onderbrengen: ze was niet moederlijk, niet grootmoederlijk, en ze hoorde ook beslist niet bij al die bedrijvige pianoleraressen die door het vertrek zwermden. Ik luisterde naar wat ze zei, en liet haar woorden tot mij doordringen.

Op weg naar huis prees mijn moeder me opnieuw. Het was vrijdagavond en we hadden het weekend voor de boeg, een weekend waarin ik bevrijd was van de marteling die me maandenlang had gekweld. Ik was uitgeput en vervuld van de lome tevredenheid die je overspoelt wanneer er een grote last van je is afgevallen. Ik had het gevoel dat ik weer kon genieten van de gewone dingen van het leven, plezier kon beleven aan een boek, kon gaan zitten mijmeren zonder me schuldig te voelen, in de wetenschap dat wanneer ik die zaterdagochtend wakker zou worden, mijn eerste reflexmatige gedachte er een van angst zou zijn, maar dat de volgende gedachte die zou wegvagen en ik alleen maar opluchting zou voelen. Ik keek uit het raam van de auto naar de voorbijschietende lantaarns, mijn ouders zaten voorin vrolijk te praten, en ik voelde me veilig.

Die nacht was ik tegelijkertijd moe en rusteloos, en had de grootste moeite om in slaap te komen. Ik zag ernaar uit om het leven opnieuw op te pakken, om nieuwe projecten te beginnen en zelfs om me op een nieuw muziekstuk te storten. Maar het wilde maar niet rustig worden in mijn hoofd. En daarom nam ik mijn toevlucht tot een oude methode die soms werkte, en begon terug te denken aan het intense gevoel van welbehagen dat ik een paar jaar daarvoor had ervaren bij het luisteren naar een zomerse onweersbui. De herinnering aan dat verre, heftige noodweer, veilig achter het raam, droeg iets in zich wat me kalmeerde en het makkelijker maakte om weg te dommelen. Ik zag de regen tegen het raam slaan en de bomen zwiepen in de wind, en terwijl mijn geest zich opmaakte voor de nacht hoorde ik in de verte de donder rommelen. Mijn armen en benen begonnen zwaar te worden, mijn lichaam zakte weg in het bed en mijn slapeloosheid was zo goed als verdwenen toen ik, in een denkbeeldige bliksemflits, mijn ogen opende en de jongen met het donkere haar naast me zag liggen.

* * *

Bij het intreden van de puberteit vallen jonge spelers ten prooi aan nieuwe zorgen en angsten over optredens. Ik heb gesproken met vrienden die beroepsmuzikant zijn en met anderen die ooit een instrument hebben bespeeld maar ermee gestopt zijn, en hun verhalen komen sterk overeen. Verschillende mensen beschrijven het op verschillende manieren: als een nieuw gevoelde noodzaak om te behagen, als een steeds scherper besef van de kans op zowel succes als mislukking, of eenvoudigweg als een neveneffect van het verhoogde zelfbewustzijn dat gepaard gaat met het ontluiken van seksuele gevoelens. Ook de herinnering dat men vóór de puberteit zonder angst voor publiek kon optreden komt algemeen voor. 'Toen ik acht was, kon ik alles,' vertelde een vriend me. Maar op zijn dertiende was er van die onoverwinnelijkheid niets meer over. Het bewijs voor dit gegeven berust niet louter op verhalen. Volgens sommige theorieën over muzikale creativiteit zou begaafdheid verband houden met blootstelling aan ongewoon hoge doses testosteron voor de geboorte, en zou een stijgende testosteronspiegel bij jongens tijdens de adolescentie afbreuk doen aan diezelfde creativiteit.

Zelf was ik misschien niet erg begaafd, maar het beetje talent dat ik had raakte tijdens mijn puberteit op een vreemde manier misvormd. Het stadium waarin een kind tot niet meer in staat is dan mechanisch de noten afdraaien, alsof het een betekenisloos gedicht opzegt, lag al lang achter me, en toen ik elf of twaalf jaar oud was, speelde ik vrij vlot en niet zonder gevoel en expressie. Als ik al spelend een blik wierp op de mensen die naar me zaten te luisteren, familie en vrienden meestal, viel het me op dat de bestudeerde uitdrukking van geduld op hun gezichten soms plaatsmaakte voor daadwerkelijke betrokkenheid en welbehagen. Ik mag die ene middag dan een figuur hebben geslagen tegenover mijn oudtante, maar ik denk dat ik bij andere gelegenheden op zijn minst een aantal mensen emotioneel heb weten te raken. Maar naarmate ik beter speelde en me meer lof werd toegezwaaid, werd mijn behoefte aan bevestiging alleen maar groter. De piano was een onderdeel geworden van mijn eigen identiteit, wat me oneindig veel gevoeliger maakte voor de reacties van anderen.

Nu ik vorderingen maakte werd ik me ook meer bewust van de mogelijkheden die muziek bood. Met het klimmen der jaren begon ik me af te vragen of ik misschien carrière zou kunnen maken als pianist. Toen ik veertien was bracht Hollywood een drakerige film uit, *The Competition*, met Richard Dreyfuss als een jonge pianist die probeert een belangrijk pianoconcours te winnen, een rol die hem de nominatie voor een Golden Raspberry Award opleverde. Hij raakt verwikkeld in een romance met een van zijn mededeelnemers, en na een even saaie als voorspelbare plot vol ups en downs over verlangen en afwijzing en beloften en verraad volgt natuurlijk een happy end. Zoals in bijna alle Hollywoodfilms over klassieke muziek wordt hier een romantisch beeld gegeven van zaken als inspiratie en toewijding, en worden het zware werk en de eenzaamheid die onontbeerlijk zijn voor musiceren op dit niveau gebagatelliseerd. Evengoed bood de film een visioen van een wereld buiten het benepen bestaan in een voorstad, een wereld vol artiesten en excentriekelingen, grote dromen en dynamische steden, een beeld dat bij mij de vraag deed rijzen of de piano me geen toegang tot die wereld zou kunnen verschaffen.

Maar hoe meer je investeerde in het najagen van een droom die een uitweg bood naar een ander leven door middel van de muziek, des te angstaanjagender waren de gevolgen van een mislukking. Stel nu eens dat je niet genoeg talent had? Tegenwoordig zijn veel mensen geneigd te geloven dat talent iets is wat iedereen vanzelf heeft meegekregen, een verborgen eigenschap die een sluimerend bestaan kan leiden of juist aangeboord kan worden, afhankelijk van de vraag of je in jezelf gelooft, de juiste leraren weet te vinden en de middelen en de mogelijkheid hebt om die gave te ontwikkelen. In de jaren tachtig daarentegen werd talent eerder gezien als een genetische eigenschap, zoals de kleur van je haar, je lichaamslengte of je schoenmaat: hoe het verdeeld was, was onvoorspelbaar en het was iets absoluuts: je had het of je had het niet. Uit diezelfde culturele periode stamt Peter Schaffers populaire, maar pijnlijk reductionistische toneelstuk *Amadeus* uit 1979, waarin de kunstwereld werd afgeschilderd als een rigide, door talent bepaald kastensysteem, dat kennelijk van godswege was goedgekeurd. Het ware verhaal over talent zal wel tussen deze twee uitersten in liggen, maar in de tijd dat ik opgroeide deed de vraag of iemand een aangeboren talent had enigszins denken aan dat onnozele pokerspelletje waarbij elke speler een kaart in handen krijgt die je dan, zonder hem zelf te hebben gezien, tegen je voorhoofd moet drukken. Iedereen behalve jijzelf weet of je een aas of een twee hebt, en je komt pas achter de waarde van je kaart nadat je blind hebt ingezet.

Het pianorecital was het moment waarop je je kaarten openlegde en erachter kwam wat je lot was, en dus sprak het vanzelf dat spelen in het openbaar iets was om huizenhoog tegen op te zien. Psychologen die onderzoek doen naar podiumvrees benoemen mijn soort plankenkoorts tegenwoordig als 'catastroferen': de irrationele neiging om voorafgaand aan een optreden het allerergste te vrezen. Een van de aanbevolen remedies bestaat eruit de irrationaliteit van de angst te lijf te gaan door je het ergste voor te stellen wat daadwerkelijk zou kunnen gebeuren, wat veel minder angstaanjagend is dan je apocalyptische fantasieën. Een ander advies luidt om in je hoofd een scenario uit te stippelen dat gericht is op essentiële aspecten van de uitvoering die niet te maken hebben met de gevarenzones die de paniek veroorzaken. Maar toen ik in de greep verkeerde van deze kwaal gebruikte niemand de term 'catastroferen' en was er ook niemand die daar een remedie voor wist. Angst was gewoon iets wat je onder controle moest zien te krijgen, iets wat je moest bevechten en overwinnen.

Er is tegenwoordig een enorme hoeveelheid literatuur beschikbaar voor mensen die hun zelfbeperkende angsten en fobieën te lijf willen gaan, en een flink deel daarvan gaat over podiumvrees, iets waar niet alleen musici mee te kampen hebben, maar ook acteurs, dansers, atleten en mensen die in het openbaar moeten spreken. Veel van dat soort boeken zijn gebaseerd op het idee dat we in aanleg een zuivere en ongeremde natuur hebben, die in de loop der tijd is aangetast door de zelfkritiek van de volwassenheid. De oplossing is dan de weg terug te vinden naar het kind dat plezier beleefde aan allerlei dingen, een ongerept ik met onbeperkte en onontgonnen vermogens. Sommige schrijvers poneren een kaal, dualistisch beeld van de geest, die in hun visie enerzijds een reservoir aan zuiver en onbezoedeld potentieel is en anderzijds een wrede, door zelfkritiek gedreven potentaat. Anderen hebben manieren voorgesteld om de slechte gewoonten van de hersenen te slim af te zijn, door zones op te sporen waar men zich vrij voelt en zich kan losmaken van destructieve gedachten.

Een populair boek waarin veel van deze thema's aan de orde komen is *The Inner Game of Music*. De titel is ontleend aan een eerder boek uit 1974, *The Inner Game of Tennis*, waarvan miljoenen exemplaren verkocht zijn en dat nog altijd tot de populairste zelfhulpgidsen voor sportmensen hoort. Dit boek, dat een hausse aan vergelijkbare zelfhulpboeken gegenereerd heeft, gaat niet eens zo diep in op de tennissport, maar beschrijft een nieuw soort mentale hygiene voor spelers, en spoort hen aan om in het nu te leven, op te houden zich overmatig in te spannen om dingen te bereiken die ze fysiek in feite al beheersen, en op zoek te gaan naar een toestand van ontspannen concentratie die hen in staat stelt om hun innerlijk potentieel te bereiken. *The Inner Game of Music* heeft hieraan een bondige formule ontleend, die algemeen wordt opgevoerd in de *Inner Game*-gidsen: $P = p - i$, een vergelijking die aangeeft dat je prestatie (P) gelijk is aan je potentieel (p) minus je eigen inmenging (i). 'Het is toch een zinnige gedachte dat onze prestaties enorm zouden verbeteren als we dat kritische stemmetje tot zwijgen konden brengen?' vragen de auteurs. Als je bang bent om te mislukken, doe dan voor één keer je best om te mislukken, ga de confrontatie met de realiteit aan en kijk hoe het voelt: 'Je hebt jezelf bevrijd van de angst voor het mislukken en bent nu in staat om je aandacht voor de volle 100 procent te richten op het musiceren.'[23]

Net als andere boeken in het zelfhulpgenre is dit boek doortrokken van de typisch Amerikaanse gewoonte om het streven naar zelfverbetering te bezien vanuit de invalshoek van autoriteit en vrijheid. Wellicht met gebruikmaking van Freuds idee van het superego oppert de auteur dat ons leed voortkomt uit het feit dat we het gesnauw van de boven ons gestelden die ons terechtwezen in onze kindertijd hebben geïnternaliseerd. 'Zoals iedereen die de *Inner Game*-methode doceert al snel ontdekt, vergt het aandacht en inspanning om les te geven zonder voorschriften over wat "wel en niet mag".' Het probleem is natuurlijk dat de meeste complexe vaardigheden echt niet aan te leren zijn als je niet enig ontzag voor autoriteit hebt, en dat met name klassieke muziek, met haar nadruk op in notenschrift gevatte muzikale teksten die men zich door en door eigen moet maken, verbonden is met discipline en het doorgeven van een traditie. *The Inner Game* maakt niet werkelijk duidelijk tot welk punt we deze bevrijding van het gezag moeten doorzetten. Is het een kwestie van toon en temperament – het vinden van een leermeester die eerder stimuleert dan imponeert en intimideert – of geloven de voorvechters van *The Inner Game* werkelijk dat het mogelijk is om iets te leren zonder onderricht?

Bij andere zelfhulpbenaderingen wordt geadviseerd de angst nuttig te maken in plaats van er bang voor zijn. Als je je angst nu heus begrijpt, is hij je vriend, een soort withete energie waaruit je opzettelijk en weloverwogen put om je concentratie en uitvoering de juiste scherpte te geven. Ook dit lijkt een bij uitstek Amerikaanse invalshoek: het principe dat alles omgezet kan worden in een hulpmiddel, iets wat ontgonnen, veredeld en benut kan worden. Net als bij de *Inner Game*-methodiek vereist het inzetten van de angst als hulpmiddel dat je je innerlijk opdeelt in compartimenten, zodat het ene deel het andere kan exploiteren. Weer andere zelfhulptheorieën pleiten ervoor de angst een stem te geven, hem te laten spreken en gehoord te laten worden, alsof de angst een inwendig probleemkind is, een onhandelbare kwelgeest die ons aanzet tot zelfvernietiging, maar zijn leven zal beteren als hij maar voldoende erkenning en aandacht krijgt.

The Inner Game of Tennis verscheen in 1974, juist toen het genre van het zelfhulpboek een hoge vlucht nam. Dankzij deze boeken bleven de zegeningen van de populaire psychologie niet beperkt tot de grootstedelijke enclaves van de zelfverbetering en drongen ze ook door tot de leefomgevingen waarin ik opgroeide, eentonige rijen huizen in boomloze buitenwijken, die door het hele land meedogenloos en vormeloos oprukten van de stadsgrens naar bossen, woeste gebieden of akkerland. Ze werden gelezen door precies het soort mensen dat ik om me heen zag, nieuwe leden van de middenklasse die maatschappelijk gezien in de lift zaten en veelal afkomstig waren uit dorpen, boerderijen, ranches of etnische enclaves in steden, hechte gemeenschappen die uiteen waren gevallen door toedoen van het moderne bedrijfsleven met zijn veelvuldige verhuizingen, overplaatsingen, nieuwe kansen en incidentele ontslagen. Mijn moeder trouwde op haar negentiende en verhuisde met haar vierentwintigjarige echtgenoot naar Corpus Christi in Texas, circa 2500 kilometer verderop, waar mijn vader een vliegopleiding volgde. Tijdens haar ziekte begon ze terug te denken aan die periode van haar leven, en liet voor het eerst blijken hoeveel angst die verhuizing over zo'n grote afstand haar had bezorgd. In eerdere verhalen over haar huwelijk gold die verhuizing als een paradigma van persoonlijke verantwoordelijkheid, en soms als de aanloop naar haar ontevredenheid over het moederschap, dat niet haar eigen keus was geweest. 'We deden het omdat we het moesten doen,' verklaarde ze. Maar toen ik in die laatste dagen naast haar bed zat en die verhalen opnieuw hoorde, realiseerde ik me hoe ernstig het versnipperde karakter van het moderne leven – dat voor mensen van mijn generatie iets vanzelfsprekends is – haar had getraumatiseerd.

Maar niet zo erg dat ze ooit haar toevlucht zou nemen tot zelfhulpboeken, want die kwamen er bij ons niet in. Mijn moeder, die last had van angstaanvallen, depressies en slapeloosheid, had niet alleen haar vaders autoritaire stijl van opvoeden, maar ook haar moeders minachting voor het openlijk tonen van emoties geïnternaliseerd. Ze was er vast van overtuigd dat psychologie doorgestoken kaart was. Er waren mensen in de wereld die 'niet goed wijs' waren, een morele categorie die weinig uit te staan had met geesteszieken en ruim genoeg was om niet alleen criminelen en gestoorde misdadigers te omvatten, maar ook daklozen, hippies, Democraten, de Rooms-Katholieke Kerk en het grootste deel van San Francisco. Zelfbeheersing was essentieel voor de volwassenwording, maar zelfhulp was hocus pocus. Ik heb op mijn beurt een groot deel van haar denkbeelden geïnternaliseerd. Niet haar vooroordelen, haar weigering om in psychische aandoeningen te geloven of haar minachting voor alle vormen van zielszorg. Maar ik heb weinig op met wat er verkondigd wordt in de vele zelfhulpboeken over podiumvrees die ik heb gelezen, en dan vooral niet met de uitgaven die een simpele tweedeling van het eigen innerlijk bepleiten en bedenkelijk veel weg hebben van parafrases van algemene culturele ideeën over autoriteit, gezag en vrijheid. Ze plakken goedkope verhaaltjes op iets wat veel complexer is dan een gespleten innerlijk leven dat niet meer nodig heeft dan bevrijding of vriendelijkheid om stabiliteit te vinden.

Van alle veranderingen die gepaard gaan met het intreden van de adolescentie zijn de opkomende lustgevoelens het ingrijpendst, meer nog dan de behoefte om te behagen of faalangst. Meer dan al het andere lijkt dit de grondslag van de podiumvrees te zijn die omstreeks de tijd dat ik naar de middelbare school ging bij mij haar verlammende invloed deed gelden. Het biedt een verklaring voor de verlegenheid, de contraproductieve hebbelijkheden, de panische behoefte om tot zelfbeheersing te komen, het afschuwelijke gevoel van isolement en mislukking, en de onverklaarbare hunkering naar schoonheid die wordt gedwarsboomd door de onwil van het lichaam. Wanneer kinderen die zich intens bezighouden met muziek (en dit geldt vast ook voor andere takken van kunst) volwassen beginnen te worden, beschikken ze al over een taal waarmee gedachten kunnen worden uitgedrukt die veel groter, ongrijpbaarder en erotischer zijn dan alles wat gewone taal kan bevatten. De muziek heeft hen toegerust voor een grandeur en gevoelens van tragiek die verwarrend en angstaanjagend zijn.

Ik ben jarenlang geobsedeerd geweest door een tafereel van Titiaan, dat in verschillende varianten op een aantal schilderijen terugkeert: de godin Venus die achterovergeleund op een weelderig bed ligt, met een muzikant vlak naast zich. In sommige versies is de musicus een jongeman die orgel speelt, en in andere versies bespeelt hij een luit. Hij zit aan de linkerkant van het doek, rechts ligt de naakte of bijna naakte Venus en achter hen zien we, afhankelijk van de versie, woeste bosschages, een berglandschap of een tuin. In al die schilderijen, die zich in verschillende musea bevinden, van het Prado in Madrid en de Gemäldegalerie in Berlijn tot het Metropolitan Museum of Art in New York, is er sprake van een onverholen seksuele betrekking tussen de fraai geklede jongeman en de voluptueuze godin. Hij is overduidelijk in de ban van haar, en wendt zich af van zijn instrument of draait zijn hoofd weg van de hals van zijn luit om onverbloemd naar haar naakte lichaam te kijken. De versie in het Met in New York ken ik al tientallen jaren, en ik heb ware pelgrimstochten ondernomen om die in Berlijn en Madrid te bekijken. Ik houd het meest van de Met-versie, omdat de jongeman (net als op het schilderij in Berlijn) niet zo nadrukkelijk naar de schaamstreek van de godin kijkt, maar eerder naar haar gezicht, met tederheid en misschien een zweem van jaloezie, omdat haar aandacht wordt afgeleid door Cupido, die haar kroont met een lauwerkrans.

Critici zien in deze werken veelal een allegorische verbeelding van de macht van het zichtbare ten opzichte van die van het hoorbare, van de superioriteit van visuele ten opzichte van auditieve schoonheid. De muzikant lijkt immers door de schoonheid van de vrouw afgeleid te worden van zijn spel. Maar de fundamenteelste boodschap van het beeld is toch wel de erotische lading. De jongeman verlangt naar iets en hij drukt dat verlangen uit door middel van muziek. En toch is zelfs de muziek niet toereikend om het gewicht van zijn verlangen en begeerte te dragen. We zien muziek hier niet louter als een attribuut en een teken van beschaving, zoals zijn fraaie kostuum en zijn keurig geknipte baard; we zien muziek niet louter als een poging om zijn verlangen gestalte te geven en over te brengen; we zien muziek hier als iets wat verwijst naar iets wat buiten de muziek staat, een schoonheid die de kunst te boven gaat, wat ook zijn uiteindelijke doel is.

Ik was nog een jongeman toen ik dit schilderij voor het eerst zag, zat nog op de universiteit, werd nog geplaagd door romantische idealen over liefde en verlangen en dacht toen dat het een alomvattend beeld was van liefde, jaloezie, verlangen en begeerte. Ik houd nog steeds veel van het schilderij, maar nu denk ik: die arme jongen toch. Hij heeft zo zijn best gedaan om haar aandacht te trekken, en nog altijd wendt ze zich van hem af. Hij heeft zichzelf opgedoft, zichzelf tot in de puntjes gesoigneerd en zijn geest en manieren in alle opzichten bijgeschaafd om een dame voor zich te winnen. Ik word bekoord door zijn narcisme, maar tegelijkertijd doorzie ik het. Enkele eeuwen nadat Titiaan en zijn assistenten deze werken schilderden schreef Immanuel Kant een boek over opvoeding, waarin hij de muziek onderbracht in een categorie die hij blijkbaar dubieus vond: 'Sommige vaardigheden zijn in alle gevallen goed – lezen en schrijven bijvoorbeeld; andere slechts voor het bereiken van bepaalde doelen, zoals muziek, om ons geliefd te maken.'[24] Het is een stuitende gedachte om muziek te reduceren tot iets in de orde van parfums of het debiteren van geestigheden, sociale smeermiddelen die worden ingezet om de aandacht van anderen op je te vestigen.

Venus is maar al te vaak bij mij in de kamer wanneer ik zit te spelen. Niet de godin natuurlijk, en zelfs niet Titiaans afbeelding van haar als naakte vrouw. Het is veeleer de gedachte aan iets wat verder gaat dan de muziek, het verlangen naar contact, om voor die aardige donkerharige jongen te spelen, om er beter uit te zien door middel van de muziek, om jonger te zijn, of op een andere plaats, om even intense gevoelens te ervaren als ik die ik ooit had, om dingen terug te vinden die verdwenen zijn of die je nooit gehad hebt. Ze is een stoorzender, een aanstichtster van dagdromen, die de ogen en de geest weglokt van het toetsenbord en de muziek. En ze is opdringerig, want de vraag die ze stelt is goedbeschouwd huiveringwekkend: doe je dit alleen maar om te bereiken dat anderen je aardig vinden, van je gaan houden, naar je verlangen en je nodig hebben? Is dat alles waarom het je begonnen is?

Zeven

Als alles goed gaat is het een waar genot om Bach te spelen. Je vingers voelen elastisch aan, strekken zich om noten te bereiken die ver buiten het centrum van de handpalm liggen, de ene hand neemt nu eens delen van de melodielijn over van de andere, en blijft dan weer stilliggen op één toets zodat de soepeler vingers naar nieuwe territoria kunnen reiken. De pink wisselt van plaats met de duim, en met een lichte buiging van de hand wandelen de derde en vierde vinger in een gelijkmatige krabbengang op en neer over de toetsen. Zowel in zijn hoedanigheid van leermeester als in de muziek die hij het nageslacht heeft nagelaten vraagt Bach om een absolute onafhankelijkheid van de vingers, die desondanks nauw moeten samenwerken. Als de speler de noten grondig heeft ingestudeerd en gememoriseerd, heeft hij soms het wonderlijke gevoel dat zijn twee handen één enkel organisme zijn geworden, een tienpotige spin of octopus met een eigen wil, die zich moeiteloos voortbeweegt over het toetsenbord.

Op goede dagen, wanneer je de muziek onbevangen tegemoet treedt, al ken je haar nog zo goed, en ze niet door laksheid is weggezakt uit je geheugen, lijkt het of de snelle passages zich sierlijk en feilloos ontrollen, of je vingers automatisch en tegelijkertijd opzettelijk bewegen, en of elke sprong even trefzeker is. Muzikale patronen waar je uren op hebt zitten ploeteren, alsof het willekeurige feiten in een of andere onbegrijpelijke redenering waren, klinken nu logisch, vanzelfsprekend en onvermijdelijk. Het moment dat je boven in de melodielijn een kleine mordent of een snelle triller toevoegt, terwijl de linkerhand in de weer is met een warreling van omspeelde akkoorden, bezorgt je een steek van muzikale verrukking.

Als alles goed gaat, komt Bach naar voren uit de noten, treedt je eigen ik terug, en kun je je voorstellen dat de ongelooflijk mooie opeenvolging van milde dissonanten en weldadige oplossingen die hij verwerkt heeft in de tweeentwintigste variatie, waarbij aldoor een septiem afdaalt naar een sext, maar de onderstem prompt doorschuift naar de volgende heerlijke septiem, hem precies hetzelfde soort verrukking heeft geschonken als ze jou bezorgt, en dat ook hij misschien de neiging had om hier de tijd voor te nemen, de progressie iets te rekken en misschien een beetje te overdrijven, zodat die kortstondige momenten van spanning en ontspanning niemand in het vertrek zouden ontgaan. Wanneer hij in de dertiende variatie aan het slot van beide delen onverwacht de sext verlaagt, zodat de oplossing van het akkoord wordt bijgekleurd met een duistere floers die veel verder gaat dan de kortstondig prikkelende maar overrompelende momenten van weemoed – waarmee de numerologie van het christendom iets te maken kan hebben, gezien het feit dat dit uitgerekend de dertiende variatie is – vraag je je af of hij in zijn borst en armen hetzelfde heeft gevoeld als jij, op het moment dat je lichaam zich spant onder hun bekoring. Zelfs wanneer je in je eentje zit te studeren, zonder toehoorders, blijft dit plezier onverminderd en heb je het gevoel dat door de perfectie en de autonomie van de muziek de componist zelf opgeroepen wordt: dit is tussen ons tweeën, wie ik ook ben, zo feilbaar en onvolkomen, en wie Bach ook was, zo onbereikbaar en ondoorgrondelijk.

Dit idee – dat de rigoureuze schoonheid van de muziek ons in verbinding stelt met een hoger intellect – is niet onomstreden. In de loop van twee eeuwen Bach-onderzoek en Bach-interpretaties, een geschiedenis die getekend is door negentiende-eeuwse breuklijnen en twintigste-eeuwse revoluties, is er verwoed gediscussieerd over de vraag of Bachs muziek wordt gekenmerkt door een hogere abstractiegraad of een zekere objectiviteit die uitvoerende musici dwingt om haar op een unieke manier te dienen. Moeten ze hun ego onderdrukken en opgaan in de muziek die ons, mits ze goed wordt uitgevoerd, op een of andere manier een transparant venster op de geest van de componist zelf biedt? Daarmee komen woorden met religieuze en spirituele connotaties in het spel: Bach verlangt dat we nederig, puur en opofferingsgezind zijn. Maar waarom zou Bachs muziek anders zijn dan die van andere componisten? De uitvoerder speelt toch altijd een bemiddelende rol in de muziek? Kan muziek eigenlijk wel bestaan zonder uitvoerders? En zo niet, waarom zou de rol van de vertolker bij de verwezenlijking van de ideeën van de componist dan gereduceerd moeten worden tot die van een voetknecht? Maar zelfs musici die vinden dat deze argumenten gewicht in de schaal leggen, zullen vaak toch bekennen dat Bachs muziek een speciale, of op zijn minst een unieke vorm van nederigheid verlangt. En die nederigheid wordt soms beloond met de illusie dat jij de enige persoon ter wereld bent die zich op dat ene moment zo intens bewust is van de onvergelijkelijke grootheid van een miniem detail in de muziek.

Sinds de negentiende eeuw is Bachs muziek mede onderwerp geworden van een algemener filosofisch debat over de vraag of kunst een weerspiegeling is van objectieve ideeën over orde en rationaliteit in de werkelijke wereld, dan wel de weerslag van een innerlijk emotioneel landschap vol subjectiviteit en gevoelens. De overtuiging dat Bachs muziek een toonbeeld van esthetische abstractie is heeft geleid tot de meest fantastische theorieën, zoals de stelling dat de *Goldbergvariaties* een afspiegeling zouden zijn van de ptolemeïsche kosmologie, met inbegrip van de rangorde en het karakter van de maan, de zon en de planeten. Maar je hoeft niet zo ver te gaan om aan te voelen dat Bachs muziek eerder neigt naar het concrete dan naar het emotionele. Je speelt Bach niet om dichter bij Bach de mens te komen, wie hij ook was; en evenmin laat zijn muziek ruimte voor ongebreidelde zelfexpressie. Jeremy Denk, een pianist die een exemplarische opname van de *Goldbergvariaties* gemaakt heeft, beschrijft het zo: 'Alle andere componisten lijken romans te schrijven, maar Bach schrijft non-fictie.'[25]

Door die objectiviteit, de feitelijkheid of het 'non-fictie'-karakter van Bachs muziek lijkt er bij het uitvoeren en interpreteren van zijn werken meer op het spel te staan, alsof de duizenden kleine beslissingen die een muzikant moet nemen van groter gewicht en belang zijn dan bij andere soorten muziek. Als Bachs muziek non-fictie is, gaan de beslissingen van de uitvoerder hand in hand met ideeën over waarheid. Intuïtie en inspiratie mogen dan een bruikbare leidraad zijn bij het uitvoeren van de romantische muziek van de negentiende eeuw en bij muziek die is geschreven met de verhalende stuwkracht, onstabiele subjectiviteit en emotionele directheid van een 'roman', maar voor Bach zijn ze ontoereikend. En dat besluitvormingsproces is niet alleen essentieel voor de manier waarop de muziek wordt uitgevoerd, maar legt tevens het karakter van de musicus bloot.

Natuurlijk kan geen enkele uitvoering van een complex muziekstuk zonder een zorgvuldige voorbereiding en duizenden kleine beslissingen over de wijze van spelen: beslissingen over welke vingers welke toetsen zullen aanslaan, hoe de articulatie en de dynamiek moeten verlopen, hoe geprononceerd de verschillende stemmen naar voren moeten komen, hoe snel je het stuk gaat spelen, waar het hoogtepunt ligt (als dat er is), wat voor textuur de muziek moet krijgen, hoeveel drama je eraan gaat ontlokken of er misschien wel in wilt stoppen, en of je uitvoering apollinisch dan wel dionysisch van karakter moet zijn. Sommige van die keuzes zijn strategische, beredeneerde pogingen om het effect dat je wilt bereiken aan te scherpen. Maar vaker gaat het om ethische keuzes, om beslissingen die de wezenlijke morele grondslagen van je relatie tot de muziek blootleggen. Ben je trouw aan de muzikale tekst? Mag je iets wat je niet kunt spelen camoufleren of zelfs overslaan? Als er een makkelijke manier van spelen is die iets minder goed beantwoordt aan je intenties en een moeilijke manier die meer oplevert, welke kies je dan? Leg je je alleen toe op stukken waarvan je weet dat je ze goed genoeg kunt spelen om de muziek te dienen, of waag je je aan muziek die je nooit helemaal in de vingers zult krijgen? Kijk je dingen af van andere spelers, waarbij je hun beste vondsten overneemt en doet of het je eigen werk is? Of zou je er op zijn minst naar moeten streven dat elke keus helemaal de jouwe is?

Geen enkele van deze vragen kan volstrekt eenduidig worden beantwoord. Het is goed denkbaar dat er geen definitieve muzikale tekst bestaat om je aan te houden, en de overgeleverde uitgaven zijn dikwijls een amalgaam van wat de componist wilde, wat de kopiist heeft gereproduceerd, en wat de graveur op de drukplaat heeft gezet. Wat de componist wilde was evenmin stabiel, en van één enkel werk kunnen dan ook meerdere versies bestaan, die vermoedelijk stuk voor stuk even authentiek zijn als de andere. Grote musici spelen niet altijd alles wat er op papier staat en soms spelen ze dingen die helemaal niet op papier staan. Artur Schnabel, een pianist wiens Beethoven-interpretaties legendarisch waren, miste noten en sloeg ernaast, in de ene sonate na de andere, en ondanks al hun onnauwkeurigheden zijn zijn opnames magistraal. Een musicus die slecht in zijn of haar vel zit kan een adembenemende puntje-van-de-stoel-uitvoering leveren, terwijl uitvoerenden die gewetensvol binnen veilige grenzen werken ons dikwijls onverschillig laten. Het aloude (aan verschillende kunstenaars en dichters toegeschreven) adagium dat 'goede kunstenaars lenen en grote kunstenaars stelen' is evengoed van toepassing op musici. Is er ooit een volkomen originele vertolking geweest? Ook bij de eerste uitvoering van een kersvers stuk worden de nieuwe aspecten van de muziek dikwijls vervormd door allerlei aan andere werken ontleende ideeën.

Maar zelfs als er geen juiste antwoorden op deze vragen bestaan, definieert het patroon van je antwoorden jouw ethische stellingname als uitvoerende. Sommige spelers hebben een hang naar dramatiek en een extraverte gestiek en vegen daarmee alles op een hoop, tot en met de details van de muziek zelf; anderen spelen ingetogen en gereserveerd en leveren met de miniemste gebaren monumentale vertolkingen, hoewel alleen de meest toegewijde luisteraars bestand zijn tegen hun ascese. Sommige spelers kiezen er consequent voor om opzichtige effecten te overdrijven en te beknibbelen op precisie en detail, terwijl anderen gewetensvol en accuraat spelen, maar door de bomen het bos niet meer zien. Toen ik jong was, was ik een groot bewonderaar van Vladimir Horowitz, die speelde als een tovenaar, briljant en met een verbijsterende virtuositeit, maar de muziek ondergeschikt maakte aan zijn eigen intenties, qua dynamiek en expressie tot het uiterste ging, en op eigen gezag nieuwe klankeffecten creëerde, buiten de componist om. Als volwassene schaam ik me wel een beetje als ik denk aan het enthousiasme dat ik ooit voor zijn spel gevoeld heb. Horowitz' keuzes bleven naar ethische maatstaven gewoonlijk binnen de grenzen van het vergeeflijke; ze waren niet absoluut fout of onverdedigbaar, maar eerder nogal demonstratief en megalomaan dan ingekeerd en poëtisch. Tegenwoordig vind ik zijn spel afmattend, alsof je bij een feestje wordt aangeklampt door een extraverte gast die over alles een mening heeft.

* * *

Ik ontdekte Horowitz en viel meteen voor zijn spel op mijn vijftiende, tijdens een kamermuziekcursus in Maine, waar mijn ouders me in de zomervakantie naartoe hadden gestuurd. Om toegelaten te worden moest je een auditieopname insturen, en dus was ik dagenlang bezig met het telkens weer opnieuw opnemen van die ene rapsodie van Brahms, tot ik uiteindelijk een versie op de band had staan die een gewaagd tempo paarde aan een redelijke mate van accuratesse. Het had iets van vals spel om zo tot de beste uitvoering te komen, zonder de druk van een publiek, en ik vroeg me af wat er zou gebeuren als het selectiecomité me zou vragen om diezelfde muziek live te spelen. Maar ik koesterde grote verwachtingen toen ik de band op de post deed, en de opname was inderdaad goed genoeg om me een plaats in het kamp te bezorgen. Ik vond het een opwindend vooruitzicht, niet alleen om nieuwe soorten muziek te verkennen, maar ook om mijn ouderlijk huis achter me te laten, mijn eigen gang te gaan, omringd te zijn door leeftijdgenoten en misschien wel een vriendinnetje op te doen.

De toelatingsbrief bevatte ook de mededeling dat ik een pianotrio van Beethoven moest instuderen voordat ik me in juli zou melden voor het zes weken durende programma. Het inschrijfgeld bedroeg duizend dollar, wat mijn ouders zonder morren betaalden. Mijn moeder nam de voorbereidingen voortvarend ter hand, kocht nieuwe kleren voor me, pakte zorgvuldig mijn koffer in, en verklaarde mij de logica van de meegegeven levensmiddelen, zonnebrandcrème, insectenwerende middelen, petten en truien, gympen en bootschoenen. Toen ze een stel pyjama's inpakte, die ik thuis nooit droeg, vroeg ik haar waarom ze die meegaf, en na enige aarzeling zei ze: 'Draag die elke nacht. Ik wil niet dat er viespeuken naar je kijken.' Ik had mezelf nog nooit beschouwd als een bezienswaardigheid, en het idee intrigeerde me. Voor ze de koffer dichtdeed, stopte ik er nog een nieuw, ongelezen exemplaar van Tolstojs *Oorlog en vrede* bij, dat ik in de loop van die zomer uitlas, ondanks het ongewone en afleidende gezelschap van vrienden met wie ik naar het nabijgelegen dorp liep, ging zeilen in de kalme baai, en een keer op een late zomeravond flesje-draaien speelde.

De plaats waar de zomercursus gehouden werd was een

zeevaartschool, een fors, uit baksteen opgetrokken gebouw dat veel meer ruimte bood dan de muzikanten nodig hadden, vol lege lokalen en donkere gangen waar we doorheen renden als we, ondanks het consigne dat we 's avonds op onze kamers moesten blijven, waren ontsnapt aan de aandacht van de toezichthouders, die niet ouder waren dan studenten. Het terrein rondom de school was weids grasland, en liep glooiend af naar het water, waar je kleine oefenzeilbootjes kon lenen als je niet zat te studeren of te repeteren. Duidelijker nog dan het Beethoven-trio, dat ik behoorlijk goed leerde spelen, de privélessen die ik kreeg, de ochtenden dat ik zat te studeren of de middagen die ik doorbracht met Tolstoj, staat me bij dat ik na het eten op het gazon zat te praten met studenten die veel wereldwijzer waren dan ik, of alleen maar naar hen luisterde. Ze discussieerden over de verdiensten van diverse musici en hadden een uitgesproken mening over de vraag of Horowitz een grotere pianist was dan Rubinstein, of Rudolf Serkin dan wel Wilhelm Kempff de ware hoeder van de traditie was, en welke plek in het pantheon je moest toekennen aan een eigenzinnige figuur als Glenn Gould. Het waren jongeren uit New York City, die vertelden over bezoeken aan concerten en opera's, die beroemde zangeressen hadden horen zingen, zoals Beverly Sills en Joan Sutherland, en in de rij hadden gestaan om kaartjes te kopen voor een concert van Horowitz, en ze kletsten honderduit over dirigenten, violisten en zelfs critici, van wie ze velen goed leken te kennen en die ze soms bij de voornaam noemden.

Ik nam hen aandachtig op, omdat ik bij hen wilde horen. Zelfs al waren het nog maar tieners, toch maakten deze jonge musici nu al de keuzes die bepalend zouden zijn voor hun carrièreverloop, al dan niet als beroepsmuzikanten. Er waren er een paar wie alles moeiteloos afging, die schijnbaar nooit hoefden te studeren en wanneer en waar dan ook de sterren van de hemel konden spelen, zij het met een roekeloosheid die hun leraren zorgen baarde. Er was een jonge vrouw die niet veel zei en nogal op zichzelf was, maar duizelingwekkend goed viool speelde. Ik probeerde haar het hof te maken, en toen ze geen belangstelling voor me bleek te hebben, troostten haar vriendinnen mij met het argument dat ze alleen maar om muziek gaf. Later werd ze een succesvolle musicienne. Er was een meisje dat vrijwel overal een misprijzend gezicht bij trok, ook als het ging om de andere leden van haar strijkkwartet, en soms bij de muziek zelf, die ze met grimmige doortastendheid en misschien een spoor van minachting onder handen nam. Ik vond haar zelfverzekerdheid en het feit dat ze over van alles en nog wat een mening had angstaanjagend. En er was een wat oudere jongen, van wie werd beweerd dat hij homo was, die prachtig cello speelde, altijd goedgemutst was en alles en iedereen enthousiast tegemoet trad, al bewaarden we een zekere afstand, vanwege die verhalen natuurlijk. Zijn liefde voor de wereld om hem heen bleef onverminderd, ook al beantwoordde de wereld die niet altijd.

Aan het eind van de zomer moesten we met het ensemble waarin we waren ingedeeld een concert voor publiek geven, en tegen die tijd was iedereen dan ook druk in de weer met de voorbereidingen. Ons trio werkte die laatste twee weken als bezetenen om Beethoven tot het eind toe onder de knie te krijgen en het werk enige glans te geven. We waren verbluft en verrukt toen we er op een middag in slaagden het stuk voor het eerst fatsoenlijk van begin tot eind te spelen, en bij uitzondering zag ik werkelijk uit naar het optreden. Maar een paar dagen voor het concert belde mijn moeder dat ze eerder zou komen, samen met mijn zus, om mij en mijn bagage op te halen, en dat we nog voor het concert zouden moeten vertrekken. De leden van het trio waren woedend op me. Zo bedierf ik het niet alleen voor mezelf, maar evengoed voor hen en hun ouders, die ook aanwezig zouden zijn. Ik deed mijn best om hun aan het verstand te brengen dat ik onderworpen was aan mijn moeders grillen en er niets over te zeggen had. Ik wilde niets liever dan tot het allerlaatst blijven, om tot en met de laatste minuut te genieten van deze idylle. Ik probeerde uit te leggen hoe mijn moeder in elkaar zat, met haar vreemde invallen en haar onbegrijpelijke beslissingen, maar raakte daarbij in verwarring, want het lukte me niet om een goed voorbeeld te geven van haar vreemde gedrag, of een woord te vinden dat haar karakter adequaat omschreef. Die hele zomer hadden andere studenten verhalen verteld over aan alcohol verslaafde ouders, moeders met borstkanker, afwezige vaders en vechtscheidingen, maar van al dat soort problemen had ik geen last, en het zou waarschijnlijk niet helpen om nog eens te herhalen wat mijn moeder altijd over haar eigen moeder had gezegd, met een zweem van bewondering en affiniteit: 'Ze kan gemeen zijn.'

Ik beloofde dat ik mijn moeder zou vragen om toegeeflijk te zijn. Ik zou haar smeken om me nog een dag extra te laten blijven. Ik voelde me beschaamd ten opzichte van de mensen die ik bewonderde, en wilde niets liever dan hen laten inzien dat ik machteloos stond. Toen mijn moeder en mijn zuster eenmaal waren aangekomen, was het vreemd genoeg de laatste die per se wilde dat we eerder zouden vertrekken.

Tot mijn verrassing reageerde mijn moeder positief op mijn verzoek, keek me vol liefde aan en gaf toe. Tegen de tijd dat het concert voorbij was, was het te laat om nog aan de acht uur durende autorit naar huis te beginnen. Die avond stelde mijn moeder voor om ergens uit eten te gaan. We vonden een restaurant aan het water, maar een reusachtige kreeft bleef de hele avond vrijwel onaangeroerd op haar bord liggen, en de avond verliep voor het grootste gedeelte in stilzwijgen.

Toen we de volgende dag door de regen naar huis reden, kwam ik erachter dat mijn moeder die ochtend eigenlijk een afspraak bij de oncoloog had, die ze had moeten afzeggen om het concert te kunnen bijwonen. Het was een melanoom, zei ze, en het zag er niet best uit. Ze sprak rustig en nuchter over haar ziekte, met een zelfbeheersing die ik niet van haar kende, en juist dat baarde me grote zorgen. Ziekte maakte haar rustig en bracht het beste in haar naar boven. Niets wakkerde haar moederlijke gevoelens sterker aan dan de zorg voor een ziek kind, en nog lang nadat ik alle emotionele banden met haar had verbroken, bleef ze een diepe en hartverwarmende belangstelling voor mijn gezondheid tonen. Op die koele zomerochtend leek de angst voor de kanker haar helderder te laten denken en haar menslievender te maken. De woede die in haar smeulde veranderde in droefenis, en die droefenis wekte de indruk van wijsheid. Toen we langs de kust van Maine naar huis reden, vroeg ik me af in hoeverre ik verantwoordelijk was voor wat haar nog te wachten stond, en maakte mezelf verwijten over mijn zelfzuchtigheid en de gemiste afspraak met de dokter. Ik controleerde de huid van mijn armen en benen op eventuele vreemde vlekken of merktekens, en drukte op een bult achter in mijn nek die ik soms wel en soms niet kon voelen.

Het Beethoven-trio, dat goed was verlopen, was alweer een verre herinnering, net als mijn vriendschappen, de allereerste banden die ik had aangeknoopt met mensen die me leken te begrijpen. De gesprekken in de avondschemer op het grasveld voor de school, met op de achtergrond de subtiele kakofonie van tientallen roezemoezende piano's, violen en cello's, deden onwezenlijk, afstandelijk en zelfs triviaal aan in het licht van de nieuwe angst die was binnengedrongen in mijn leven. In de weken en maanden daarna bezocht mijn moeder de ene dokter na de andere en wendde zich uiteindelijk tot een specialist in Boston. Terwijl we wachtten op een uitslag en ik rekening hield met het ergste, luisterde ik naar een opname van Liszt door Horowitz, met dezelfde honger en gegrepenheid waarmee ik tientallen jaren later naar Bachs Chaconne zou luisteren. En gezien mijn leeftijd en al die emoties was het de juiste muziek, een stroom van zuiver gevoel die de enige waarheid belichaamde die ik toen kon erkennen, de waarheid die bestond in dat ene huis, op dat ene moment, een huis vol angst, woede, wrevel, verlangen, spijt en schuld. En ergens, diep verscholen tussen die puinhopen, ook een paar miskende gevoelens van tederheid en liefde.

* * *

In 1964 besloot Glenn Gould, toen eenendertig jaar oud, dat hij nooit meer voor publiek wilde optreden. Live optreden was een te grote belasting voor zijn zenuwgestel, en bovendien beschouwde hij het concertpodium als een ontoereikend en minderwaardig medium voor een musicus. Door zijn geschriften en zijn radio-optredens bleef hij een bekende persoonlijkheid, en dankzij zijn opnames een pianist van kolossale betekenis. Hij was een cerebrale pianist, en wellicht is er in de twintigste eeuw geen andere kunstenaar geweest die zijn artistieke identiteit zo intens verbond met bewuste ethische keuzes over muziek, over het uitvoeren ervan, over technologie en het moderne leven, en met zijn eigen plaats in deze wereld. En er is geen pianist die zoveel heeft betekend voor de algemene verbreiding van de *Goldbergvariaties* als Gould. Het was het eerste werk dat hij opnam, in 1955, nadat hij een contract had getekend met Columbia Records, en tevens het werk dat hij tegen het eind van zijn leven weer oppakte en onderwierp aan een grondige herevaluatie. Die twee opnames, hoekstenen van een carrière met een hoge maar grillige vlucht, bevatten een ware staalkaart van keuzes die een pianist kan maken bij het spelen van Bachs muziek.

Goulds eerste opname van de variaties is snel, vlot en levendig, en werd ervaren als een tegengif tegen de volle, zwaarwichtige klank die halverwege de twintigste eeuw kenmerkend was voor de meeste Bach-uitvoeringen. Goulds manische tempi accentueerden de dansritmes die voortdurend terugkeren in de cyclus, en zijn feilloze beheersing van de technische problemen waarvoor de virtuoze en snelle variaties een uitvoerder stellen, had een luister die het mogelijk maakte dat het werk ontdekt werd door een nieuwe generatie, niet alleen als een monumentaal hoogtepunt van de polyfonie, maar ook als een werk waarmee een musicus kan schitteren op het podium. Maar Gould maakte vooral een blijvende indruk door de manier waarop hij de muzikale lijnen uitlichtte. Zowel critici als luisteraars hebben dit beschreven als een röntgenfoto van de muziek, en hoewel de oorspronkelijke opname werd uitgebracht in het tweedimensionale monogeluid dat tot aan het eind van de jaren vijftig de norm was, leek Goulds spel Bachs muziek een driedimensionaal karakter te geven. Zijn met verbijsterende onafhankelijkheid bewegende vingers en zijn opperste aandacht voor articulatie en dynamiek verleenden de muziek een contrapuntische transparantie die voor de meeste luisteraars nieuw was, en bevestigden haar als een artistieke uiting die exemplarisch was voor een tijdperk van rede en wetenschap.

Gould speelde met een licht toucher, veelal staccato, en legde in de drie- en vierstemmige variaties wat meer nadruk op de middenstemmen, die hij daarmee onder de aandacht van de luisteraar bracht, terwijl hij de makkelijker te onderscheiden boven- en onderstem iets meer liet opgaan in het totale stemmenweefsel. De klank van zijn piano was sec, een beetje broos zelfs, en hoewel hij beweerde meer geïnteresseerd te zijn in de logica van de muziek dan in de timbres en de sonoriteit van het instrument waarop hij speelde, deed zijn unieke toucher sterk denken aan het heldere, getokkelde geluid van het klavecimbel. Hoewel zijn carrière samenviel met een opleving van de wetenschappelijke belangstelling voor de periode van de barokmuziek en de opkomst van nieuwe generaties musici die zich toelegden op het bespelen van historische instrumenten, hield Gould vast aan een muzikaal ideaal dat zich onttrok aan geschiedkundige authenticiteit. Hij gaf de voorkeur aan de piano boven het klavecimbel, omdat hij vond dat de piano er beter op toegerust was om het complexe karakter van Bachs canons en fuga's te verhelderen, en hij koos ervoor om via opnames te communiceren met zijn publiek, omdat hij vond dat een geluidsregistratie geschikter was om Bachs complexiteit en nuances over te brengen dan een live-optreden. De microfoon, zei hij, 'stelt je in staat om een transparantie van de muzikale textuur na te streven die in de concertzaal geen enkel rendement oplevert.'[26]

Gould verbond dit alles met een hoogsteigen morele opvatting van de muziek en het leven. Zijn afkeer van live-optredens kwam voor een deel voort uit zijn weerzin tegen de manier waarop muziek lelijke, egoïstische karaktereigenschappen versterkte, zoals de hang naar waardering en competitiedrang. Als hij sprak over de pianiste Rosalyn Tureck, die een aantal gezaghebbende opnames van de *Goldbergvariaties* op haar naam had, maar nooit de roem en de bekendheid van Gould verwierf, drukte hij zich uit in morele termen: 'Haar spel was zo oprecht, om het in de morele sfeer te trekken. Er ging een gevoel van rust van uit dat niets te maken had met traagheid, maar eerder met morele rechtschapenheid in liturgische zin.'[27]Hij had een afschuw van wat hij de 'adrenale' aspecten van het leven noemde, de in biologisch en chemisch opzicht complexe cocktail van emoties die de mens tot allerlei kleine en grote barbaarsheden drijft. Op het hoogtepunt van de Koude Oorlog, toen de wereld op de rand van de totale vernietiging stond, schreef hij dat het tijdperk van de technologische oorlogsvoering verkieslijker was dan de man-tegen-mangevechten en de steekpartijen van primitieve veldslagen. Hij vond dat 'een oorlog die wordt gevoerd door per computer aangestuurde raketten een iets betere, iets minder verwerpelijke oorlog is dan een die wordt uitgevochten met knotsen en speren', omdat de strijdende partijen er 'minder betrokken bij zouden zijn' op het hormonale niveau.[28]

Zijn vele interviews en geschriften zijn doorspekt met dit soort provocerende uitspraken. De klank van Goulds stem, bekend van zijn radioprogramma's en interviews, is zacht, duidelijk en geruststellend; zijn ideeën en meningen zijn dikwijls extreem. Maar hij streefde er ook in zijn eigen leven naar om vast te houden aan de rationele consequenties van zijn idealistische kijk op muziek, en bouwde een repertoire op van uitgesproken intellectuele muziek, waarin Bach de centrale plaats innam. Maar zelfs Bach voldeed niet altijd aan de door hem gestelde maatstaven. Gould bracht correcties aan in Bachs muziek wanneer hij vond dat de meester zich had bezondigd aan afleidende terzijdes, of zijn eigen contrapuntische structuren onvoldoende klaarheid had meegegeven. Hij schrapte veertien maten uit de *Toccata in fis-klein*, die naar zijn idee te improvisatorisch waren vanwege de herhaalde sequensen, en voegde noten toe aan de toccata uit Bachs *Partita nr. 6 in e-klein* om bepaalde lijnen duidelijker en beter hoorbaar te maken.[29] Gould had zelfs het een en ander aan te merken op de *Goldbergvariaties*, die hij volgens een journalist die hem aan het begin van de jaren tachtig interviewde 'een grabbelton vol tweederangs Bach' noemde.[30] Hij erkende dat het werk 'een aantal van Bachs allerbeste momenten' bevatte, 'wat heel veel zegt, maar ik vind dat er ook een paar van zijn onbenulligste bij zitten'. Daartoe rekende hij de virtuoze variaties aan het eind van de cyclus, die volgens hem 'tot het wispelturigste, onnozelste, saaiste en publieksvriendelijkste horen wat hij ooit heeft geschreven'.

Ik ontdekte Goulds spel lang voordat ik meer te weten kwam over zijn onthechte en puriteinse muzikale leven. De man aan wie ik dat te danken heb was een favoriete hoogleraar die voor mij de belichaming was van een welbewust rationalisme, iemand voor wie de wetten van de fysica, de chemie en de biologie nooit louter abstracties waren, maar de richtinggevende principes van het dagelijks leven, wat zover ging dat hij liever zondigde tegen de regels van de wellevendheid dan te vervallen in inconsistentie, hypocrisie of huichelarij. De tweede wet van de thermodynamica, met zijn belofte van toenemende chaos en entropie, beheerste zijn wereld, en maakte hem in intellectueel opzicht even pessimistisch als hij van nature opgewekt was. Als je aan het eind van een lang en inspannend gesprek over het onvermijdelijke verval en de teloorgang van de liberale democratie probeerde de conversatie een luchtiger wending te geven, met de vage suggestie dat het misschien ook wel eens goed zou kunnen aflopen, constateerde hij droefgeestig, en soms geërgerd, dat je dan wel erg weinig weet had van fysica, gedragswetenschappen of fylogenie. Goulds Bach was voor hem het hoogste wat er mogelijk was in de muziek.

Een keer, 's avonds laat, toen we een fles cognac hadden opengemaakt, zette mijn vriend de variaties op, Goulds opname uit 1955, en ik was meteen mateloos geboeid. Anders dan de piano van Horowitz, die daverde en denderde met de kracht van een compleet orkest, klonk Goulds instrument terughoudend en een tikje metalig. Zijn tempi waren adembenemend, net als zijn vingervlugheid, hoewel ik me op dat moment niet realiseerde wat voor nevenschade zijn mitraillerende uitvoering toebracht aan het individuele karakter van diverse variaties, en aan de algehele sfeer en het drama van het geheel. De muziek trof me toen als een metafoor van de ordelijke levenswijze die ik bewonderde in mijn hoogleraar, een verlokkend beeld van een volwassen bestaan dat zonnig, schoon, georganiseerd en stabiel was. Ik voelde dat hier iets belangrijks gaande was, niet alleen in de muziek, maar ook in de manier van spelen, iets wat ik nastreefde in mijn eigen leven, maar waarvoor ik het doorzettingsvermogen en de mentale flexibiliteit miste.

Ik deelde Gould in bij de categorie 'alle mogelijke levens die ik zou kunnen leiden', de alternatieven voor mijn ordeloze bestaan. Als ik een beter mens was geweest, gedisciplineerder en ijveriger, emotioneel beter in evenwicht, minder geneigd tot luiheid, genotzucht en vlagen van lethargie, zou ik misschien een heel klein beetje kunnen leren spelen zoals Gould speelde. Ik zou in een keurig net huisje kunnen wonen en 's ochtends productief werk kunnen verrichten en me door het leven kunnen slaan met het opgewekte voornemen om de realiteit luchthartig en met zelfbeheersing tegemoet te treden. De piano zou een soort stenografisch toetsenbord kunnen worden waarop ik mijn inzichten in de structuur van de muziek vastlegde, en niet zozeer een medium dat slechts gericht was op zelfexpressie. Kortom, dan zou ik minder lijken op wat ik was, namelijk het kind van mijn moeder.

Tegen het eind van zijn leven maakte Gould zijn tweede studio-opname van de *Goldbergvariaties*, waarin hij alle dimensies nog diepgaander onderwierp aan een rationele controle. In deze laatste interpretatie legde hij zijn visie neer op een centrale vraag waarover musici, theoretici en luisteraars het nog altijd niet eens zijn. En die luidt: zijn de variaties een opzichzelfstaand, intern samenhangend werk, consistent en coherent in alle delen, of een verzameling van verschillende ideeën die zijn gebundeld om de rijke variatie aan muzikale mogelijkheden te demonstreren? Is dit werk een eenheid met onderverdelingen, of een opeenvolging van verschillende stukken met gemeenschappelijke elementen? Voor een uitvoerend musicus is dit geen abstracte discussie, maar iets wat doorslaggevend is voor de interpretatie van bepaalde details, met name de tempi. Hoewel Gould ooit over de *Goldbergvariaties* heeft gezegd: 'Als stuk, als concept, vind ik niet dat het echt werkt', was zijn tweede opname zijn ultieme poging om het desondanks te laten werken, om alles onder één noemer te brengen en het niet te presenteren als een reeks ravissante onderdeeltjes, maar als een geïntegreerd geheel.

In zijn opname uit 1955 liet Gould de variaties op elkaar volgen alsof de ene variatie de volgende in gang zette, met een adembenemende, demonstratieve en associatieve logica. Het ene idee leverde inspiratie voor het volgende en dat op zijn beurt weer voor het volgende, alsof Bachs gedachten gekenmerkt werden door het ongetemperde enthousiasme waarmee een adolescent verbanden in de wereld ontdekt. In de eigenaardige toelichting die hij schreef bij zijn opname uit 1955 gebruikte Gould een complexe metafoor om te beschrijven hoe het uitgangspunt, het materiaal van de aria, zich verhield tot de rest van het stuk. De aria, zei hij, was vergelijkbaar met een inspirerende, maar egocentrische en afstandelijke ouderfiguur. Hij waarschuwde de luisteraars niet 'verstrikt te raken in de weelderige vegetatie van de stamboom van de aria' en raadde hun aan bedacht te zijn op de zeggenschap en de invloed van de aria, en 'de stamwortel nauwkeuriger te bestuderen om, uiteraard met de nodige tact, te bepalen in hoeverre hij toegerust is voor de ouderlijke verantwoordelijkheid'. In zijn pogingen om de variaties als geheel te kenschetsen kwam hij met het beeld van iets wat leek op een zonnestelsel, met de aria in het middelpunt – ver weg, onverschillig, zelfs een beetje dom op een leeghoofdige manier ('totaal ongeïnteresseerd in haar raison d'être') – van waaruit de variaties zich in alle richtingen verspreiden en met een hemelse onafhankelijkheid om hun slechte ouder cirkelen. Tegen de tijd dat hij zijn tweede opname van de variaties maakte, in 1981, was deze ruimtelijke metafoor in de praktijk een lineair concept geworden, en was zijn visie op het stuk meer geïntegreerd en holistischer.

In de originele gedrukte partituur van de *Goldbergvariaties* staan aan het eind van sommige variaties, maar niet bij alle, eigenaardige tekens. Ze zien eruit als een hoefijzer met een stip erin of als een kindertekening van een zonsondergang. Dat zijn fermates, die er mogelijk op wijzen dat de uitvoerder even moet inhouden of pauzeren, in plaats van meteen door te stomen naar de volgende variatie. De fermates doen vermoeden dat Bach wilde dat sommige variaties direct op elkaar zouden aansluiten en andere niet, waarmee binnen de variaties kleinere subgroepjes zouden ontstaan. Als dat het geval is, is het een redelijke veronderstelling dat de tempi binnen die groepen op een of andere manier verband met elkaar houden, in die zin dat de snelle en de langzame variaties verbonden zijn door een gemeenschappelijke puls. Gould ging in zijn laatste opname zelfs nog verder: hij streefde ernaar het hele werk de innerlijke logica van een consistente puls op te leggen, wat tot uiting kwam in systematische (zij het niet altijd eenvoudige) tempoverhoudingen. 'In het geval van de *Goldbergvariaties*,' zei hij in 1981 in een interview met de criticus Tim Page, een gesprek waarover hijzelf grotendeels de regie voerde, 'is er één puls die door het hele werk heen loopt.'

In zekere zin was Goulds tweede opname niet meer dan een voortzetting van dat waartoe hij in de eerste opname de aanzet had geleverd, zijn verwerping van het verleden en een demonstratie van zijn afkeer voor het affectieve en het adrenale. Terwijl de jonge Gould Bach losmaakte uit een traditie die naar zijn gevoel te egocentrisch en romantisch was, probeerde de oudere Gould zijn eerdere versie te ontdoen van veel van diezelfde ongerechtigheden. Toen Page Gould een vraag stelde over zijn oude vertolking van de vijfentwintigste variatie, de droefgeestigste en meest complexe van de drie mineurvariaties en voor veel luisteraars het hoogtepunt van het gehele werk, zei Gould geringschattend dat die 'opvallend veel naar een Chopin-nocturne' klonk. Anders dan de meeste jonge virtuozen, die bij hun entree grijpen naar geruchtmakend, romantisch of geliefd repertoire, zoals de muziek van Chopin, koos de jonge Gould ervoor zijn plaatdebuut te maken met muziek van Bach, en dan ook nog een van diens meest complexe en minst bekende werken. Nu bespeurde hij in zijn eigen spel weerklanken van Chopin, en was vastbesloten die uit te bannen. 'Er wordt daar behoorlijk veel piano gespeeld, en wat mij betreft is dat het geringschattendste commentaar dat maar mogelijk is,' zei hij over zijn eerdere versie.

Gould legde zichzelf, en daarmee ook zijn luisteraars en andere uitvoerders, maatstaven op die onmenselijk kunnen lijken. In de puriteinse ontwikkelingsgang van zijn carrière wordt zelfs 'pianospelen' iets wat geen verband houdt met puur muzikaal inzicht. Zaken als sonoriteit en expressie leiden alleen maar af. Toen hij voor het eerst achter de piano ging zitten om de aria van de *Goldbergvariaties* op te nemen, uitgerekend de tweeëndertig maten waarvoor veel luisteraars een zwak zullen hebben, gezien hun eenvoud en hun melodieuze gratie, stelde hij zich ten doel 'alle overbodige expressie weg te wissen uit mijn interpretatie, en niets is moeilijker dan dat'. Zijn principes waren vastomlijnd: 'De uitvoerder is van nature geneigd om dingen toe te voegen, en niet om ze weg te laten.'[31] En hij bleef zijn hele carrière lang dingen weglaten uit de muziek, tot hij er aan het eind van zijn leven in slaagde om in sommige opzichten de cirkel rond te maken, met een vertolking van de *Goldbergvariaties* die velen even zwaarwichtig vinden als de interpretaties waartegen hij zich bijna dertig jaar daarvoor had verzet.

Geen pianist kan deze werken spelen zonder op een gegeven moment geconfronteerd te worden met een syllogisme dat nogal rigoureus lijkt: Bach staat tot de muziek als Gould staat tot Bach. Beiden zijn toonbeelden van perfectie, abstractie en zuiverheid. Maar de twee helften van die vergelijking zijn misvormingen van de waarheid. Bach was niet 'de supreme arbiter en wetgever van de muziek', zoals een populair biografisch woordenboek hem ooit definieerde, net zomin als Goulds ideaalbeeld van Bach het enige rationele of ethische ideaalbeeld is. Evengoed streven de meeste pianisten naar het niveau van intellectuele controle over de muziek dat Gould beweerde te bezitten en in belangrijke mate aan de dag legde in zijn spel. Zelfs als ze niet zo willen spelen als Gould, zelfs als ze zijn interpretaties in bepaalde opzichten afschuwelijk vinden, zullen de meeste pianisten erkennen dat zijn meesterschap over de toetsen bewondering en zelfs jaloezie afdwingt. Toen ik me met het klimmen der jaren begon te storen aan mijn eigen emoties en de ‘adrenale’ aspecten van het leven, zoals Gould dat noemde, steeds meer ging wantrouwen (maar lang niet zo sterk als hij), kreeg ik hoe langer hoe meer bewondering voor zijn onverbiddelijke en ascetische muzikale benadering.

Dat ik Gould leerde bewonderen, betekende ook dat ik ten langen leste de consequenties onder ogen moest zien van het feit dat ik Bach zo lang uit de weg was gegaan. Toen ik me uiteindelijk met zijn muziek ging bezighouden, werd de omvang van mijn muzikale tekortkomingen me voor het eerst echt duidelijk, en besefte ik dat mijn verwaarlozing van Bach niet domweg voortkwam uit jeugdige nonchalance, maar een moedwillig besluit was geweest dat ik had moeten bekopen met jarenlang nodeloos geploeter. Terwijl ik me als jongen bij mijn muzikale mislukkingen min of meer had gevoeld als de ongelukkige protagonisten van Homerus’ *Ilias*, die op het hoogtepunt van de strijd plotseling ontwapend worden door toedoen van een rancuneuze god of godin, begreep ik nu dat dit mijn eigen werk was, het resultaat van mijn keuzes, mijn gewoonten, mijn nalatigheid. Dus toen ik de *Goldbergvariaties* begon te studeren, stelde ik me ten doel niet alleen mijn spel te veranderen, maar ook mijzelf.

Omdat het jaren kan kosten om iets te veranderen aan onze gewoonten, is het moeilijk te zeggen wanneer onze pogingen leiden tot werkelijke groei en zelfoverstijging. Het is denkbaar dat we door zelfontkenning of andere vormen van discipline domweg onze eigen natuur geweld hebben aangedaan, door een wezenlijk aspect van onze persoonlijkheid af te stoten of binnen te houden. Gould is al tientallen jaren dood, en de wereld is sedertdien zo fundamenteel veranderd dat sommige aspecten van zijn nalatenschap zeer problematisch lijken – niet zozeer zijn opnames, maar zijn ideeën, en de tol die zijn zelfverloochening eiste. Tegenwoordig streven de meeste musici meer dan ooit naar een direct contact met het publiek, en Goulds idealisering van de geluidsopname doet bepaald buitenissig aan in een tijd waarin we door de media worden gebombardeerd met informatie en universele toegang hebben tot digitaal entertainment. En het wordt steeds moeilijker om zijn ascetische houding te duiden. In een film uit 1993, getiteld *32 Short Films About Glenn Gould*, heeft regisseur François Girard een interview met de grote violist Yehudi Menuhin, die samen met Gould werk van Bach, Beethoven en Schönberg heeft opgenomen. Menuhin spreekt zijn bewondering uit voor Gould, maar met een mild en zelfs wat treurig besef van diens paradoxen. Hij vindt Goulds besluit om het concertpodium achter zich te laten in wezen een egoïstisch besluit, dat hem ertoe bracht een uitvoerige legitimering te formuleren, die in bepaalde opzichten zijn leven ging bepalen: 'Ik denk dat hij, net als alle mensen die proberen hun positie te rationaliseren, die koste wat het kost doen wat ze willen en vandaaruit een soort universele legitimering nastreven, in een val belandde, een val waarin hij zich iets te veel vastbeet in de morele aspecten van zijn besluit.'

In zijn minzame kritiek op Gould, die tien jaar daarvoor was overleden, hekelt Menuhin diens vergoelijkende intellectualisering van een beslissing die eerder was ingegeven door emotionele kwetsbaarheid dan door een rationele keuze. Misschien waren er andere manieren geweest om af te rekenen met de spanning van het optreden. Misschien had Gould gewoon bij een psycholoog te rade moeten gaan. In plaats daarvan nam hij niet alleen het besluit om niet meer voor publiek op te treden, maar bouwde daar gaandeweg een complete identiteit en een levenshouding omheen. En Menuhin vond dat in zekere zin triest: 'Ik ben niet van zijn niveau, creatief gesproken. Ik zou niet een totaal eigen leven kunnen leiden, en de rest van de wereld kunnen buitensluiten.'

Nog niet zo lang geleden leidde een verdenking van kanker ertoe dat enkele artsen grote belangstelling opvatten voor de toestand van mijn ingewanden en diverse onderzoeken adviseerden, waaronder een MRI, en zo kwam het dat ik op een middag met mijn voeten naar voren in een grote metalen koker werd geschoven, met vastgesnoerde benen en een infuus in mijn arm. De laborant vroeg of ik claustrofobisch was, en ik antwoordde ontkennend, omdat ik daar nog nooit last van gehad had. Eenmaal in de machine begreep ik in een flits wat claustrofobie is en moest ik alles op alles zetten om me daartegen te verzetten. De MRI maakte angstaanjagende ratelende geluiden, die steeds vijf of tien minuten aanhielden en dan werden onderbroken door korte stiltes waarin de laborant via een luidspreker vroeg of alles nog in orde was, vragen die mijn gespannen toestand alleen maar verergerden. Om toch enigszins tot rust te komen probeerde ik in mijn hoofd naar de *Goldbergvariaties* te luisteren, iets wat ik vaak doe als ik buiten op straat loop. Terwijl de machine bleef ratelen, spande ik me in om de bekende patronen van drie tellen te horen en bladerde in gedachten door de variaties, op zoek naar die ene die zou passen bij dat eigenmachtige tempo dat de machine op me losliet.

Mijn moeder was op dat moment al zes jaar dood. Al vanaf het begin van haar ziekte had ik grote bewondering voor de kracht en de moed waarmee ze artsen en medische procedures tegemoet trad. Nu ik zelf vastzat in een MRI-scanner, vocht tegen mijn angst en een overweldigend pessimisme, en wanhopig probeerde enige emotionele zelfbeheersing op te brengen, drong het tot me door dat haar keus van ongeveer vijfendertig jaar terug om mijn optreden bij te wonen, in plaats van een belangrijke afspraak met de dokter na te komen, eigenlijk een heldhaftig besluit was geweest. Het gebeurde niet vaak dat er iets gebeurde wat haar kon doen uitstijgen boven haar angst, die langzaam aan haar vrat, haar hele leven lang. Het ontbrak haar aan de kracht of de wil om zichzelf te herscheppen tot een ander mens. Ze leek zichzelf alleen te overstijgen wanneer ze zich geconfronteerd zag met ziekte, van haarzelf of van anderen. Maar die ene dag in Maine vond ze de kracht die ze nodig had, en deed dat later opnieuw, vaak genoeg om de laatste jaren van haar leven te blijven vechten.

Het lukte me niet om ook maar iets van Bach te vinden dat paste bij de veranderlijke patronen van het geknars en geraas dat van alle kanten op me afkwam. Mijn pogingen om de *Goldbergvariaties* op te roepen maakten mijn frustratie alleen maar groter en werkten me op de zenuwen. Dus probeerde ik het met een mazurka van Chopin, eenvoudige, krachtige muziek, dansant en exuberant. Het was een van de laatste stukken die mijn zuster instudeerde voordat ze ophield met de piano, muziek waaraan ze met grote volharding werkte, wekenlang, tot het punt bereikt was dat alle leden van ons gezin van angst en beven vervuld raakten zodra we haar alweer die gepuncteerde ritmes hoorden hameren waarmee het stuk begint, de opmaat voor een muziekje van een paar minuten dat intussen zo bekend was dat we er een hekel aan hadden gekregen. En toch werd het een vertrouwd familiedeuntje, waarvan elk van ons de aanhef kan neuriën, in de wetenschap dat de anderen het vanzelf over zullen nemen. Het is een onnozel stuk, een heerlijk stuk, een stuk dat niets om het lijf heeft. In afwachting van het moment dat de MRI-scan voorbij zou zijn speelde ik het zeker tienmaal af in mijn hoofd, dankbaar dat dit soort muziek bestaat, een kleurrijke, vreugdevolle verstrooiing die herinneringen oproept, vreugde schenkt en meer niet.

Acht

Tegen de tijd dat ik naar de middelbare school ging en de emotionele en muzikale veranderingen van de puberteit het hoofd moest bieden, was ik een probleemleerling geworden. Ik vond pianospelen heerlijk, maar mijn manier van studeren was niet efficiënt en leverde weinig op. Ik was mijn eerste lerares ontgroeid, had de band met de tweede moeten verbreken, en had het geduld van de derde te zwaar op de proef gesteld. Er waren nu nog maar twee mogelijkheden: ophouden met pianospelen, wat ik een onverdraaglijke gedachte vond, of auditie doen bij een van de twee mannen in de stad die bekendstonden als serieuze pianodocenten die hun leerlingen in essentie voorbereidden op een professionele carrière. Misschien waren er ook wel vrouwelijke docenten van dat niveau in de stad, maar als dat zo was, was hun faam niet tot ons doorgedrongen. In elk geval was men het er algemeen over eens dat ik, als jongen en als probleemleerling, 'in de leer moest bij een man'.

Een van deze beide topdocenten gaf les aan de plaatselijke universiteit, in een lichte, moderne studio op de campus; de andere heette excentrieker te zijn, maar was de beste pianist van de twee en een verdienstelijk componist. Hij gaf les in een souterrain in een muf ruikend huis waarvan hijzelf met trots verklaarde dat het 'aan de verkeerde kant van het spoor' lag. Het was een klein, ietwat haveloos en met klimop begroeid pand, dat inderdaad aan de overzijde van het spoor lag, gezien vanuit de grotere en beter onderhouden middenklassewoningen in de stad. Ik deed bij beide mannen auditie en werd bij de eerste voorlopig toegelaten, al zou ik eerst les krijgen van zijn assistent en pas later misschien van hemzelf. Ik werd ook aangenomen door de andere leraar, die geen assistent had en met wie ik dus rechtstreeks contact zou hebben, zonder doorgeschoven te worden naar een jonge protegé. Ik koos voor de laatstgenoemde, uit angst dat ik in zo'n grote lespraktijk op de achtergrond zou belanden, op den duur mijn belangstelling zou verliezen en ermee op zou houden.

En zo begon een levenslange vriendschap, die niet alleen enorm bepalend was voor mijn muzikale vaardigheden, maar ook voor mijn kijk op de wereld, op boeken en literatuur en alle andere kunsten, voor mijn gevoel voor humor, mijn zelfkennis en mijn muzikale geweten – dat diepe besef van goed en fout dat maatgevend is voor onze relatie tot de muziek, en ons in de richting stuurt van perfectionisme dan wel van nonchalance, van toewijding dan wel van gemakzucht. Joseph Fennimore had aan Juilliard gestudeerd bij Rosina Lhévinne, en Lhévinne was een leerling van Vasili Safonov, die een leerling was van Theodor Leschetizky, die een leerling was van Carl Czerny, die een leerling was van Beethoven. Van dat alles had ik geen weet toen ik bij Joe op les ging, maar later, toen ik volwassen was en we vaak tot diep in de avond met elkaar zaten te praten, kwam die voorgeschiedenis boven water. Joe bezag zijn stamboom met gepaste ironie en vertelde me in latere jaren geestige en soms pikante verhalen over de prominente musici met wie hij had samengewerkt, onder wie de formidabele Rosina, die onder meer les had gegeven aan Van Cliburn, James Levine van de Metropolitan Opera en John Williams, die de filmmuziek voor *Star Wars* heeft geschreven.

Zulke connecties zeggen meer over een emotionele verbintenis met de traditie dan over enige werkelijke kennis of praktijken die van de ene generatie naar de volgende zijn doorgegeven. Ik ben ervan overtuigd dat Beethoven zou verbleken bij het idee dat ik er aanspraak op zou maken een zesdegeneratieleerling van hem te zijn. Maar het uitpluizen van deze connecties is niet louter een gezelschapsspelletje voor musici, en heeft evenmin tot doel een of andere fictieve apostolische afstamming van de grote genieën uit het verleden tot stand te brengen. Veeleer benadrukt dit het historische proces waarmee kunst van de ene generatie op de volgende wordt overgedragen, en dat dit proces is doorgegaan, ondanks oppressie van de kwalijkste uitwassen van de menselijke natuur. Het spoort leerlingen aan om het idee van onderwijs serieus te nemen, omdat het juist bij kunstonderwijs om veel meer gaat dan alleen om het doorgeven van een verzameling feiten. Het geven van muziekles is niet alleen een intiem en psychologisch proces, maar het is ook nauw verbonden met ideeën over wat goed en slecht is, met karakter en vasthoudendheid, en vraagt van zowel de leraar als de leerling meer dan andere vormen van onderwijs.

Joe was niet getrouwd, woonde een groot deel van de tijd in New York City, en gedroeg en kleedde zich ongewoon, vergeleken met de in voorsteden gehuldigde maatstaven. Hij droeg bij warm weer vingerloze handschoenen en een sjaal, bezigde even zonderlinge als geestige formuleringen en sprak over zichzelf in geringschattende of juist geëxalteerde termen, waaruit wel bleek dat hij veel plezier beleefde aan taal. De aanblik van zijn studio vervulde me aanvankelijk met ontzetting. Hij had twee vleugels in een souterrain weten te proppen, en die met draperieën en kralengordijnen afgeschermd van een wand met gereedschap, harken, heggenscharen en andere huishoudelijke spullen. Pas later kwam ik erachter dat er onder de wat actievere moraalridders in onze stad werd geroddeld over zijn 'levensstijl' en dat mijn moeder was gewaarschuwd dat ze haar tienerzoon maar beter niet met hem alleen kon laten. In het begin bleef ze erbij tijdens de les, maar als Joe zich al stoorde aan het feit dat ze een oogje in het zeil hield, liet hij dat niet merken. Toen ze de eerste keer meekwam, wees hij haar op een bank tegenover de piano, en nodigde haar uit om zich 'te koesteren in mijn verheven aanschijn'. Toen ze helemaal aan het verste uiteinde ging zitten, zei hij: 'Niet zo ver, tot daar reikt het niet.' Hij stelde haar voor om aantekeningen te maken, wat ze ook trouw deed.

Ze hing aan zijn lippen, lachte om zijn grapjes, en herhaalde in de loop van de week telkens weer de gedenkwaardigste van zijn bon mots, die me meestal boven de pet gingen. Ze kon extreem fel zijn in haar oordeel, en vatte een enorme antipathie op tegen veel mensen die ik kende, onder wie goede vrienden en leraren op wie ik erg gesteld was. In die jaren was ze homofoob, en de toon van haar veroordeling was nog vernietigender dan wat gangbaar was bij de christelijke achterban van Ronald Reagan. Maar ze was diep onder de indruk van Joes spel, en voelde zich misschien op een bepaalde manier verbonden met hem, als buitenstaander ten opzichte van de conventionele levenswandel waar ze scrupuleus aan vasthield, al had ze er tegelijkertijd een hartgrondige hekel aan. Haar belangstelling voor de lessen leidde ertoe dat ze een tijdlang ook meer interesse toonde voor mijn manier van studeren, wat ik heel hinderlijk vond. Ze wilde meeluisteren wanneer ik toonladders en drieklanken studeerde en controleerde of ik genoeg deed aan het opgegeven werk uit Clementi's *Gradus ad Parnassum*, een bundel atletische etudes die in muzikaal opzicht aanmerkelijk interessanter was dan de gewone boeken met vingeroefeningen. Joe week dikwijls af van de academische instelling van mijn vroegere docenten, van wie ik de toonladders uitsluitend langzaam en methodisch had moeten studeren. Hij raadde me juist aan om te proberen ze zo vlug mogelijk te spelen, om snelheid en wendbaarheid te ontwikkelen. Terwijl hij voordeed hoe ik dat thuis zou moeten doen en zijn handen in parallelle beweging omhoog liet roetsjen over de toetsen, bulderde hij me goedmoedig toe: 'Omhoog met die toonladders, omhoog ermee!' Nog weken daarna riep mijn moeder wanneer ik mijn toonladders oefende vanuit de andere kamer op dezelfde toon: 'Omhoog met die toonladders!'

Ik was niet bepaald gelukkig met haar betrokkenheid of enthousiasme, omdat ze zich bemoeide met een stuk van mijn leven dat in toenemende mate privéterrein begon te worden. Ik vond het een hele opluchting als ze het te druk had om me naar de les te brengen en die taak overliet aan mijn oudere zuster. Later vroeg ze me dan altijd hoe het was gegaan, of Joe nog iets grappigs of raaks had gezegd en wat voor werk hij me had opgegeven, waarop ik eenlettergrepige antwoorden gaf. Ze wilde dolgraag delen in de pret, maar daar was ik niet van gediend. Toen Joe verhuisde naar een andere studio, die dertig kilometer verderop lag, ging ze minder vaak mee naar de les, wat ik niet echt betreurde.

Toen ik auto had leren rijden hield ze er helemaal mee op, en ik was blij dat ik van haar aanwezigheid verlost was. Mijn verstandhouding met mijn leraar liep in die jaren niet op rolletjes. 'Jouw probleem was nooit dat je te veel studeerde,' zei hij later. Maar de pianoles werd een toevluchtsoord waar ik me kon onttrekken aan de rest van mijn leven, een plek waar ik als een volwassene volledig verantwoordelijk was voor mijn daden.

Joe kon veeleisend zijn. Op een middag werd de ergernis over mijn onverschilligheid voor details hem te veel, en probeerde hij me uit te leggen hoe ik moest studeren. We zaten bijna het hele uur te werken op één enkele maat, die we steeds opnieuw doornamen, en die ik aldoor opnieuw moest spelen zodra ik een verkeerde noot aansloeg, een toon te lang aanhield of de articulatie en de dynamiek vergat. Ik denk dat hij me duidelijk wilde maken dat er zelfs in het geringste snippertje van een stuk een wereld aan muzikale materie verscholen ligt, en dat je geest die overvloed aan muziek alleen maar in zich kan opnemen met behulp van opperste inspanning. Maar ik voelde me gefrustreerd, mijn gedachten dwaalden af en ik vond de les een kwelling. Het zou nog zeker tien jaar duren voor het me begon te dagen wat de bedoeling van die les was geweest.

Een andere keer speelde ik iets wat ik onvoldoende onder de knie had, zodat ik de ene noot na de andere miste, en zei: 'Sorry daarvoor.' Prompt liet hij me ophouden.

'Excuses niet aanvaard,' zei hij. Er volgde een verhandeling over intenties, daden en verontschuldigingen, een heel resumé van zijn uitgesproken rationele visie op menselijk gedrag waaraan hij tot op de dag van vandaag vasthoudt, en die ik intussen grotendeels deel. Kort samengevat: intenties doen er niet toe, het enige wat telt zijn daden. Als het erom gaat hoe we ons in de wereld gedragen bestaan er geen toevallige ongelukjes. De uitspraak 'ik kon er niets aan doen' is zinledig. Misschien ontbreekt het ons aan de eerlijkheid of de zelfkennis die vereist is om onze ware beweegredenen onder ogen te zien, maar we doen altijd precies wat we willen. Ik sloeg mis omdat ik niet studeerde, en ik studeerde niet omdat ik niet wilde studeren. Ergo: het was mijn intentie om bij hem aan te komen met broddelwerk, en dus mocht ik me daar niet voor verontschuldigen. Deze mechanistische kijk op gedrag was voor een tiener om dol van te worden. Ik had het gevoel dat ik volmaakt geldige excuses had voor mijn geringe vorderingen: er waren examens op school, binnenkort was het rapportentijd, mijn familie ging met vakantie, ik voelde me niet zo lekker. Maar dat alles bij elkaar vormde een patroon dat voor Joe even duidelijk was als het uiteindelijk voor mij werd: ik had andere prioriteiten.

Hij gaf me te verstaan dat hij het vervelend vond om zijn tijd te laten verknoeien. Dikwijls wist ik al voordat ik aankwam dat ik niet hard genoeg gewerkt had om een uur lang zijn aandacht te verdienen. Hoe kon ik ervoor zorgen dat ik zijn tijd niet verknoeide? Daar vond ik een volgens mij slimme oplossing voor: in plaats van een stuk helemaal door te spelen, stelde ik hem specifieke vragen, vroeg om hulp bij bepaalde passages en liet hem zijn energie richten op kleine details. Hij doorzag me natuurlijk, maar liet me ook begaan, niet vanwege mijn muzikale talent, maar kennelijk om andere redenen. Misschien voelde hij aan dat ik behoefte had aan intellectueel gezelschap of een gesprek op volwassen niveau. Dus zo gingen we door met onze lessen, die soms gericht waren op de muziek en soms overgingen in gesprekken over het leven. Ik boekte nu en dan enige vooruitgang en slaagde erin om bij de jaarlijkse optredens een aantal wat gecompliceerdere stukken te spelen, waaronder een polonaise van Liszt, preludes en etudes van Chopin en een van Mendelssohns pianoconcerten. Mijn sporadische successen werkten als een aansporing, maar als ik fouten maakte raakte ik ontmoedigd en stokte de opgaande lijn weer, anders dan bij leerlingen die voorbestemd waren om beroepsmusicus te worden. Een ondermaatse prestatie leidde bij betere leerlingen tot een katalyserende schaamte, maar bracht bij mij een verlammend gevoel van hulpeloosheid teweeg. Na een slechte uitvoering pruilde ik en zocht naar andere verklaringen dan het voor de hand liggende feit dat ik niet zo ijverig studeerde als ik wel zou moeten.

'Je was een nerveuze jongen,' zei Joe jaren later.

Ik ben nerveus terwijl ik in de trein zit die van New York City op weg is naar het noorden, naar de stad waar ik ooit gewoond heb. Joe is de laatste van mijn vrienden die daar nog woont, wat jarenlang de enige reden was om nog terug te gaan naar Schenectady. Na een maand intensief gestudeerd te hebben op de variaties heb ik besloten – om zelfs voor mij duistere redenen – dat ik ze aan hem wil voorspelen. Ik koester een vage fantasie dat ik een les zal krijgen, net als vijfendertig jaar geleden, en dat die les tot een doorbraak zal leiden. Misschien kan hij me iets zinnigs vertellen waardoor een wazig besef als bij toverslag zal veranderen in iets wat stelliger, betrouwbaarder en vastomlijnder is. Mijn beheersing van de muziek verkeert in een ergerlijk 'bijna klaar'-stadium: het grootste deel ken ik nu uit mijn hoofd en mijn vingers zijn voldoende getraind, zodat wat ik doe van tijd tot tijd werkelijk als muziek klinkt.

Maar de geringste afleiding, van een minieme verandering in het tempo tot een vluchtige stemmingswisseling, maakt dat mijn gedachten afdwalen, en dan wordt mijn spel ogenblikkelijk stuntelig en slordig en wemelt het van de fouten. Toen ik voorstelde om bij hem te komen voorspelen, zei hij dat hij het prima vond om te luisteren naar alles wat ik maar wilde spelen, maar hij weigerde om ervoor betaald te krijgen. Dat is dus duidelijk: hij wil graag luisteren, maar we gaan niet terug naar een eerder stadium in onze relatie, waarin ik de student ben en hij de leraar. Daarvoor zijn we intussen te lang bevriend.

In de trein zit een jonge vrouw, die ziet dat ik in de partituur van de *Goldbergvariaties* zit te lezen en die me vraagt of ik muzikant ben. De vraag overvalt me en ik weet werkelijk niet wat voor antwoord ik moet geven. Ik ben schrijver en verdien mijn brood als schrijver. Maar ik kon eerder piano spelen dan ik kon lezen, en de muziek is al mijn hele leven mijn metgezel. Ik heb de neiging om te antwoorden: 'Nee, ik ben alleen maar een liefhebber.' Maar dat is in minstens twee opzichten niet waar. Het wekt de indruk dat ik vooral geïnteresseerd ben in het luisteren naar muziek, niet in het spelen zelf. Maar eigenlijk luister ik helemaal niet zo vaak naar muziek. Ik ga af en toe naar een concert, maar loop nooit rond met een koptelefoon op en zet ook nooit iets op als achtergrondmuziek. Ik weet zelfs niet zeker of ik eigenlijk wel van muziek houd, althans niet op de manier waarop mensen zeggen 'ik houd van Parijs' of 'ik houd van sushi'. Muziek is voor mij geen genoegen in de eenvoudige betekenis van het woord. Ze is een plicht, een opdracht, een obsessie, een onuitwisbaar deel van mijn leven. Ze neemt ieder mentaal onbezet moment in beslag

– terwijl ik loop, sta, wacht, rijd, sport, en maar al te vaak terwijl ik probeer me sociaal te gedragen en aandacht aan anderen te schenken. Ik word midden in de nacht wakker en voel mijn spieren en pezen trekken, in een onbewuste herinnering aan het studeren van de vorige avond. Terwijl ik in de trein naar het noorden de groene oevers van de Hudson voorbij zie glijden, ben ik me er scherp van bewust hoeveel werk er nog te doen valt, hoeveel variaties ik nog maar voor de helft uit mijn hoofd ken, hoezeer mijn uitvoering van de volgende dag zal steunen op het halfautomatische vingergeheugen. Er zijn tientallen plekken in de canons waar ik niet de moeite heb genomen om de twee stemmen dusdanig te ontwarren dat ze werkelijk onafhankelijk van elkaar zijn. Ik bedenk hoe onwrikbaar Joes opvattingen over de menselijke natuur zijn, en vraag me af of ik dit bezoek eigenlijk niet afleg met de bedoeling om te falen, om opnieuw te demonstreren dat ik niet opgewassen ben tegen de taak die ik mezelf heb opgelegd. Terwijl de in verval geraakte stad waar ik opgegroeid ben steeds dichterbij komt, verfoei ik mezelf, en ben kwaad over al die avonden dat ik de muziek opzij heb gelegd met het idee: dit los ik later wel op.

'Ja, ik denk wel dat ik een muzikant ben,' zeg ik tegen de vrouw naast me, en even vraag ik me af of ze een van die alwetende en bemoeizuchtige sibillen van het openbaar vervoer is, zo iemand die me veelbetekenend aankijkt en zegt: 'Nee, dat ben je niet.' Maar de vraag die zoveel beroering in me heeft losgemaakt is voor haar niet meer dan een manier om een gesprek aan te knopen. Ze kijkt naar de muziek die intussen dichtgeslagen op mijn schoot ligt en zegt: 'Batch. Botch. Hoe spreek je dat uit?' Dus sla ik mijn vaderlijkste toon aan: 'Bach heet hij eigenlijk. Hij was ooit een heel beroemde componist.'

'Bach, ja, daar heb ik wel eens van gehoord.'

* * *

Toen Bach halverwege de dertig was reisde hij naar Hamburg, waar hij optrad voor een publiek van plaatselijke notabelen, onder wie de componist Johann Adam Reincken, die toen ongeveer tachtig jaar was, of misschien nog ouder, als we geloof mogen hechten aan een verslag uit die tijd. Bach was als student een groot bewonderaar van Reincken en was verschillende keren van Lüneburg naar Hamburg gereisd om de vermaarde componist te horen spelen. Die bekleedde al tientallen jaren het prestigieuze ambt van organist van de Sankt Katharinenkirche, waar hij beschikte over een groot, geavanceerd en alom bewonderd orgel. Het hoorde zonder meer tot de beste instrumenten van Duitsland, en de uitvoeringen die Reincken erop gaf hadden diepe indruk gemaakt op de jonge Bach. Bachs leerlingen maken melding van de uitvoerige loftuitingen van hun leermeester over het spel van Reincken en het orgel van Sankt Katharinen, die hij beide zijn leven lang bleef beschouwen als een toonbeeld van uitnemendheid.

Reincken was een man van de wereld, goed onderlegd en met een grondige kennis van de muziek, en daarnaast een bekwaam componist die veel invloed had, mede door zijn talrijke connecties in de Noord-Duitse muziekwereld. Op een schilderij uit 1674 is hij afgebeeld achter een klavecimbel, gestoken in een weelderige, met een gevlochten koord omgorde rode kimono, te midden van musici van beiderlei kunne en een Afrikaanse dienaar. Het tafereel ademt een sfeer van ontspanning, verfijning en goede smaak. Als de jonge Bach hem tijdens zijn bezoeken aan Hamburg heeft ontmoet – en dat is niet onaannemelijk – moet Reincken hem even exotisch zijn voorgekomen als een van de drie koningen op een schilderij van een oude meester. Bach mag het zijne gedacht hebben van Reinckens persoonlijke stijl of zijn theatrale persoonlijkheid, maar hij zal grote bewondering hebben gehad voor diens eruditie en brede referentiekader.

Reinckens reactie op het optreden van zijn jongere collega moet Bach veel deugd hebben gedaan. Bach was in 1720 uitgegroeid tot de meest vooraanstaande orgelvirtuoos van Duitsland, en misschien wel van heel Europa. Hij genoot een welverdiende reputatie als een van de beste orgeldeskundigen van zijn tijd, en maakte tal van reizen binnen Duitsland om gemeentebesturen te adviseren over de bouw en restauratie van kerkorgels. Hij had niet alleen al veel van zijn belangrijkste orgelcomposities geschreven, maar stond ook bekend om de complexiteit en het vernuft van zijn improvisaties, een kunst die voor een kerkorganist onmisbaar was. Bij het concert waarbij Reincken aanwezig was speelde Bach ruim twee uur en improviseerde op verzoek meer dan een halfuur over een bekende koraalmelodie. Bach kende dit gezang goed en was volgens alle beschrijvingen verbazend handig in het traceren van de contrapuntische mogelijkheden van elk thema of idee dat hem werd voorgelegd. Bij zijn improvisatie over 'An Wasserflüssen Babylon' was hij dus niet totaal onvoorbereid. Het is zelfs denkbaar dat dit ene koraal een speciale betekenis voor hem had. Johann Christoph Bach, een neef van Bachs vader en een briljant musicus, had een op dit kerklied gebaseerd orgelwerk geschreven, en Bach kende ook Reinckens eigen zeer bloemrijke en uitvoerige variaties over deze melodie. In 2005 is een afschrift van Reinckens werk ontdekt dat vermoedelijk van Bachs hand is en dat hij dan al op ongeveer vijftienjarige leeftijd gemaakt moet hebben. De thema's van dit gezang, verlies, ballingschap en het onder dwang musiceren in een tijdperk van rouw, hebben mogelijk een tere snaar geraakt bij de jonge Bach, die zijn beide ouders verloren had, inmiddels het huis van zijn broer en de streek waar hij was opgegroeid had verlaten en mede dankzij zijn muzikale werkzaamheden in Lüneburg als student het hoofd boven water hield:

An Wasserflüssen Babylon,
Da saßen wir mit Schmerzen;
Als wir gedachten an Sion,
Da weinten wir von Herzen;
Wir hingen auf mit schwerem Mut
Die Orgeln und die Harfen gut
An ihre Bäum der Weiden,
Die drinnen sind in ihrem Land,
Da mussten wir viel Schmach und Schand
Täglich von ihnen leiden.
Die uns gefangen hielten lang
So hart an selben Orten
Begehrten von uns ein Gesang
Mit gar spöttlichen Worten
Und suchten in der Traurigkeit
Ein fröhlichn Gsang in unserm Leid
Ach lieber tut uns singen
Ein Lobgesang, ein Liedlein schon

Von den Gedichten aus Zion,
Das fröhlich tut erklingen.
Wie sollen wir in solchem Zwang
Und Elend, jetzt vorhanden,
Dem Herren singen ein Gesang
Sogar in fremden Landen?

In vertaling van Joost van den Vondel, uit *Koning Davids Harpzangen, den Nederduitschen toegezongen* (1657):

Wy zaten by d'Eufraat en wachtten,
En schreiden eenen watervliet
Te Babilon uit groot verdriet,
Zoo dickwijl wy aen Sion dachten.
Wy hingen harp, en fluit en snaer
Aen wilgeboomen, hier en daer.
Want die de stammen, derwaert dreven
In slavernye, en slaefschen dwangk
Begeerden onzen blijden zangk;
Die ons verdreven, daer wy 't leven
Versleeten onder 't uitheemsch juck,
Beschimpten dus ons ongeluck:
Nu zingt eens op Hebreeusche wijze
Een liedt en lofzang op dien toon,
Als gij te Sion zijt gewoon.
Wy spraecken: wie kan, Godt ten prijze,
Een' lofzang zingen bij Chaldeen,
Zoo verr' van huis, in vreemde steên?

De anekdote over Bachs improvisatie in Hamburg in 1720 zou een element van vals spel kunnen bevatten. Was het puur geluk dat degenen die hem voorstelden over dit kerklied te improviseren uitgerekend materiaal kozen waarvan bekend was dat Reincken er al eerder een compositie op gebaseerd had? Wilden ze Bach het slachtoffer laten worden van een ongunstige vergelijking met de oude meester? Of speelden ze hem hiermee juist in de kaart, gegeven het feit dat Bach de muziek zo goed kende? Hoe het ook zij, Bach schotelde hun op dat moment blijkbaar iets verbazends voor, een improvisatie die gebaseerd was op een diepgaande kennis van de muziek, een leven lang nadenken over de mogelijkheden die deze bood, zijn bekendheid met Reinckens eigen versie en de inspiratie van zijn persoonlijke, emotionele verbintenis met de muziek. En er was nog iets anders: Bachs eerste vrouw was nog maar een paar maanden daarvoor gestorven, een verschrikkelijke slag voor hem, waarna hij was achtergebleven met een huis vol jonge kinderen. Bach greep dus, op het toppunt van zijn kunnen en gedreven door gevoelens van rouw, terug op muziek uit zijn jeugd en presenteerde die aan een bejaarde man met wie hij zich verbonden voelde door herinneringen aan weleer en als bewonderaar en discipel. Reincken, wie jaloezie niet vreemd was, stond al even versteld als alle anderen, en zijn reactie op Bachs improvisatie was euforisch: 'Ik dacht dat deze kunst uitgestorven was, maar ik zie dat ze in u nog voortleeft.'[32]

Deze loftuiting moet Bach diep getroffen hebben op een moment waarop vragen over zijn bestemming en zijn nalatenschap extra gevoelig moeten hebben gelegen. Hij had een goede betrekking als Kapellmeister aan het hof van Anhalt-Cöthen, waar de vorst de muziek welgezind was, een positie die hij tot aan zijn dood dacht te bekleden. Het succes en een zekere mate van maatschappelijke zekerheid kunnen bij de ambitieuze componist de vraag hebben doen rijzen: hoe nu verder? En toen, op een zomerdag, na een verblijf in het kuuroord Karlsbad, een van de meest kosmopolitische steden van Duitsland, waar hij in dienst van zijn vorst had gemusiceerd, keerde hij terug naar huis en kwam daar tot de ontdekking dat zijn geliefde vrouw dood en begraven was. Misschien stelde hij zichzelf de vraag: wat leeft er in mij voort van haar? En misschien werd die gevolgd door de grotere en verontrustender vraag: wat houdt er eigenlijk nog stand in dit leven? En een eerbiedwaardige grijsaard, die Bach al sinds zijn tienerjaren bewonderde, vertelde het hem: de kunst, in jou.

Bach is dit voorval nooit vergeten en moet er in later jaren ook anderen over hebben verteld. Carl Philipp Emanuel en Johann Friedrich Agricola namen het verhaal op in de necrologie die ze na Bachs dood hebben uitgegeven. Volgens hen was Reincken al achter in de negentig – 'destijds bijna honderd jaar oud' – wat een onbedoelde vergissing kan zijn geweest, maar niettemin een veelzeggend detail, dat het doorgeven van de fakkel door de bejaarde meester aan zijn energieke en ingenieuze opvolger nog meer dramatiek verleent.[33] Maar terwijl Bach, de Kapellmeister wiens ster rijzende was, in 1720 trots kon zijn op Reinckens waarderende woorden, zal zijn uitspraak – 'ik zie dat ze in u nog voortleeft' – in de loop van de drie decennia daarop een subtielere en somberder betekenis hebben gekregen. Bach was gedurende zijn gehele loopbaan een uitmuntend leermeester, die in Leipzig als stedelijk muziekdirecteur en cantor van de Thomasschool vele leerlingen opleidde, en als componist bij de uitvoering van veel van zijn werken een beroep deed op universitaire studenten. Hij gaf ook les als privédocent, om zijn inkomen aan te vullen en zijn kring van vrienden en medestanders te vergroten, en een aantal van zijn belangrijkste werken dienden zowel didactische als encyclopedische doeleinden. Bach was een toegewijd en methodisch leermeester, voor wie de praktische beginselen van het musiceren altijd vooropstonden. Maar tegelijkertijd werd hij als componist in toenemende mate als ouderwets beschouwd, en was hij voor een deel afhankelijk van zijn leerlingen, niet alleen om bij de tijd te blijven, maar ook voor het voortleven van zijn eigen muzikale ideeën, die steeds verder uit de pas raakten met de heersende smaak.

Hij had tientallen leerlingen, van wie velen carrière maakten als uitvoerend musicus of zich als geleerden en schrijvers toelegden op de theoretische en wetenschappelijke aspecten van de muziek. Hij onderwees zijn eigen kinderen in de muziek en minstens drie van zijn zonen maakten later een grote carrière als componist. Maar zelfs als we zijn bekendste kinderen, Carl Philipp Emanuel, Wilhelm Friedemann en Johann Christian, tot zijn leerlingen rekenen, is zijn directe nalatenschap ambigu. De meeste componisten die les van hem hebben gehad waren kunstenaars van de tweede garnituur, en de indruk die hij als leermeester heeft nagelaten kwam eerder tot uiting in de trouw en liefde die zijn leerlingen betuigden dan in een rechtstreekse invloed op hun muzikale stijl. Bach liet geen legioen van navolgers na, maar wel een omvangrijk netwerk van grondig geschoolde musici die hem vereerden zonder de muzikale traditie voort te zetten die hun leermeester vertegenwoordigde. Bach heeft nooit over zijn leerlingen kunnen zeggen wat Reincken over hem had gezegd: 'Ik dacht dat deze kunst uitgestorven was, maar ik zie dat ze in u nog voortleeft.'

* * *

Bij elk bezoek aan de stad waar ik ben opgegroeid voel ik de spieren in mijn lijf samentrekken, alsof ze me willen laten krimpen tot de afmetingen die ik had toen ik er wegging. Ik voel me onbeschut en onbehaaglijk, en ben bang er iemand tegen het lijf te lopen die ik ooit gekend heb, ook al is dat in de vijfendertig jaar sinds mijn vlucht nooit gebeurd. De omgeving, die in mijn herinnering voorgoed gehuld is in het sombere licht van een grauwe winternamiddag, weigert zich aan dat beeld aan te passen en doorloopt gestaag de seizoenen, net zoals dat overal elders op de wereld gebeurt. Er zijn nog een paar bakens over van vroeger: een spoorwegovergang, een brug over de rivier, de bibliotheek waar ik jaren geleden heb opgetreden. De huizen waarin ik ben opgegroeid staan er nog, hoewel de buurten waarin ze staan een vreemde rolwisseling hebben doorgemaakt: huizen die nieuw waren toen ik een jongen was, zijn nu oud en worden omringd door volgroeide bomen, terwijl de oude huizen die veertig jaar geleden stijlvol en solide leken er nu kaal en sjofel uitzien. De straathoek waar mijn moeder mij het verschil tussen links en rechts leerde – links is de heuvel af, naar het spoor, en rechts is de heuvel op, naar huis – is nu een rotonde, zodat iedereen eerst rechtsaf moet, ook al wil men naar links. De dokterspraktijk waar een broodmagere oude man ooit constateerde dat ik 'ziekelijk' was, is er niet meer en heeft plaatsgemaakt voor een met graspollen bezaaide lap asfalt. Het huis waar ik in de tuin werkte voor een bejaarde weduwnaar staat er nog, maar de vuilnisbakken die hij volstouwde met lege drankflessen zijn er niet meer. 'Het is een dronkaard, praat niet met hem,' waarschuwde mijn moeder, dus sloeg ik gehoorzaam telkens weer de limonade af die die vriendelijke, eenzame man me aanbood als ik zijn gazon gemaaid had.

Ik dacht altijd dat ik deze plek voorgoed achter me gelaten had, maar nu weet ik dat ik hem tientallen jarenlang met me heb meegesleept. En toch is de stad die ik in me heb meegedragen opgehouden te bestaan op het moment dat ik haar verliet, en leeft ze alleen voort in mij. Ik ben de enige die weet dat juist op deze tweebaansweg, vlak bij ons oude huis, mijn moeder de auto naar de kant reed, op de rem trapte en tegen me schreeuwde: 'Wat is er met jou, ben je homo of zo?' Ze was boos dat ik met niemand een afspraakje had gemaakt voor een dansavond op school, en strafte me op een heel eigenaardige manier: ze verbood me om die zondag mijn verplichtingen als organist bij een plaatselijke kerk na te komen, een baantje waarmee ik geld verdiende om later naar de universiteit te gaan. Ik vond het vreselijk om verstek te moeten laten gaan en toen ik me verontschuldigde tegenover de koordirigente, die eerder geamuseerd was dan boos, vroeg ze me op samenzweerderige toon: 'Wat heb je gedaan?' Ik wist niet wat ik tegen haar moest zeggen. 'Iets ergs.'

Die ene dag dat ik terugging naar mijn geboortestad om Joe op te zoeken was het hoog zomer, een tijd waarin de stad weelderig groen was en de velden krioelden van de vuurvliegjes. Toen ik nog een jongen was reed mijn vader 's avonds in juni met ons hele gezin de stad uit en zette dan de auto langs de weg om naar het getwinkel van de vuurvliegjes te kijken, en mijn moeder genoot met volle teugen van die nachtelijke voorstellingen. Ik had daar in geen jaren aan teruggedacht, en de herinnering strookte niet met het gebruikelijke patroon van haar ontevredenheid, dus die liet ik maar aan de kant van de weg liggen toen ik op de avond van mijn aankomst wegreed van het station. De volgende ochtend was ik zenuwachtiger dan ik in tijden was geweest. Ik had in tientallen jaren de piano niet meer aangeraakt in het bijzijn van mijn oude leraar, en hoewel we veel over muziek praten, hebben we het zelden over de jaren dat ik bij hem op les zat. Hij had ervoor gezorgd dat ik op een piano kon spelen die ik goed kende, in een ruim bemeten lokaal in een plaatselijke muziekschool. Het was een plek waar we geen van beiden vaak waren geweest, neutraal terrein dus, en de ruimte was zo groot dat hij op een veilige afstand kon gaan zitten luisteren. Hij was zich terdege bewust van mijn nervositeit.

De toetsen voelden zwaar en log aan onder mijn handen. Toen ik op tweederde van de aria was, moest ik de bladmuziek opslaan om mijn geheugen op te frissen, waarop Joe zei: ‘Niet zo tobben.’ Dat hielp, maar evengoed klonk mijn spel onzeker, moeizaam en inderdaad tobberig. Een paar van de variaties waarop ik maanden had zitten ploeteren gingen me heel behoorlijk af, maar van een paar andere bracht ik niets terecht. Ik speelde de aria en de eerste tien variaties uit mijn hoofd, tot en met de fughetta. ‘Nu kan ik maar beter ophouden,’ zei ik toen, omdat mijn concentratie was verdwenen en mijn spel steeds slordiger werd.

‘Wat wil je dat ik tegen je zeg?’ vroeg hij toen ik klaar was. Vervolgens leverde hij commentaar: rake opmerkingen over de muziek en zachtzinnige kritiek op mijn spel, dat volgens hem beter was dan in de tijd dat ik nog bij hem op les zat. Zo wees hij me op een noot die ik fout speelde, een cis die een c had moeten zijn. Zijn gehoor was altijd al verbazend scherp, maar het was ook een vriendelijke manier om te zeggen dat hij wist waar ik in het heetst van de strijd noten had laten vallen en had misgeslagen, wat niet hetzelfde is als dat je de muziek niet goed hebt ingestudeerd. 'Ik denk dat ik ongeveer 30 procent heb gehaald van wat ik wilde,' zei ik. 'Als je 30 procent hebt gehaald is dat goed,' was zijn antwoord.

'Neem je jezelf wel eens op als je speelt?' vroeg hij. Nee, zei ik. 'Ik zeg dat tegen al mijn leerlingen, hoe oud of jong ze ook zijn. Je moet jezelf horen spelen. Dat is enorm waardevol.' Toen ging hij verder. 'Je doet niet zoveel met articulatie.' Daarmee bedoelde hij het vormgeven van de melodielijnen, het opdelen van lange reeksen noten in kleinere stukjes, waarvan sommige soepel en onderling verbonden zijn en andere juist los of zelfs met een scherp staccato worden gespeeld. Dat zijn geen oppervlakkige details, zoals het kiezen tussen matte of glanzende verf op een muur. Ze zijn essentieel voor het retorisch vermogen van de muziek, en in zekere zin vergelijkbaar met het onderscheid tussen een geschoolde en een ongeschoolde acteur bij het voordragen van een monoloog van Shakespeare. Articulatie, stembuigingen en uitspraak zijn niet louter professionele subtiliteiten die worden toegevoegd aan een voordracht in jambische pentameters: ze zijn essentieel voor het begrip van de tekst op het meest elementaire niveau.

Ik had inderdaad niet veel aandacht geschonken aan de articulatie, behalve in een paar variaties die ik goed genoeg kende om niet bang te zijn onder het spelen de draad kwijt te raken. Op het eerste gezicht lijkt het of je het paard achter de wagen spant wanneer je de details uitwerkt voordat de muzikale hoofdzaken zijn bezonken, en Joes advies ging lijnrecht in tegen het misplaatste idee over het instuderen van muziek dat ik me jaren geleden eigen had gemaakt. Het lijkt voor de hand te liggen dat je kennis van een stuk stapsgewijs wordt opgebouwd, en dat je dus eerst moet zorgen dat je alle noten goed speelt, dan het tempo opvoert, daarna de muziek uit je hoofd leert, en ten slotte expressie, accenten en andere kleine details toevoegt. Maar hoe sneller je de mechanische aspecten kunt integreren met de emotionele en expressieve elementen, hoe sneller je de muziek onder de knie hebt. 'Een beter besef van de articulatie zal je helpen het stuk te onthouden,' zei hij. En dat is waar, al voel je dat niet altijd vanzelf aan. Als het gaat om het memoriseren van een willekeurige reeks feiten in tegenstelling tot een toespraak of een gedicht waarin de informatie op een methodische of logische manier is georganiseerd, is het verschil overduidelijk. En met muziek werkt het voor een groot deel precies zo. Een gearticuleerde, expressieve melodielijn blijft veel beter in het geheugen hangen dan een reeks ongedifferentieerde noten.

We werkten een poosje aan de articulatie en besteedden aandacht aan een paar van die zeldzame plekken in de gedrukte editie van de *Goldbergvariaties* waar Bach duidelijke aanwijzingen over de frasering heeft toegevoegd. Verder geeft Bach op dit gebied nauwelijks instructies, omdat hij erop vertrouwt dat de uitvoerenden bekend zijn met de fundamentele elementen van de stijl en op grond van hun eigen smaak verstandige beslissingen zullen nemen. We weten uit historische bronnen wat voor vingerzettingen klavecinisten uit die tijd toepasten, wat een indicatie is voor een natuurlijke opsplitsing van de frases. En Bachs zoon Carl Philipp Emanuel heeft een traktaat over het klavierspel geschreven dat zo mogelijk de beste handleiding aangaande zijn vaders muziek is waarover we beschikken. Maar latere generaties musici hebben hun eigen regels in geschrifte neergelegd, niet alleen over articulatiekwesties, maar ook over de kritieke vraag hoe Bachs versieringen gespeeld moeten worden, of ze voor of na de tel beginnen, hoeveel noten ze bevatten, en of er aan het eind een kleine naslag of triller volgt. Een van de onaantastbaarste regels is het voorschrift dat trillers altijd beginnen op de noot boven de hoofdnoot, een dogma dat ik op een aantal plaatsen naast me neer zou willen leggen.

'Denk je dat ik hiermee wegkom?' vraag ik, nadat ik in de tweede variatie een paar opgewekte trillers heb toegevoegd die ik op de noot zelf laat beginnen, iets wat indruist tegen de gangbare historische praktijk. 'Wie gaat dat doorhebben?' vraagt Joe. Dat is een goede vraag, die rechtstreeks raakt aan de vraag waarom ik de variaties studeer. Voor mijn eigen genoegen? Om toehoorders een plezier te doen? Om indruk te maken op kenners? Of om mezelf iets te bewijzen? Ik zeg tegen Joe dat iedereen die iets weet van de details van de barokstijl mijn ingreep in de gaten zal hebben.

'Die kunnen de pot op.' In essentie komt Joes methode hierop neer: zorg dat je de regels kent, en overtreed ze dan desgewenst. Toen ik als jongen les van hem had slaagde ik er nooit in het eerste deel van die tweeledige uitspraak werkelijk na te volgen. Intussen heb ik daar blijkbaar zo'n heet hangijzer van gemaakt dat het me niet lukt mezelf de vrijheid te gunnen om dat tweede deel ter harte te nemen. En toch gaan de pianisten van wie ik houd zich regelmatig te buiten aan de meest excentrieke variaties op de voorschriften over stijl en versieringen.

'Ik ben nooit zo goed geweest in het spelen van de juiste noten,' zeg ik, 'en nu lijkt het wel of dat het enige is wat er voor mij toe doet.'

'Je bent niet meer dezelfde als vroeger.' Misschien kan alleen een leraar zoiets tegen je zeggen. Ouders staan te dicht bij hun kinderen, en hechten aan momentopnamen waarin een statische herinnering is vastgelegd, een gestold beeld van een of ander geïdealiseerd idee over hun relatie. Goede onderwijzers zijn beroepshalve geïnteresseerd in iets wat ouders maar al te vaak griezelig vinden, namelijk de vrijheid van de jongere persoon. Pas nadat een leerling zijn leraar verlaten heeft en een tijdlang van zijn vrijheid genoten heeft, kan de leraar het succes van de relatie beoordelen. Misschien geldt voor leerlingen hetzelfde: pas nadat ze hun vrijheid hebben veroverd, kunnen ze oordelen over de bekwaamheid van degenen die hen hebben onderwezen. Tijdens deze les-die-geen-les-was viel het me op hoe bedreven Joe is in het in goede banen leiden van deze uitwisseling, hoe goed hij weet te zeggen wat er gezegd moet worden, zonder te ontmoedigen of te kwetsen. Lesgeven berust grotendeels op het bevestigen van dingen die de leerling op een of andere rudimentaire manier al weet. Het gaat erom hem toestemming te geven om zich te richten op een volgend aspect, om zijn twijfels opzij te zetten, om ongehinderd verder te gaan. Joe is in staat om op allerlei verschillende manieren en zonder in herhaling te vervallen steeds weer hetzelfde te zeggen: je weet dit al.

Intussen bleef dat ene overduidelijke feit onaangeroerd: dat ik naar hem toe was gekomen omdat ik behoefte had aan bevestiging. We hebben geen van beiden iets op met psychologie van de koude grond en nog minder met zelfmisleiding. Maar hij wist me op een vanzelfsprekende manier te geven wat ik zocht: het gevoel dat dit project niet nutteloos of belachelijk was. In weinig meer dan een uur bracht hij drie essentiële principes op me over, die altijd al fundamenteel waren voor zijn manier van lesgeven: luister naar jezelf; doe wat er gedaan moet worden; voel je vrij om verder te gaan en degene te worden die je bent. Later maakten we een wandeling naar de rivier en gingen op een bankje zitten om naar de zonsondergang te kijken. Toen ik hem vertelde over de vrouw in de trein die 'wel eens van Bach had gehoord' lachte hij lang en hartelijk. En toen zei hij: 'De meesten van mijn leerlingen willen geen Bach spelen.' Ze vinden het te veel werk, een te grote investering in een soort muziek waarin de emotie wordt overgedragen via complexe retorische gebaren die veel luisteraars vandaag de dag ontzettend formalistisch vinden. In het water lag een kartonnen bekertje dat stroomopwaarts dreef, wat ik raar vond en waarover ik dus een opmerking maakte. Joe legde me uit hoe het zat met de eigenaardige stromingen in dit deel van de rivier. Terwijl het water in de eigenlijke bedding naar de Atlantische Oceaan stroomde, die ruim tweehonderd kilometer verderop lag, stroomde het water langs de oevers de andere kant op. Ik had de neiging om te zeggen: 'Het heeft me dertig jaar gekost om werkelijk van Bach te gaan houden.' Maar de lucht was warm en vochtig, de rivier was even loom en lusteloos als ikzelf, en ik nam niet de moeite.

Negen

Het dierenasiel had ons verteld dat de pup die we gingen adopteren een newfoundlander was, die als hij volwassen was zo'n zeventig kilo zou gaan wegen. Dat was een onthutsend formaat, maar qua temperament leek hij vrijwel perfect: newfoundlanders zijn lief, rustig, trouw en makkelijk te trainen. Op de foto's die ze ons hadden gestuurd zag hij er wel degelijk uit als een 'newfie' in de dop, een vormeloos donsbolletje met een prominente snuit, maar in de weken na zijn komst kwam hij niet voldoende aan. Ik downloadde een groeicurve van internet en zette hem elke paar dagen op de weegschaal, en de uitslag werd steeds alarmerender. Onze hond had een stevige eetlust en aan zijn gezondheid leek niets te mankeren, maar als hij een newfoundlander was, leed hij aan ernstig ondergewicht.

Nathan bleek uiteindelijk een onduidelijk soort bordercollie te zijn, met een temperament dat vrijwel lijnrecht het tegenovergestelde was van wat we verwacht hadden. Hij is een deugniet, reuze slim, niet bepaald rustig en voor zover ik kan zien totaal onontvankelijk voor iedere vorm van opvoeding. En hij heeft een opvallende karakterfout die mijn leven behoorlijk verstoort: hij heeft een hekel aan muziek. Om preciezer te zijn: hij vindt vooral klassieke muziek onverdraaglijk, verfoeit muziek uit het baroktijdperk, verafschuwt alles wat op de piano gespeeld wordt en heeft bovenal gloeiend de pest aan de muziek van Bach. Wagner maakt hem kribbig en ontlokt hem kleine kreten van misnoegen; Chopin op de piano jaagt hem de kamer uit; bij Mozart begint hij zachtjes te kermen en ons beschuldigende blikken toe te werpen. Maar wanneer ik Bach speel begint hij ongenadig te huilen, alsof hij gemarteld wordt.

Intussen heb ik een jonge vrouw uit de buurt aangenomen, die hem urenlang uitlaat wanneer ik wil studeren, en spoor ik vrienden aan om hem zo af en toe een paar uur van ons te lenen. Maar dat jarenlange gevecht tussen Nathan en de oude Steinway-vleugel in de huiskamer heeft Nathan zonder meer gewonnen. Ik speel er niet op tenzij hij de deur uit is, en zoek anders mijn heil bij een eenvoudig elektronisch Yamaha-keyboard waarop ik kan studeren met een koptelefoon op, zonder de hond te storen. Vrienden die hebben gezien hoe Nathan tekeergaat als ik speel hebben geopperd dat hij misschien gewoon jaloers is – dat hij het niet kan hebben dat ik zo verknocht ben aan dat prachtige zwarte houten meubel met zijn fraai versierde poten en lessenaar, en dus huilt om mijn aandacht te trekken. Maar dat is het niet. Als ik op het elektronische keyboard speel, rolt hij zich op aan mijn voeten en valt tevreden in slaap. Andere waarnemers hebben de redelijke, zij het wat malicieuze verdenking uitgesproken dat hij zich stoort aan mijn gebrekkige uitvoering van de muziek. 'Hij is een criticus,' zeggen ze, gniffelend om een grapje dat ik intussen iets te vaak gehoord heb. Maar Nathan blaft zelfs tegen de autoradio als hij Bach hoort, al is er nog zo'n grote pianist aan het werk.

Weer anderen hebben aangevoerd dat hij gewoon niet van herrie houdt, maar hij doorstaat allerlei harde geluiden zonder angst of ongemak. Popmuziek bezorgt hem maar zelden last. Nee, hij heeft echt de pik op klassieke muziek, en het werk van de Supreme Arbiter en Wetgever van de muziek haat hij meer dan wat dan ook. Kan een hond Bach herkennen? In de excerpten en parafraseringen die bewaard zijn gebleven van zijn verloren gegane 'Verhandeling over de invloed van melodieën op de ziel der dieren' stelt de grote Arabische wiskundige en wetenschapper Ibn al-Haytham dat muziek 'de gang van een kameel kan beïnvloeden, paarden kan overhalen om te drinken, reptielen kan bezweren en vogels kan lokken'.[34] Darwin constateerde dat vogels een duidelijk gevoel hebben voor dat wat wij esthetiek noemen en schreef hun 'sterke gemoedsbewegingen, een scherpe waarneming en gevoel voor schoonheid' toe. Onderzoek naar diverse soorten dolfijnen wijst erop dat deze dieren niet alleen in staat zijn om specifieke melodieën te herkennen, maar dat zelfs nog kunnen als die naar een andere toonsoort getransponeerd zijn. Pinché-aapjes hebben vooral een hekel aan muziek met een hoog tempo en houden in het algemeen meer van stilte. Het grootste Duitstalige naslagwerk dat tijdens Bachs leven werd uitgegeven meldde dat herten sterk reageren op koperen blaasinstrumenten en dat krabben bij uitstek gevoelig zijn voor de klank van de fluit. De Franse componist Camille Saint-Saëns, een verstokt vrouwenhater en een hartstochtelijk dierenliefhebber, was zijn leven lang geboeid door reacties van dieren op muziek, en bezat ooit een hond, Dalila geheten, die een afkeer had van pianomuziek; een andere hond hield volgens hem wel van piano, maar niet van Chopin: 'Eer er acht maten gespeeld waren, had hij het vertrek al verlaten, met hangende oren en zijn staart tussen zijn poten.'[35] En Nathan is ontegenzeggelijk in staat om de muziek van Bach te herkennen. Een keer toen ik naar *The Silence of the Lambs* keek, maakte hij zich los uit een diepe slaap, liep de kamer door, ging voor de televisie zitten en begon verwensingen te blaffen naar Hannibal Lecter, die natuurlijk zat te luisteren naar Bachs *Goldbergvariaties*.

Soms, als ik zie hoe Nathan ruggelings onder de piano ligt, met zijn buik triomfantelijk omhooggekeerd naar het instrument dat hij het zwijgen heeft opgelegd, vraag ik me af wat hij eigenlijk hoort wanneer ik speel. Zijn hersenen weten Bach even feilloos te identificeren als iemand die niet van koriander houdt het kruid meteen proeft in een soep of salsa. Maar begrijpt of kent hij muziek, in enigerlei betekenis van het woord? Pijn en aversie zijn ook een vorm van kennis, en misschien wel de eerste en fundamenteelste kennis die je opdoet, bijvoorbeeld wanneer je als kind een hete kachel aanraakt. Maar hoort hij meer dan alleen maar een geluid dat hij onplezierig vindt? Of lijkt hij eerder op een machine die automatisch begint te blaffen wanneer hij bepaalde muziek hoort?

We zouden ook onszelf een aantal van zulke vragen kunnen stellen: wat horen wíj wanneer we muziek horen? Of, fundamenteler nog, wat betekent het om een muziekstuk te 'kennen'? Dat lijkt een eenvoudige vraag. Op de televisie winnen mensen geldprijzen als ze een melodie aan de hand van drie noten kunnen herkennen. Wanneer er muziek op de radio komt die we 'kennen', knikken we en zeggen: 'Dat ken ik.' Dus als je een stuk muziek kent, betekent dat doodgewoon dat je het op een of andere manier hérkent. Maar mensen die voornamelijk naar klassieke muziek luisteren zullen het woord 'kennen' waarschijnlijk op een iets andere manier gebruiken. Ze kunnen bijvoorbeeld een Mahlersymfonie met een lengte van een uur hebben gehoord, en het stuk zelfs hebben herkend, maar zullen zeggen dat ze het niet echt op dezelfde manier kennen als andere muziek, waarmee ze bedoelen dat ze er nog niet voldoende tijd mee hebben doorgebracht om het totaal te overzien. Al ver voordat het plan om de *Goldbergvariaties* te gaan studeren bij me opkwam, had ik zonder enige grootspraak kunnen zeggen dat ik het werk goed kende, omdat ik het heel dikwijls beluisterd had, veel vaker dan veel andere werken die ik ook ken. Ik heb het idee dat ik Bachs Chaconne voor viool ken, ook al zal ik het stuk nooit kunnen spelen. In die zin van het woord betekent het 'kennen' van een muziekstuk dat je weet wat er zo meteen komt, dat je een mentale landkaart in je hoofd hebt die aangeeft waar het stuk heen gaat, en dat je kunt anticiperen op en genieten van de overgangen en wendingen in de muziek. Beethovens *Vijfde Symfonie*, een van de bekendste muziekstukken ter wereld, 'ken' je pas wanneer je weet dat het Scherzo eindigt met een reusachtig crescendo dat uitmondt in een daverend C-groot-akkoord. Het wachten op dat moment, de wetenschap dat het zal komen, hoort tot de wezenlijke genoegens die we beleven aan muziek. En toch vertegenwoordigt zelfs deze kennis, die een vorm van verwachting is, niet meer dan een deel van wat het betekent om de symfonie te kennen.

Wat een musicus verstaat onder het kennen van een muziekstuk ligt aanzienlijk gecompliceerder. Toen ik les had van Myfanwy vond ze dat ik een stuk voldoende kende als ik het zonder te stoppen helemaal uit kon spelen, ook al moest ik steeds op en neer kijken van de bladmuziek naar mijn onhandige vingers die moeizaam hun weg zochten door de noten. Maar andere leraren hanteerden strengere maatstaven en verlangden dat ik een stuk uit mijn hoofd moest kunnen spelen voordat zij van oordeel waren dat ik het kende. Om de proef op de som te nemen haalden ze soms de bladmuziek van de lessenaar terwijl ik zat te spelen en dan kwam ik tot de ontdekking dat ik de muziek inderdaad had gememoriseerd zonder het zelf te beseffen. Zulke momenten doen denken aan de ervaring van een kind dat plotseling ontdekt dat zijn fiets niet meer in evenwicht wordt gehouden door de hand van zijn vader of moeder, en dat hij al een poosje zonder hulp aan het rijden is. Maar toen ik eenmaal last van nervositeit kreeg wanneer ik in het openbaar moest spelen, werd ogenblikkelijk duidelijk dat het geheugen verschillende niveaus kent, en dat het spiergeheugen dat voortkomt uit het telkens opnieuw spelen van hetzelfde muziekstuk iets heel anders is dan het bewuste geheugen dat onmisbaar is voor een zelfverzekerd optreden. En dat bewuste geheugen kent ook weer verschillende niveaus. Er is een auditieve component, het vermogen om in je hoofd te horen wat er zo dadelijk zal komen, en een even essentieel visueel geheugen, het vermogen om te zien hoe de vingers op de toetsen gezet moeten worden om te doen wat ze moeten doen.

Maar zelfs die diepere geheugenniveaus zouden ontoereikend zijn als iemand me in een kamer zou zetten en zou zeggen: 'Schrijf de Beethoven-sonate uit die je zojuist uit het hoofd hebt geleerd.' Dan zou ik de grootste moeite hebben om me te herinneren welke noten waar op de pagina stonden, hoe de ritmes in elkaar zaten, waar de rusten stonden, en alle andere details. Ik heb me van tijd tot tijd gewaagd aan deze opgave, en ben erachter gekomen dat er maar één manier is om dit te doen: de muziek te 'transcriberen' vanuit het visuele en auditieve geheugen, alsof een deel van de hersenen zit te luisteren en te kijken naar het deel van de hersenen dat het stuk speelt, en daar aantekening van bijhoudt. Het is een uitputtende bezigheid en ik heb nog nooit een perfect afschrift weten te maken.

En ook dan zijn we nog altijd niet doorgedrongen tot wat het betekent om muziek op het diepste niveau te kennen. Zelfs als een musicus een werk perfect kan spelen, het volledig uit zijn hoofd kent, en het stuk vanuit zijn geheugen kan uitschrijven, rest nog steeds de vraag waarom de componist het stuk op die ene manier heeft geschreven. Waarom juist die akkoorden? Waarom die variaties, die volgorde, die ontwikkeling en die herhalingen? Hier gaat het om kennis van de muzikale architectuur en syntaxis, en ook die heeft verschillende niveaus. Je kunt een muziekstuk analyseren door een gedetailleerd overzicht te maken van de ontwikkeling, door de harmonische progressies te analyseren, door een taxonomie van de thema's en hun onderlinge verbanden te maken en door verbindingen te leggen tussen details op de voorgrond en structurele aspecten op de achtergrond. Sommige uitvoerders beschouwen zulke analytische kennis als een onmisbare leidraad voor hun uitvoering, omdat die hen helpt belangrijke momenten in de dramatische ontwikkeling van een stuk aan te wijzen, een besef van hiërarchie te ontwikkelen dat laat zien welke gebeurtenissen meer of minder significant zijn, en soms om verborgen schatten op te graven, een klein melodielijntje misschien dat verborgen zit in de begeleiding, maar dat wanneer het wordt benadrukt een extra spanning of nuance toevoegt of een emotionele lading onderstreept. Andere uitvoerenden beschouwen dit als academische exercities die niets te maken hebben met het intuïtieve karakter van het musiceren. Evengoed kunnen beide soorten musici tot schitterende vertolkingen komen.

Bij dit kennisniveau horen ook inzicht in historische stijlen en grote vertrouwdheid met de specifieke stilistische vingerafdrukken van een componist. Een goede musicus kan een gedrukte partituur van een Mozart-sonate doornemen en in een ommezien de vinger leggen op fouten, ontbrekende kruisen of mollen en verkeerde noten, vanuit een trefzeker gevoel dat Mozart het niet op die manier zou hebben geschreven. Bij de muziek van Bach zijn de historische, syntactische en structurele elementen des te belangrijker, omdat hij, net als andere componisten uit die tijd, weinig expliciete aanwijzingen heeft gegeven over de uitvoering. Het is in onze tijd extra moeilijk om zijn muziek te spelen zonder inzicht te hebben in de structuur en de historische context ervan, omdat een groot deel van de muziek die na Bachs dood geschreven is heel andere regels volgt, en fundamenteel andere verwachtingen wekt en inlost. De neiging bestaat om zijn muziek te 'romantiseren', of haar al te nadrukkelijk te verbinden met modernistische ideeën. En zonder enig begrip van de elementaire vormprincipes die Bach gebruikte, van zijn meesterschap op het gebied van de fuga en de canon, verdoe je algauw uren met het ontrafelen van complexe zaken die in feite heel behapbaar zijn wanneer je ze eenmaal beziet in termen van contrapunt en polyfonie in plaats van bijvoorbeeld melodie en harmonie.

Bach leefde en componeerde in de nadagen van een muzikale traditie waarin het verweven van onafhankelijke muzikale lijnen het uitgangspunt was, wat werd uitgewerkt met diverse gradaties van complexiteit, variëteit en vrijheid. Hij was de grootmeester van de fuga, een vorm waarin verscheidene stemmen met elkaar in gesprek zijn, elkaar beantwoorden, nieuw materiaal introduceren, nieuwe ideeën op oude stapelen, en muzikale gegevens opknippen en opnieuw rangschikken, dikwijls op een manier die verwantschappen tussen de thema's, contrasubjecten en beantwoordingen blootlegt. De canon is een nog striktere vorm, waarbij de stemmen hetzelfde materiaal herhalen, al kan dat ook gebeuren op verschillende toonhoogten, of gespiegeld, zodat waar de ene stem omhoog gaat de andere steeds naar beneden gaat en vice versa, een vorm die we een canon in tegenbeweging noemen. (De twaalfde en vijftiende *Goldbergvariaties* zijn canons in tegenbeweging.) Als de ene stem hetzelfde materiaal achterwaarts laat horen terwijl de andere dat in voorwaartse richting doet, heet het stuk een retrograde canon. De permutatiemogelijkheden zijn eindeloos. In een proportiecanon wordt een en hetzelfde materiaal onderworpen aan verschillende ritmische onderverdelingen, zodat de ene stem de melodie bijvoorbeeld tweemaal zo snel of langzaam laat horen als de andere. Verschillende canonische vormen kunnen worden gecombineerd. Een tafelcanon is eenvoudigweg een retrograde canon in tegenbeweging die op een enkele regel of notenbalk is geschreven. Als dat vel bladmuziek op een tafel wordt gelegd, kunnen twee musici tegenover elkaar gaan zitten en elk die ene regel zoals gewoonlijk van links naar rechts lezen – dus zowel ondersteboven als achterwaarts ten opzichte van de ander – waarmee uit hetzelfde materiaal een welluidende combinatie van twee verschillende stemmen wordt afgeleid.

In zeker opzicht waren dit spelletjes, oefeningen in mentale en muzikale scherpzinnigheid. Maar deze technieken werden ook beschouwd als een wetenschappelijke discipline, een hoogontwikkelde vorm van op strikte regels gebaseerde kennis, waarin problemen aan de orde werden gesteld die om een oplossing vroegen. In het Altes Rathaus in Leipzig hangt een portret van Bach door Elias Gottlob Haussmann, waarop de componist (die volgens een raak getypeerde achttiende-eeuwse beschrijving afgebeeld is als 'een breedgeschouderde man met vlezige wangen en een gerimpeld voorhoofd')[36] een velletje papier met drie regels muziek erop vasthoudt. Dat is een niet-uitgewerkte canon, een soort puzzel waarbij de uitvoerder voor elke regel een passende tegenmelodie moet vinden, wat uiteindelijk, als ze samen worden uitgevoerd, moet resulteren in een zesstemmige tripelcanon. Bach schreef deze bescheiden muzikale breinbreker als geschenk aan een door een van zijn leerlingen opgericht genootschap, de Societät der Musicalischen Wissenschaften, die buitengewoon vereerd was om hem in haar gelederen op te nemen, en waarbij Bach, die de theoretische aspecten van de muziek nooit al te zeer benadrukte, zich naar het schijnt met enige aarzeling heeft aangesloten. De canon, die op het portret duidelijk zichtbaar is, is afgeleid van de eerste noten van de baslijn waarop de *Goldbergvariaties* gebaseerd zijn, wat wellicht een indicatie is van de speciale plaats die het werk innam in Bachs oeuvre.

Terwijl de 'wetenschap' van het schrijven van fuga's en het oplossen van raadselcanons een esoterische aangelegenheid kon zijn, hoort het doorzien van de feitelijke constructie van zulke stukken tot de essentiële praktische kennis waarover een musicus moet beschikken. In de *Goldbergvariaties* draagt de tiende variatie het bijschrift 'fughetta', in dit geval een korte, parmantige fuga met vier stemmen. De muziek beweegt zich voort in een rustig en gestaag tempo zonder veel ritmische complicaties, zodat de noten van de verschillende stemmen soms netjes boven elkaar staan, ongeveer zoals in een vierstemmig koraal. Maar als je probeert dit stuk in te studeren aan de hand van de notencombinaties op de bladzijde – alsof het een gezang met een homofone textuur is – is het niet onder de knie te krijgen. Pas wanneer het oor de onafhankelijk bewegende horizontale lijnen kan onderscheiden wordt de logica van het stuk duidelijk, en pas wanneer die duidelijk is, is het mogelijk om het zo goed te 'kennen' dat je het ook naar behoren kunt spelen. Als Bachs muziek willekeurig of overdadig aandoet, als een idee nog maar half voltooid lijkt of een melodielijn ergens heen gaat en dan abrupt afbreekt, komt dat bijna altijd doordat je geen aandacht hebt geschonken aan het contrapunt, aan de horizontale beweging van de stemmen; en als je dat eenmaal doet, verdwijnen niet alleen die vermeende ongerijmdheden, maar krijg je ook een grotere mentale greep op de materie.

Het kleine beetje dat we weten over Bachs onderwijsmethoden berust voornamelijk op Forkels biografie en de aanwijzingen die hij heeft neergelegd in composities voor didactische doeleinden, en wijst erop dat hij zijn leerlingen eerst vertrouwd maakte met de principes volgens welke de vingers zich over het klavier dienden te bewegen, waarna de lessen in feite al snel overgingen op compositietechniek. Op het titelblad van een verzameling korte stukken, hier vooral bekend als de twee- en driestemmige inventies – educatieve werken, waarvan sommige geschreven zijn voor zijn eigen kinderen – meldt Bach dat hij deze werken heeft geschreven om klavierspelers 'een duidelijke manier te tonen om niet alleen (1) helder met twee stemmen te leren spelen, maar ook na verdere vordering (2) juist en correct om te gaan met drie obligato-partijen; en daarbij niet alleen goede *inventiones* [ideeën] te krijgen, maar die ook op de juiste wijze te ontwikkelen'.[37] Volgens Forkels biografie liet Bach beginnende pupillen 'maandenlang' vingeroefeningen doen, waarna hij 'zijn leerlingen prompt aan de slag liet gaan met zijn eigen grotere composities'.[38] Bach was blijkbaar een voorstander van een uitgesproken rigoureuze variant van de gangbare achttiende-eeuwse onderwijspraktijk, die erop neerkwam dat een leerling die een instrument leerde bespelen vrijwel direct ook theorie- en compositieles kreeg.

Dat is een heel ander soort muziekonderricht dan tegenwoordig gangbaar is. Het is nauwelijks voorstelbaar dat kinderen uit het internettijdperk rustig zullen blijven zitten om onderwezen te worden in het op correcte wijze afleiden van harmonieën uit een becijferde bas, of in de basisprincipes van stemvoering en harmonieleer, terwijl ze gewoon muziek willen leren maken en meer niet. Theorie en compositie zijn vakken waarin leerlingen zich in een later stadium verdiepen, als ze hun instrument eenmaal voldoende beheersen, of omdat het een verplicht bijvak is in hun opleiding tot uitvoerend musicus. Toen ik studeerde gold dat feitelijk als een andere richting. Er waren musici die tegen heug en meug theorieles volgden, omdat ze daartoe verplicht waren, en aankomende musicologen die piano leerden spelen omdat het voor hen een nuttig hulpmiddel was, maar die niet van plan waren ooit op een podium te gaan zitten. Ik heb beslist mijn hakken in het zand gezet toen Joe me muziektheorie probeerde bij te brengen, en ik ben sindsdien nog altijd bezig met een inhaalslag.

Deze verandering in de manier waarop muziek wordt onderwezen roept meteen een volgende vraag op over wat het wil zeggen om een muziekstuk te kennen. Hoe is dat wat we verstaan onder muziek 'kennen' in de loop der tijd veranderd? We weten behoorlijk veel over de geschiedenis van de muziek, maar hoe zit het met de geschiedenis van het luisteren? We weten uit tal van bronnen wat musici en luisteraars uit verschillende historische periodes belangrijk vonden in muziek. Maar we beschikken nauwelijks over gegevens die ons vertellen hoe ze die muziek ervoeren, over de psychologie van het luisteren. Waren luisteraars met kennis van zaken destijds in staat elke melodielijn van Bachs fuga's en canons inwendig te volgen? Waren ze zich bewust van elk thema, elk contrasubject en iedere beantwoording in zijn fuga's? In beschrijvingen die Bachs tijdgenoten van zijn muziek hebben gegeven wordt in het algemeen de nadruk gelegd op zijn uitmuntendheid, zijn verbazende vermogens als toetsenist, zijn meesterschap, zijn kunstenaarschap en zijn inventiviteit. Maar zulke verslagen behelzen voornamelijk een opsomming van superlatieven en werpen geen licht op de psychologische aspecten van het luisteren. Er heeft zich echter in Bachs leven bij uitzondering een voorval voorgedaan dat ons enig idee geeft van de wijze waarop men de klank van zijn muziek daadwerkelijk ervoer.

In 1737 publiceerde Johann Adolph Scheibe, een gewezen en kennelijk gegriefde leerling van Bach, een anonieme kritiek waarin hij de muziek van zijn leermeester typeerde als 'bombastisch' en beladen met 'te grote kunstigheid'.[39] Een krachtig verweer door vrienden en leerlingen van Bach, gevolgd door hernieuwde aanvallen van Scheibe, leidde tot een polemiek die een aantal jaren voortduurde. Uit de satirische aanvallen van Scheibe en de verontwaardigde en breed uitgemeten replieken van Bachs medestanders valt op te maken dat de muziek in Duitsland op een tweesprong stond: de complexiteit van Bachs stijl eiste bij veel mensen blijkbaar te veel van hun bevattingsvermogen.

Scheibe was in elk geval overduidelijk die mening toegedaan. In een in de eerste persoon gestelde satire uit 1739 deed hij zich voor als een componist van gecompliceerde muziek, en hoewel hij ontkende dat hij Bach op het oog had, is het vrijwel zeker dat die het mikpunt was: 'Ik componeer zo kunstig en wonderbaarlijk dat men bij het beluisteren van mijn stukken geheel verward raakt. Alles loopt door elkaar. Alles is dusdanig verknoopt dat men de ene stem niet van de andere kan onderscheiden.'[40] Behalve muziekcriticus was Scheibe tevens componist; zijn eigen werken zijn veel eenvoudiger dan die van Bach, soms charmant op een naïeve manier, dikwijls onbeholpen en zelden erg belangwekkend. Maar voor een deel was zijn kritiek op Bach een indirect pleidooi voor de nieuwe 'galante' muziekstijl. In een uitvoerig antwoord op Scheibes eerste aanval ging Bachs voornaamste pleitbezorger, Johann Abraham Birnbaum, nader in op dat ene punt, de vermeende complexiteit van Bachs polyfonie:

> Overigens is het wel zeker dat de stemmen in de werken van deze grote meester op een wonderbaarlijke manier zijn vervlochten, alleen zonder de geringste verwarring. Ze bewegen samen en tegen elkaar in, beide waar dat nodig is. Ze verlaten elkaar en vinden

> elkaar op het juiste moment ook weer terug. Iedere stem maakt zich voor de andere kenbaar door een bijzondere verandering, hoe vaak ze elkaar ook imiteren. Ze vluchten van elkander weg en volgen elkander zonder dat men bij hun pogingen elkander als het ware in te halen de geringste onregelmatigheid bemerkt.[41]

Birnbaum ontkent hier nu juist wat Scheibe Bach verweet, dat de muziek verwarring wekte. En zijn tekst bevat vele aanwijzingen dat hij het complexe vernuft dat achter dit alles school begreep: de stemmen ontmoeten elkaar 'op het juiste moment' en volgen elkaar 'zonder dat men de geringste onregelmatigheid bemerkt'. Hij lijkt de muziek op een fundamenteel andere manier waar te nemen dan Scheibe en is zich bewust van haar complexiteit, maar wordt niet geplaagd door verwarring. En toch komen de hier gehanteerde beelden opvallend sterk overeen met de manier waarop een hedendaagse luisteraar die niet veel weet van complexe meerstemmigheid vermoedelijk de ervaring van het luisteren naar Bach zou beschrijven. Sommige stemmen lijken verwikkeld in een dialoog, spreken elkaar nu eens tegen en zijn dan weer eendrachtig; het ene moment lijken ze weg te vluchten van elkaar en elkaar dan weer te volgen. Het is een vrij eenzijdige, ruimtelijke beschrijving van de ervaring, die maakt dat Birnbaums bewering dat de muziek zich ontwikkelt 'zonder de geringste verwarring' enige argwaan wekt. Met zijn kritiek dat Bach zijn contrapunt dusdanig had verknoopt dat de ene stem niet altijd te onderscheiden is van de andere, had Scheibe wel degelijk een punt: in de *Goldbergvariaties* zijn er plaatsen aan te wijzen waar de onderlinge imitaties van de stemmen, de baslijn incluis, waarschijnlijk bewust zo verweven zijn dat dit ertoe leidt dat de stemmen in elkaar opgaan.

Scheibes aanval wijst erop dat Bach de polyfonie tot een zodanig niveau had doorgevoerd dat zelfs zijn tijdgenoten niet meer helemaal zeker wisten of ze die wel begrepen. En Birnbaums repliek verschaft ons weinig opheldering aangaande de vraag of mensen die van Bachs muziek hielden die ook op een fundamenteel opmerkzamere manier beluisterden dan wij dat vandaag doen. Veel luisteraars zochten hun heil bij een ander muzikaal paradigma, waarbinnen andere regels en verwachtingen heersten; anderen getroostten zich grote inspanning om nieuwe metaforen en bewoordingen te vinden voor muziek die het auditief bevattingsvermogen zo overstelpte. Binnen een eeuw na deze vroege polemiek over Bachs muziek nemen de beschrijvingen van de luisterervaring een dermate hoge spirituele en theologische vlucht dat het moeilijk te bepalen is wat mensen nu eigenlijk hoorden. In 1827 dacht Goethe terug aan die keer, jaren tevoren, dat hij een organist Bach had horen spelen, wat hij als volgt beschreef: 'Ik zei tot mezelf: zoals de eeuwige harmonie met zichzelf in gesprek was, zoals ze dat in Gods boezem kan hebben gedaan, kort voor de schepping van de wereld, zo bewoog het ook in mijn innerlijk en het kwam mij voor dat ik geen oren, laat staan ogen, noch enige andere zintuigen bezat of nodig had.'[42]

Het zijn inspirerende woorden, maar erg behulpzaam zijn ze niet. Goethe was zeer geïnteresseerd in muziek, en deed zijn best om zich daarin te bekwamen, maar zijn vakmatige kennis van zaken was beperkt. Zijn herinnering aan het luisteren naar Bachs muziek getuigt eerder van gelukzalige verbijstering dan van werkelijk begrip. Maar door Bachs muziek te verheffen tot het niveau van 'eeuwige harmonie' en 'Gods boezem' neemt Goethe zijn toevlucht tot dezelfde stellingname als andere luisteraars in de negentiende eeuw, namelijk dat die muziek zo groots is en het gewone bevattingsvermogen zo ver te boven gaat dat ze in wezen onkenbaar is, behalve dan in de vorm van beeldspraak, zoals een gelijkenis met de geest van God. Maar naarmate de geest van Bach en de geest van God voor veel devote luisteraars nagenoeg synoniem werden, raakte het aspect van Bachs vakmanschap op de achtergrond of werd totaal veronachtzaamd. Bach zelf zou de gedachte dat hij beschikte over bovenmenselijke of goddelijke vermogens beslist schamper van de hand hebben gewezen. Forkel schreef dat Bach 'niet veel waarde toekende aan zijn bovengemiddelde aangeboren talenten'. En Bachs oordeel over zichzelf getuigt niet noodzakelijkerwijs van valse bescheidenheid: 'Ik heb altijd vlijtig moeten zijn; wie even vlijtig is, die zal het even ver kunnen brengen.'[43]

Ik zou het fijn vinden om Bachs muziek op een veel fundamenteler niveau te kennen dan Goethe haar ervoer. Ik zou haar graag willen kennen op het niveau van de vlijt en niet zozeer op dat van de kosmische aspiraties. Ik zou haar goed genoeg willen kennen om haar te spelen. Het vreemde is alleen dat ik, naarmate ik langer op deze muziek ploeter, er steeds meer van doordrongen raak dat er geen manier is om dat wat het inhoudt om haar 'in de vingers' te kennen, als speler dus, te scheiden van dat wat het inhoudt om haar 'in het hoofd' te kennen, als waarnemer van de constructie. Om je deze muziek eigen te maken moet je haar in feite 'deconstrueren', haar ontleden in haar samenstellende delen, zelfs als je nog zit te zwoegen om de noten onder de knie te krijgen. Je moet haar eigenlijk benaderen op de manier waarop Bach blijkbaar zijn eigen leerlingen heeft onderwezen, door het oefenen van de louter mechanische vingerbewegingen snel uit te breiden met een analyse van de structurele en syntactische elementen. Bij elke variatie zit je in het begin wat aan te modderen, tot je enige orde begint te ontdekken, patronen bespeurt, de grotere structuren in substructuren onderverdeelt en de historische en stilistische formules ontwaart die in veel van de variaties de toon zetten. De speler die zich voor het eerst waagt aan de zesentwintigste variatie ziet in eerste instantie een griezelig dichte slagorde van noten, in groepjes van zes, die de indruk wekt dat Bach een etude heeft geschreven voor de rechterhand en vervolgens voor de linkerhand. Maar daarboven, en later daaronder, heeft hij ook een sarabande geschreven die zo nauw aansluit bij de sarabande van de openingsaria dat je die twee gelijktijdig zou kunnen spelen, met niet meer dan een enkele onregelmatigheid of dissonant.

Andere patronen zijn specifiek verbonden met een bepaalde variatie. In veel van de arabeske variaties worden de patronen van de ene hand later in het stuk door de andere overgenomen. In de zesentwintigste variatie is dit duplicaat vrijwel identiek, zodat in de eerste helft van de variatie de rechterhand bijvoorbeeld een reeks figuren speelt die acht maten later door de linkerhand wordt herhaald, en slechts in zoverre afwijkt dat ze zich aanpast aan de harmonieën die door de *Goldberg*-baslijn worden gedicteerd. Maar in andere, zoals de veertiende variatie, wordt het patroon omgekeerd, zodat neerwaartse bewegingen in de linkerhand in de eerste helft van de variatie in de tweede helft opwaartse bewegingen in de rechterhand worden, en andersom.

Sommige patronen ontwikkelen zich aan de hand van verschillende transposities, en verspringen bijvoorbeeld eerst telkens een terts, dan volgens de onderliggende harmonie en dan stapsgewijs. Als je de verbanden tussen die verschillende soorten transposities in de gaten hebt, kun je dat soort patronen veel sneller memoriseren. Een van de diverse humoristische aspecten die in Bachs muziek te bespeuren zijn, zijn de instinkers die hij van tijd tot tijd verwerkt in deze patronen, bijvoorbeeld door eerst stelselmatig een bepaald soort beweging te gebruiken en dan, vlak voor zich een nieuwe muzikale gebeurtenis aandient, iets te veranderen aan de figuratie. De aard van zulke veranderingen is vaak onverwacht, en het lijkt dan wel of hij die alleen maar introduceert om de muzikant bij de les te houden.

In de cognitieve psychologie wordt dit aspect van het leerproces 'chunking' genoemd, dat wil zeggen: greep krijgen op een aantal ongelijksoortige dingen door ze in patronen te groeperen. Het is heel wat makkelijker om het getal 03211685 te onthouden wanneer je weet dat het Bachs geboortedag is, 21 maart 1685.[44] Een pianiste die een concert van Mozart kan spelen, speelt niet duizenden afzonderlijke toetsaanslagen, volgens een script, zoals een pianola noten afleest van een rol papier met ponsgaatjes. Nee, ze speelt een aaneenschakeling van toonladders, arpeggio's, herhaalde begeleidingsfiguren en terugkerende melodielijnen, en die zijn niet in haar geheugen opgeslagen als afzonderlijke vingerbewegingen, maar als brokjes muzikale informatie die op logische wijze zijn geordend. Het uitvoeren van een complex muziekstuk berust voor een groot deel op 'ballistische' bewegingen, razendsnelle gebaren zoals een triller of een toonladder die, als de speler ze eenmaal beheerst, zonder bewuste cognitieve controle worden uitgevoerd, als een subroutine in een computerprogramma. Hoe meer van dit soort dingen tot een tweede natuur worden, hoe groter de behendigheid van de musicus.

Maar voor iemand die nog bezig is piano te leren spelen, is het een uitputtende bezigheid om zulke dingen tot een tweede natuur te maken, en er is geen groen lampje dat begint te branden ten teken dat het patroon nu voldoende is verankerd en voortaan probleemloos gebruikt kan worden. Het proces waarmee je bewegingen ballistisch maakt is in wezen hetzelfde als wat Bach toepaste bij zijn leerlingen: vingeroefeningen en herhaling. Routineus herhalen vertraagt het proces, soms tot in het eindeloze, terwijl aandachtig herhalen het proces verkort. Je herhaalt het patroon langzaam telkens opnieuw, je ogen kijken, je oren luisteren, en intussen hoop je maar dat dat vreemde ding dat aan de touwtjes trekt – je hersenen – onderwijl nieuwe verbindingen aanmaakt. Er is altijd een zekere spanning tussen vrijheid en controle. Je speelt de weerbarstige muzikale frase strikt gecontroleerd, noot voor noot, tot je de snelheid kunt opvoeren tot het juiste tempo. Misschien speel je hem – de triller, het arpeggio, de toonladder – dan een keer met een grotere vrijheid, zoals hij bedoeld is, in de juiste muzikale context, en soms werkt dat, en soms niet. Dat zijn de zwaarste en ontmoedigendste fases van het studeren, wanneer je de muziek helemaal lijkt te kennen maar nog niet echt automatisch speelt, wanneer het lijkt alsof het werkt zolang je er niet over nadenkt, maar dat het niet werkt als je dat wel doet. Wanneer vallen die twee nou eens samen?

De neurowetenschap biedt goede beschrijvingen van de manier waarop we muziek leren spelen – welke hersengebieden erbij betrokken zijn, welke cellen geactiveerd worden, en hoe verschillende delen van de hersenen samenwerken – en heeft via wetenschappelijk onderzoek de doelmatigheid aangetoond van veel praktijken die al in Bachs tijd en daarvoor gangbaar waren. 'Inhibitie' is bijvoorbeeld essentieel voor het leren spelen van muziek. Dat is hetzelfde proces dat je ziet bij de ontwikkeling van een baby, die leert één arm afzonderlijk te bewegen in plaats van twee op dezelfde manier, of één vinger te gebruiken om een knop in te drukken in plaats van de hele vuist. In de muziek stelt inhibitie de pianist in staat de instinctieve beweging van vier vingers te onderdrukken, zodat één vinger onafhankelijk een nauwkeurigere handeling kan verrichten. 'In de volwassen hersenen is ongeveer 90 procent van de synaptische verbindingen inhiberend,' aldus een vakliteratuuroverzicht.[45] Ook het visuele element is essentieel voor het leren bespelen van een instrument. Uit beschrijvingen van Bachs lessen weten we dat hij dikwijls muziek voorspeelde aan zijn leerlingen, die hem daarbij gadesloegen. Het schijnt dat hij eenmaal zelfs de vierentwintig preludes en fuga's uit het eerste deel van *Das wohltemperierte Klavier* driemaal compleet heeft uitgevoerd, een demonstratie die vijf uur in beslag moet hebben genomen, als hij dat in één keer gedaan heeft (wat onwaarschijnlijk lijkt). Het blijkt bovendien dat iemand zien spelen essentieel is voor het leren bespelen van een instrument, omdat hiermee 'motorische corepresentaties' geactiveerd worden. Het mentaal studeren dat veel musici los van hun instrument beoefenen kan op het eerste gezicht doen denken aan dwangmatig gedrag, maar ook dit is direct gerelateerd aan de beheersing van het instrument: 'Wanneer mentaal studeren gedurende een periode van een aantal dagen wordt volgehouden, laten de betrokken delen van de hersenen plastische adaptaties zien,' meldt een literatuuroverzicht over muziek en neurowetenschap.[46]

Voor een zwoegende muzikant zullen deze constateringen eerder het beeld oproepen van een technicus die een machine beschrijft waarover hij theoretische, maar geen praktische kennis heeft dan van een monteur die de kap kan optillen, het probleem kan lokaliseren en dan zegt: 'Je hebt een nieuwe aandrijfriem nodig.' Een neurowetenschapper kan een probleem benoemen en het aanwijzen op een kaart, maar heeft nog geen bevredigend verhaal voor een hardwerkende muzikant die probeert het proces te doorgronden. Professionele musici die hun instrument volkomen beheersen hebben het zelden over het leerproces waarmee ze dat meesterschap bereikt hebben, en misschien is dat voor velen van hen intussen een onbewuste, vergeten of bewust onderdrukte ervaring. In Hollywoodfilms wordt dit moeizame proces van het verwerven van artistieke techniek verbeeld met de gebruikelijke losse pols en mythologisering, door handig gemonteerde beelden van urenlang eenzaam uren studeren, gevolgd door een verblindende doorbraak en schitterende successen. Een dergelijke voorstelling van zaken herbevestigt het bij uitstek Amerikaanse paradigma van hard werk en voorzienigheid: de kunstenaar investeert arbeid in zijn of haar discipline en wacht geduldig en ootmoedig af tot de goddelijke beloning wordt gegeven.

Maar het traject dat voert van leertijd naar meesterschap is in werkelijkheid heel wat gecompliceerder dan het in zulke films wordt afgeschilderd, en nog veel gecompliceerder dan de verklaringen die de wetenschap tot dusverre heeft kunnen bieden. De filosoof Ludwig Wittgenstein worstelt in zijn *Philosophische Untersuchungen* met een vergelijkbaar probleem – wanneer kunnen we zeggen dat we een vaardigheid bezitten? – en illustreert dit met een voorbeeld dat gebaseerd is op lezen. Hij stelt zich voor dat mensen ('of andere wezens') worden getraind om voorleesmachines te zijn, en stelt dan de vraag: op welk moment kunnen we zeggen dat ze beginnen te lezen? Aanvankelijk zou een leerling bij toeval de juiste geluiden kunnen voortbrengen als hij een woord ziet, maar zou dat lezen zijn? Vervolgens begint de leerling steeds meer woorden goed uit te spreken, maar leest hij dan al? Wittgenstein vraagt: kunnen we spreken van een 'eerste woord' dat hij correct voorleest? Als mensen echt leesmachines waren, zouden we in het binnenwerk kunnen kijken en kunnen zien op welk moment het echte lezen begon. Maar we zijn geen machines, en dus stelt Wittgenstein: 'De verandering die zich voordeed toen de leerling begon te lezen was een verandering in zijn *gedrag*; het heeft geen zin om hier te spreken van "een eerste woord in zijn nieuwe staat".'[47]

Het aanleren van een vaardigheid, zoals het lezen van woorden of het lezen van muziek, is niet hetzelfde als gebruikmaken van een vaardigheid om een bepaalde taak onder de knie te krijgen, zoals het spelen van een complex muziekstuk. Maar Wittgensteins voorbeeld en de vraag die het opwerpt slaan wat muziek betreft de spijker op de kop: er is nooit een definitief moment waarop je kunt zeggen: 'Nu heb ik dat geleerd.' Zelfs nadat je uren hebt zitten werken aan het priegeligste detail in een stuk kun je pas achteraf zeggen dat je het je eigen gemaakt hebt. Dingen worden automatisch, of ballistisch, door oefening, maar het moment waarop je ze beheerst is ongrijpbaar, en het is dus eigenlijk vooral een verandering in gedrag, waardoor het je opeens opvalt dat je met succes iets hebt aangeleerd. Na verloop van tijd merk je dat je het stuk speelt alsóf je het kent, en als je zo ver bent mag je beginnen aan te nemen dat je het ook werkelijk kent. Ook vergeten maakt in bepaalde opzichten deel uit van dit proces: naarmate je meer details van een werk beheerst, vergeet je hoeveel moeite die eerdere passages je hebben gekost, en daarmee ook de angst die je ermee associeerde, wat vervolgens tot nog meer positieve veranderingen in je gedrag leidt.

De meeste populaire psychologiehandboeken over het instuderen van muziek bevatten een optimistische variant van Wittgensteins inzichten. De boodschap luidt in wezen: 'Je kunt dit al. De muziek zit al in je en wacht alleen maar op veranderingen in je gedrag om naar buiten te komen. Speel alsof je al kunt spelen, en dan gaat het verder vanzelf.' Maar dit gaat slechts op voor de helft van het proces, voor dat deel dat gaat over het aspect van de vrijheid binnen de fundamentele spanning tussen vrijheid en controle. In de loop van het lange proces dat gepaard gaat met het instuderen van een muziekstuk, van de eerste pogingen om de noten door voortdurend herhalen tot een automatisme te maken tot aan het moment van de openbare uitvoering, is er sprake van een veel complexere dialectiek tussen leren en afleren, en tussen vertrouwdheid en vervreemding, dan het model uit de populaire psychologie kan omvatten.

Ook wanneer een extra lastige passage ballistisch is geworden, kan het nooit kwaad om een stap terug te zetten en het automatische karakter van het proces te doorbreken, door een of ander nieuw element of detail te introduceren dat de gewenning tegengaat, en de passage dan opnieuw in te studeren in haar nieuwe, nog niet automatische vorm. In zijn leertijd had Glenn Gould een docent die hem een op het eerste gezicht bizarre studiemethode voorschreef, die hij 'finger tapping' noemde. Gould kreeg de opdracht om een hand op de toetsen te zetten en dan met de andere hand op de vingers van de spelende hand te kloppen, vinger voor vinger, voor hij de noot aansloeg. Het is min of meer alsof je de linkerhand gebruikt om de rechterhand te bedienen, alsof die een toetsenbord van een typemachine is, waarmee je dus een mechanisch intermediair aanbrengt tussen de mentale intentie om de toets in te drukken en de fysieke actie van het aanslaan. Ik heb het geprobeerd en het is een buitengewoon effectieve methode om alles in de muziek te ontmaskeren wat je onvoldoende hebt gememoriseerd.

De dialectiek tussen technisch meesterschap en het soort vrijheid dat je bij een uitvoering hoopt te bereiken – om vrijuit te spelen, gericht op dingen als expressie, communicatie en muziekplezier – gaat veel verder dan de vraag hoe je een bepaald stuk instudeert of naar je hand zet. Het wordt een kwestie van karakter, hoe je jezelf als musicus definieert. Het 'verleer'-proces dat vertrouwde zaken destabiliseert en de geest dwingt een telkens hoger peil van meesterschap en zelfverzekerdheid na te streven is een levenslange opgave, en vergroot het risico je ongelukkig te voelen aanzienlijk. Tegenover elke minuut aan vrijheid staat een uur aan zelfkritiek, analyse en twijfel.

De beste musici, of misschien de blijmoedigste onder hen, zijn in staat om deze aspecten van het leven met gratie en bezonnenheid in evenwicht te houden. Bach was een perfectionist, en waardeerde perfectionisme in anderen. Toen een van zijn ijverigste leerlingen, Johann Philipp

Kirnberger, zich zo ingespannen verdiepte in het contrapunt 'dat hij koorts kreeg en achttien weken in zijn kamer moest blijven', bood Bach aan om bij hem langs te gaan om hem te helpen bij zijn werk, een eer die ongetwijfeld vleiend was voor de jongeman en wellicht bevorderlijk voor zijn genezing.[48] Een andere keer, tijdens een grote bijeenkomst, stond een muzikant bij Bachs binnenkomst op van achter het klavecimbel en liet daarmee een dissonant onopgelost, hetgeen Bach zo tegen de borst stuitte dat hij 'zijn gastheer, die op hem toekwam, voorbijliep, naar het klavecimbel snelde, het dissonante akkoord oploste en op gepaste wijze afsloot'.[49] Hij kon ook streng zijn ten opzichte van andere muzikanten, en in zijn hoedanigheid als dirigent. Een beroemd verhaal dat een eeuw na zijn dood werd gepubliceerd beschrijft hoe hij tijdens een repetitie in woede ontstak: 'De organist van de Sankt Thomas, die doorgaans een goede kunstenaar was, wekte een keer zo zijn ergernis op door een fout te maken bij het repeteren van een cantate dat hij zijn pruik van zijn hoofd rukte, woedend "je had schoenlapper moeten worden!" bulderde en de pruik naar het hoofd van de organist smeet.' Bach wordt evenwel ook beschreven als 'vreedzaam, kalm en gelijkmoedig', behalve wanneer 'iemand zich geringschattend uitliet over de kunst, die heilig was voor hem.'[50]

Maar ondanks zijn perfectionisme wijst niets erop dat hij gebukt ging onder een overmaat aan twijfel of onzekerheid over zijn vermogens. Bij dat ene, uitzonderlijke verslag van een gebeurtenis waarbij Bach tegen zijn eigen muzikale tekortkomingen aan liep, getuigt zijn reactie eerder van verbazing en zelfspot. Volgens dit verhaal had Bach tegen een vriend gezegd dat hij 'werkelijk geloofde dat hij alles zonder aarzeling van blad kon spelen'. De vriend besloot hem op de proef te stellen en liet dus, toen Bach een keer op bezoek kwam, als lokaas een lastige partituur op het klavecimbel staan:

> Bach was aangekomen bij het stuk dat voorbestemd was om hem te bekeren, en begon het te spelen. Maar kort na het begin bleef hij steken bij een passage. Hij bekeek die, begon opnieuw en bleef wederom steken, waarna hij opstond en wegliep van het instrument. 'Nee,' riep hij tegen zijn vriend, die stilletjes stond te lachen in het aangrenzende vertrek, 'je kunt niet alles à-vue spelen, het is niet mogelijk!'[51]

Dit biedt in elk geval een beetje troost aan iedereen die zich eraan ergert dat het talent zo ongelijk verdeeld is over de mensheid. Als het verhaal waar is, was het stuk dat Bach voorgeschoteld kreeg hoogstwaarschijnlijk slecht geschreven en niet idiomatisch voor een toetsinstrument.

Volgens Kirnberger placht zijn vroegere leermeester te zeggen dat 'alles mogelijk moest zijn'.[52] Als aansporing aan zijn leerlingen wees hij hen erop dat ze vingers hadden, net als hijzelf, en dat het hun daarom zeker moest lukken de muziek te leren spelen. Toen hij een keer werd gecomplimenteerd met zijn orgelspel, reageerde hij met een bescheidenheid die doet denken aan de oude grap van Michelangelo over het vervaardigen van zijn David: 'Het is makkelijk, je hakt gewoon het stuk van de steen weg dat niet op David lijkt.' Bachs repliek luidde: 'Er is niets opmerkelijks aan. Alles wat je moet doen is de juiste toetsen op het juiste tijdstip aanslaan en dan speelt het instrument vanzelf.' Dit commentaar is niet alleen geestig omdat het voorbijgaat aan de enorme bedrevenheid die het vergt om 'de juiste toets op het juiste tijdstip aan te slaan', maar ook omdat het verwijst naar de mechanische basis van het musiceren: precies datgene wat musici zowel moeten nastreven als tegengaan.

Bachs enorme talenten traden niet ogenblikkelijk aan het daglicht. Zijn vroege werken klinken soms moeizaam en saai. Ook bleef hij zijn eigen manuscripten onvermoeibaar reviseren, verbeteren en corrigeren, en hij voegde zelfs belangrijke details toe aan al gepubliceerde werken als de *Goldbergvariaties*. Als de veertien canons die hij neerschreef op zijn exemplaar van de gepubliceerde *Goldberg*-partituur gecomponeerd zijn na de variaties (hij kan ze heel goed ver voordat hij de noten opschreef 'in zijn hoofd' hebben gehad), hebben we een argument te meer om dit werk niet als gewoon een afgeronde compositie te beschouwen, maar veeleer als een verzameling muzikale problemen waarmee Bach tot in lengte van dagen in de weer is geweest. Voor iemand die het werk probeert te leren spelen schuilt hierin een kleine troost: als Bachs inzichten in dit materiaal voortdurend evolueerden en zich bleven verdiepen, ook toen de variaties eenmaal waren uitgegeven, is ook dat wat een uitvoerder ervan weet waarschijnlijk nooit scherp afgebakend en altijd vatbaar voor verbetering, uitbreiding en herbezinning.

Het is laat op de avond, en terwijl Nathan stilletjes aan mijn voeten ligt, zit ik gebogen over mijn keyboard, met de koptelefoon op, die pijn doet aan mijn oren doordat ik te lang gestudeerd heb. Ik ploeter op een maat in de fughetta, waarin bij de laatste inzet van de tenorstem een triller is voorgeschreven op de tweede noot. Op die plek, nog maar vier maten voor het slot van de variatie, zijn alle vier stemmen aan het woord: de bas brengt een omspeling van de van de aria afgeleide melodielijn, de sopraan daalt af vanuit de hoogste regionen van haar register, en de alt rondt juist een idee af en gaat verder met het volgende. Te midden van dit weefsel zet de tenor voor het laatst het thema in, en Bach schrijft dezelfde triller voor die het bij al zijn eerdere verschijningen bevatte, maar dit keer komt dat heel onhandig uit voor de vingerzetting: er zit kennelijk niets anders op dan de melodielijn op te delen tussen beide handen, wat betekent dat zodra de duim en wijsvinger van de linkerhand de triller hebben afgemaakt, de rechterduim te hulp moet schieten om de frase af te ronden. Ik heb een oplossing bedacht, maar heb geen idee hoeveel uren het me zal kosten om deze passage soepel te laten klinken.

Ik zou in dit stadium kunnen zeggen dat ik deze variatie ken, niet in de zin waarin Bach haar kende, of waarin een grote pianist haar kent, maar als ik deze ene versiering weglaat, loopt het eigenlijk op rolletjes. En ik heb een zwak voor dit ene moment in de cyclus, voor de manier waarop Bach een kleine, compacte fuga heeft weten in te passen in het bekende raamwerk van zijn onveranderlijke harmonische schema, die zelfs de onderverdeling in tweeën van de variatievorm aanhoudt, door halverwege opnieuw te beginnen zonder dat de grote lijn van het stuk eronder te lijden heeft. Terwijl Bach zijn canons zo vermomt dat ze niet altijd als canons klinken, is het bij deze kleine fuga evident de bedoeling dat ze echt als een fuga klinkt, met vier stemmen die pront en volgens de regels inzetten, en een slim geconstrueerd thema dat dermate geknipt is voor een fugatische behandeling dat het zo als voorbeeld opgenomen zou kunnen worden in een leerboek over fugathema's. Dus waarom laat ik die ene triller niet gewoon achterwege? Als ik dat doe, zou ik deze variatie kunnen opnemen in de verzameling die ik intussen goed genoeg ken om ze voor anderen uit te voeren.

Het woord 'fuga' komt uit het Latijn en betekent 'vlucht', wat vaak een goede beschrijving is van de wijze waarop de stemmen elkaar lijken te achtervolgen, precies zoals Birnbaum de relatie van de stemmen in Bachs polyfonie beschreef: 'Ze vluchten van elkander weg en volgen elkander zonder dat men daarbij de geringste onregelmatigheid bemerkt.' Maar door die ene versiering weg te laten zou ik wegvluchten voor mijn zelfopgelegde taak. Dat is natuurlijk ontoelaatbaar, en dus moet ik dit stuk in de portefeuille houden, bij de andere variaties die ik nog niet tot in de puntjes beheers. En zo merk ik dat een miniem detail in een stuk dat ik verder goed ken het plezier dat ik aan deze variatie beleef transformeert tot een knagend gevoel van frustratie en tekortschieten.

Nathan gaat verliggen voor mijn voeten, onkundig van mijn zelfkastijding. Ook hij ervaart muziek als pijnlijk, maar op een manier die duidelijk verschilt van de manier waarop mensen dat beleven. Wanneer muziek me doet denken aan iets droevigs, een verdrietig moment in mijn leven in herinnering brengt, of, zoals bij veel van de *Goldbergvariaties* gebeurt, een drukkend gevoel van plichtsverzuim en middelmatigheid opwekt, keer ik er steeds naar terug om opnieuw die kwelling te ondergaan. Muziek is voor mij geen verzetje, maar op een bepaalde manier een voorwaarde voor mijn vermogen tot zelfreflectie. Voor mij is ze absoluut geen emotionele massage of een warm bad; ze is een cognitief instrument. Ze geeft mijn leven perspectief, of ik dat nu een aangenaam of flatterend perspectief vind, of juist niet. Maar Nathan is niet in staat op die manier buiten zichzelf te treden als hij muziek hoort. Als hij muziek hoort die hem pijnlijk treft, is die pijn schrijnend en wordt door niets verzacht.

Maar waarom kwelt die muziek hem toch zo? Dat had van meet af aan duidelijk moeten zijn. Toen we hem adopteerden was hij drie maanden oud, nog maar net oud genoeg om uit zijn nest gehaald te worden en aan menselijke zorg te worden toevertrouwd. Hij kwam bij ons in de eerste weken dat ik de *Goldbergvariaties* aan het studeren was, en sliep in een mandje in de keuken terwijl ik in de huiskamer zat te studeren. Hij was in een vreemd huis, omringd door nieuwe gezichten, en plotsklaps alleen. Bach was de soundtrack bij de meest traumatische gebeurtenis in zijn leven, de muzikale begeleiding bij zijn verwarring en zijn verdriet. Wanneer hij die muziek hoort, mist hij zijn moeder.

Tien

Toen ik vier of vijf jaar oud was, nam mijn grootvader me mee om naar de oude sluizen in de Mohawk-rivier te gaan kijken, die anderhalve eeuw na het graven van het Erie Canal nog altijd een belangrijke waterweg was. Hij was buitengewoon geïnteresseerd in alles wat te maken had met infrastructuur, zoals spoorwegen, bruggen, dammen en kanalen. Ik bewonderde hem om zijn goede humeur en zijn zin voor avontuur, en omdat hij plezier beleefde aan mij, de enige zoon van zijn oudste zoon. Maar toen we bij de sluis kwamen, wilde hij oversteken via de gesloten deuren, een smalle doorgang met een dun relinkje. De reusachtige deuren van de sluis rezen torenhoog op boven de bruine, modderige stroom van de woelige rivier, en ik was doodsbang dat ik erin zou vallen. Het was een roekeloze onderneming, maar hij was van nature niet bang uitgevallen, wat niet wil zeggen dat hij zo bijzonder moedig was, maar eerder dat hij gewoon niet wist wat angst was.

Ik vertikte het om met hem mee te gaan, en ondanks zijn opgewekte geruststellingen en overredingspogingen begon ik te huilen en te jammeren. Ik moet een vreselijk kabaal hebben gemaakt, omdat de sluiswachter kwam vragen wat er aan de hand was. Ik weet niet of ik mijn grootvader in verlegenheid bracht, maar door mijn misbaar en de bezorgdheid van de sluiswachter zag hij af van het plan om over te steken. Ik was blijkbaar erg uit mijn doen, want later die dag vertelde ik het verhaal aan mijn moeder, en toen was het huis te klein. In die fase van mijn familiegeschiedenis vochten mijn ouders hun meningsverschillen uit achter gesloten deuren, dus de enige duidelijke herinnering die ik er nog aan heb is dat er ergens in de verte iets heftigs aan de gang was, alsof het onder water gebeurde, maar ook al klonk het veraf en gesmoord, het was er niet minder intens om. Ik was te jong om het te begrijpen, maar afgaand op latere aanwijzingen, in combinatie met enige logische gevolgtrekkingen, was mijn moeder woedend op haar schoonvader en eiste dat mijn vader zou ingrijpen om haar kind voor toekomstige gevaren te behoeden. Na die ruzie heeft mijn grootvader nooit meer geprobeerd me te verleiden tot iets wat riskanter was dan onder het oude hek bij de spoorlijn doorkruipen om muntjes op de rails te leggen.

Net als ziekte bracht angst bij mijn moeder een soort oerverbinding met haar kinderen tot stand die al haar ambivalente gevoelens over het moederschap oversteeg. Blije en drukke kinderen waren een bezoeking, maar een bang kind kon altijd op troost rekenen. Ze was zelf extreem angstig van aard. Haar vroegste herinneringen waren, net als die van mij, verbonden met angst en gingen over spinnen die verstopt zaten achter kasten, ernstige ziektes die het voortbestaan van de familie bedreigden, en luchtalarmoefeningen in Salt Lake City tijdens de oorlog, waarbij vreemde mannen iedereen terechtwezen die zijn verduisteringsgordijnen niet goed had gesloten. Ze had duidelijke herinneringen aan het necrotische vlees op het been van haar zuster, die gebeten was door een zwarte weduwe, aan de angst dat ze polio had opgelopen in het openbare zwembad, en aan de slang waarmee ze plotseling oog in oog had gestaan toen ze tijdens het eerste afspraakje met mijn vader een klimtocht in de bergen had gemaakt. Ze vertelde ons over de gouden munten die haar Joodse grootvader in de zoom van zijn jas had genaaid toen hij naar Amerika vertrok, en zei altijd dat we dat verhaal aan niemand mochten vertellen. De toon waarop ze dat zei maakte dat ik onzekerheid verkeerde of het nu de onthulling was dat er een paar gouden munten in huis waren die haar de meeste zorgen baarde, of het feit dat ze een Joodse voorvader had. Ze was ook bang voor het weer, voor de wegen, voor de telefoon als het onweerde, voor plotselinge overstromingen en tornado's, snelwegen met slechts twee rijbanen, hagelbuien, zeilen, daklozen, alle soorten mensenmassa's, besmettelijke ziektes, bijenzwermen, Arabieren, vieze wc-brillen en voor alle soorten gekleurd aardewerk, omdat het glazuur vrijwel zeker lood bevatte, dat een kind voorgoed tot een brabbelende idioot kon reduceren.

Gevaren en de dood waren haar favoriete onderwerpen, en die waren nooit ver van huis. Tijdens het avondeten praatte ze over auto-ongelukken, branden, overstromingen, ingestorte daken en de gevaarlijke binnenstad, waar we nooit kwamen, maar die de vleesgeworden belichaming was van alle angsten die ze had opgedaan van de televisie. Ze geloofde niet in God en zou een geloof in de duivel schamper hebben afgewezen, maar niettemin werd haar wereld onveilig gemaakt door demonische wezens die zich met kwade bedoelingen onder de mensen mengden en ziekte, pijn en tweedracht zaaiden. Niemand werd gewoon bij toeval ziek, of als gevolg van ouderdom. Echtscheidingen kwamen niet doordat mensen uit elkaar groeiden of zich bewust werden van onoverbrugbare verschillen. Als kinderen door het ijs zakten en verdronken was dat nooit zomaar een ongeluk. Iets was de oorzaak van al dat onheil en verderf, iets onbekends, iets onzegbaars, iets on-Amerikaans. Hartaanvallen, beroertes en kanker waren een schandaal, het boosaardige werk van sinistere infiltranten die het gemunt hadden op voorsteden, op nette mensen, op brave, eerlijke gezinnen die hard werkten voor hun recht op geluk. 'Ze sneed zich in haar vinger en raakte geïnfecteerd met koudvuur. Nu is ze godallemachtig haar hele arm kwijt,' kon ze zeggen, terwijl wij halfgare aardappels rondschoven over de bodem van onze soepkom.

Ze was diep onder de indruk van verhalen over mensen die grote gevaren het hoofd hadden geboden. Favoriet waren verhalen over moederinstinct dat het won van sluimerend onheil. Er was een vrouw, een moeder die ze kende, die toen ze op een avond thuiskwam een blik op haar door het late zonlicht beschenen huis wierp, en toen haar familieleden verbood naar binnen te gaan. Er was iets mis, ze wist niet wat, maar ze wist gewoon dat er iets niet was zoals het zou moeten zijn. Ze kon haar vinger er niet op leggen – er stond geen raam of deur half open – maar desondanks sloeg ze haar armen over elkaar en wist van geen wijken: 'We gaan daar niet naar binnen.' Ze belde de politie, die haar de les las omdat ze toegaf aan een ongegronde angst, maar voor de zekerheid toch maar het huis kwam doorzoeken... en daar op een seriemoordenaar stuitte. Er was een moeder met een ziek kind die twijfelde aan de diagnose van de dokter en besloot het niet het geneesmiddel te geven dat ze had meegekregen. Amper een paar minuten later belde de dokter haar in paniek, om haar te vertellen dat het het verkeerde medicijn was en dat haar kind er dood aan zou gaan. 'Ze wíst het gewoon,' zei mijn moeder zonder enige voldoening, niet omdat het verhaal bevestigde hoe krachtig moederliefde was, maar omdat het eens te meer bewees dat irrationele intuïtie het enige was wat een zekere bescherming bood in een wereld vol irrationele gevaren.

Haar angsten bepaalden de structuur van ons leven. Toen de fonduepan oververhit raakte en de gordijnen onder de spatten kwamen, had dat tot brand kunnen leiden en dus gebruikten we die nooit meer. We zaten altijd een eind van de televisie af als die aanstond, en bleven uit de buurt van de magnetron als die gebruikt werd, vanwege de straling. Ze had gehoord dat de sneeuwschuivers die de straten van onze stad schoonmaakten ooit een kind onder de sneeuw hadden bedolven, dus was het verboden om in de voortuin te spelen als er ook maar een vlokje sneeuw lag. We aten nooit ongekookt voedsel uit blik, met het oog op botulisme, en varkensvlees werd tot een leren lap gekookt vanwege de trichinose. We woonden maar een paar uur rijden van New York City, maar gingen er nooit heen, vanwege de misdaad. In de grote stad waren hele gezinnen zomaar spoorloos verdwenen, compleet met auto's en bagage.

Toen ik klein was las ze me gedichten voor over angst en gevaren, en die zijn me mijn leven lang bijgebleven. Onze stad begon economisch in verval te raken toen ik klein was: oude fabrieken werden gesloten en industrieterreinen verpauperden. Ik kan nog steeds de volgende regels van Vachel Lindsay opzeggen, uit een bijna stukgelezen boek met het beste van de Amerikaanse poëzie:

Factory windows are always broken.
Somebody's always throwing bricks,
Somebody's always heaving cinders,
Playing ugly Yahoo tricks.
Factory windows are always broken.
Other windows are let alone.
No one throws through the chapel-window
The bitter, snarling, derisive stone.
Factory windows are always broken.
Something or other is going wrong.
Something is rotten – I think, in Denmark.
End of the factory-window song.

Ruiten van fabrieken zijn altijd gebroken.
Altijd en eeuwig gooit iemand ze in.
Altijd is iemand as aan het scheppen,
met Yahoo-streken in de zin.
Ruiten van fabrieken zijn altijd gebroken.
Om andere ramen maalt er geen.
Niemand immers gooit door het kerkraam
Die schampere, snauwende, honende steen.
Ruiten van fabrieken zijn altijd gebroken.
Iets of iemand deugt hier niet.
Er rot iets – ik denk in Denemarken.
Hier eindigt het fabrieksruitenlied.

Ze legde me geduldig uit wat 'derisive' betekende, hoe een steen kon snauwen en probeerde me de verwijzing naar Hamlet duidelijk te maken. Het waarheidsgehalte van het gedicht was duidelijk zichtbaar, telkens wanneer we over de roestige brug naar de binnenstad liepen en oude industriegebouwen passeerden waarvan de muren bezaaid waren met honderden gebroken ruiten. Maar we hadden denk ik geen van beiden de ironische ondertoon in de gaten, en onze gesprekken gingen vooral over de Yahoo-streken. Wie waren die Yahoo's? Ze woonden in de stad, niemand leerde hun zich te gedragen, ze hadden geen mooie dingen in huis zoals piano's, en ze waren heel, heel erg gevaarlijk.

Mijn moeder heeft aan haar kinderen niet haar persoonlijke angsten doorgegeven, evenmin als de wonderlijke mythologische gedachtewereld die eraan ten grondslag lag. Maar ik ben door haar wel behept met een grondhouding, de gewoonte om de wereld te bezien in termen van angst, en al vanaf betrekkelijk jonge leeftijd heb ik enorm veel energie moeten steken in het bedwingen van de neiging om overal bang voor te zijn. Op oude schilderijen zien we vaak iemand in gedachten verzonken aan een bureau of een tafel zitten, met daarop, beschenen door kaarslicht, een schedel, een herinnering aan de dood. Het is een impliciete waarschuwing aan mensen die van nature geneigd zijn voor hun plezier te leven, een herinnering dat ons bestaan eindig is en dat de dood altijd op de loer ligt, met zijn ontnuchterende theologische implicaties. Zo'n nadrukkelijk memento mori heb ik nooit echt nodig gehad, omdat ik die angst elke dag met me meedraag, alsof het iets kleins is in mijn broekzak, iets wat mijn moeder erin heeft gestopt op hetzelfde moment dat ze me op het hart drukte mijn sleutels en het geld voor de lunch niet te vergeten.

In veel opzichten werd angst voor mij een gids waarop ik kon bouwen. Toen ik het huis uit ging gruwde ik van mijn eigen angsten, en voorzag dat als ik die niet de baas zou kunnen worden, mijn leven even ingeperkt zou zijn als dat van mijn moeder. Om mijn angsten te overwinnen moest ik erdoorheen. Ik maakte lange voettochten en bracht dagenlang door in de ruige natuur, soms in mijn eentje. Ik schafte een paspoort aan en ging wereldreizen maken. Ik liftte in Nieuw-Zeeland, trok per bus dwars door Australië, en werkte op een ranch en een schapenhouderij. Ik sliep in armoedige Zuid-Amerikaanse hotels in kamers waarin niet meer dan een kale matras op de vloer lag, reisde door Azië in tweede- en derdeklascoupés, en hing een keer voor de kust van Afrika zeeziek over de reling van een wrakke dhow en dacht: ze zou me nu eens moeten zien. Ik verhuisde naar de stad en ging ondanks mijn immense angst om met vreemden te praten de journalistiek in, een beroep waarin je wel verplicht bent dagelijks met onbekenden om te gaan. Toen ik voor mijn werk naar Afghanistan en Syrië ging (nog voor de burgeroorlog) greep ik de kans aan om haar te vertellen wat mijn reisdoel was. Het lukte me nooit om de angst totaal uit te bannen, maar ik kon haar goed genoeg onderdrukken om te kunnen functioneren. Maar zelfs nog op middelbare leeftijd schepte ik er een heimelijk genoegen in mijn moeder te laten merken dat ik nergens bang voor was – voor een deel omdat het haar overstuur maakte, maar vooral omdat ik maar wat graag wou dat het waar was.

Een van de weinige angsten die ik nooit heb kunnen overwinnen of verbergen is de angst om muziek uit te voeren waar mensen bij zijn. In een bepaalde fase van mijn strijd tegen mijn nervositeit besloot ik meer te gaan lezen over dit fenomeen, en stuitte op een eigenaardig boek dat was uitgegeven in 1947: *Performer and Audience: An Investigation into the Psychological Causes of Anxiety and Nervousness in Playing, Singing or Speaking Before an Audience.* Het was een beknopte freudiaanse verhandeling van de hand van een pianist en schrijver, die op de opdrachtpagina iets in het vooruitzicht stelde waarnaar ik hevig verlangde: 'Dit boek is opgedragen aan al diegenen die ertoe gebracht zijn te geloven dat hun angst of nervositeit per definitie een erfelijke of door aanleg bepaalde factor is en daarom niet gewijzigd of uitgebannen kan worden, aangezien de schrijver ervan overtuigd is dat ze vrijwel zeker ongelijk hebben.'[53] Je hoefde alleen maar de wortels van je nervositeit te traceren, de geheime oorzaken bloot te leggen, en dan zou ze verdwijnen. En wat zijn die oorzaken? Rijkelijk puttend uit Freuds *Das Unbehagen in der Kultur* wees de auteur met een beschuldigende vinger naar de onderdrukking van de primitieve instincten, met name in 'Anglo-Saksische landen' waar men erin geslaagd was 'de remmen zo hard aan te trekken dat niet alleen deze primitieve, asociale of antisociale emotionele driften in toom worden gehouden, maar ook hun sociaal acceptabele en waardevolle modificaties bij dit proces betrokken zijn geraakt, met als resultaat dat iedere vrijheid en spontaniteit van elke vorm van gevoelsexpressie tot op zekere hoogte belemmerd of totaal onderdrukt wordt.'

Kortom, we onderdrukken veel meer dan van een lid van een beschaafde samenleving verlangd wordt, en smoren daarbij allerlei minder gevaarlijke instincten in de kiem. Dat kan verschillende vormen aannemen. Sommige musici zijn bang voor hun eigen neiging tot exhibitionisme, en saboteren daarom hun uitvoering, als een vorm van zelfkastijding of compensatie. Weer anderen hebben een masochistische inslag en genieten heimelijk van de pijnlijke schaamte na een slecht optreden. De associatie van woorden en ideeën als 'spelen', 'grijpen' en 'hand' met seksuele uitingen uit de kindertijd wekt bij de volwassene angsten op over deze concepten wanneer hij later in zijn leven voor een publiek probeert te spelen. Angsten kunnen altijd van de ene oorzaak naar de andere worden verschoven, en wat aan de oppervlakte treedt kan, net als een ondergrondse vulkanische stroom, zijn oorsprong kilometers verderop hebben, in de verborgen diepten van het getraumatiseerde, primitieve ik. Zoals zoveel grootse sluitende theorieën omvat de freudiaanse verklaring alle mogelijke duidingen en beschrijvingen van diametraal tegengestelde oorzaken die tot eenzelfde effect leiden.

Zoals veel van mijn generatiegenoten heb ik me tijdens en na mijn studie intensief verdiept in het werk van Freud. Toen ik eindelijk wat geld opzij had gelegd, besloot ik in psychoanalyse te gaan, en lag dus vier dagen per week vrij te associëren op de divan en te wachten op overdracht, al kwam die nooit. Toen ik mijn moeder vertelde dat ik in analyse was, kreeg ze zowat een rolberoerte. Ze vond het totale geldverspilling. 'Hebben we je dan werkelijk geen gezond verstand bijgebracht?' In haar studietijd had ze ook het een en ander gelezen en ze wist dus alles van het oedipuscomplex. 'Waarom zou je geloven in al die misselijke, verknipte dingen?' Jaren later, niet lang nadat er kanker bij haar was vastgesteld, ontdekte ik een flesje met antidepressiva tussen haar pillen. Ze had nog een paar jaar te leven, en ondanks alles wat ze al had moeten doorstaan was ze betrekkelijk goedgemutst. Het was ook andere familieleden opgevallen. Ze leek minder nerveus en prikkelbaar, was helderder van geest en had een nieuw soort evenwicht gevonden. Ik vroeg haar naar dat middel, waarop ze zei dat de dokter het haar had voorgeschreven om beter te slapen.

Dus nam ze elke avond een tablet en dat leek te werken. Ik keek in het flesje, zag dat het kleine blauwe pilletjes waren, kleiner dan de nagel van mijn pink, en vroeg me af hoe mijn leven eruit zou hebben gezien als ze die een halve eeuw eerder was gaan gebruiken. Toen ze hoorde dat het in werkelijkheid een betrouwbaar en doorgaans effectief antidepressivum was, hield ze er direct mee op.

* * *

Over Bachs angsten en de duisterder kanten van zijn gevoelsleven weten we heel weinig. Sinds de herontdekking van Bach in de negentiende eeuw en zijn opname in het pantheon der genieën neigen de biografen ertoe zijn innerlijk leven toe te dekken en hebben zich veeleer geconcentreerd op de tastbare bewijzen van zijn geloof en zijn vroomheid. Daaruit hebben ze geconcludeerd dat hij grotendeels immuun was voor de angsten en zielenroerselen waaronder de moderne mens gebukt gaat. Zijn geloof in God was rotsvast, net als zijn geloof in zijn kunst, en al het leed dat de dood zijn gezin aandeed had voor hem een plaats binnen de alomvattende kosmologie van de christelijke onderworpenheid en dienstbaarheid. Recentere biografen en historici hebben gepoogd om dieper door te dringen tot de mens Bach en zich een plausibel, zij het hypothetisch, beeld van zijn emotionele profiel en innerlijk leven te vormen, aan de hand van de autobiografische verslagen van tijdgenoten en met inbegrip van de historische en sociale context waarin hij actief was. Sommige van deze schrijvers hebben zelfs de moed gehad hem een verregaande normaliteit toe te dichten en te stellen dat hij ook maar een mens was en hetzelfde leed en dezelfde vreugde moet hebben ervaren die andere mensen doormaken.

Uit documenten van Bachs hand kunnen we ons een algemene indruk vormen van zijn karakter, maar ze bevatten niet meer dan summiere aanwijzingen over specifieke emotionele reacties. Zijn brieven betreffen voornamelijk professionele aanbevelingen voor collega's en leerlingen, rapportages over orgelbouwers en hun instrumenten, verzoeken om promotie of een officiële betrekking, en dikwijls breedvoerige, juridisch getinte bezwaarschriften, veelal gericht aan de stadsbestuurders van Leipzig, die de laatste decennia van zijn leven zijn werkgevers waren. Hieruit rijzen de contouren op van een man die loyaal en zelfs genereus was in zijn omgang met ondergeschikten en collega's, vooral als hij vond dat ze ondersteuning verdienden; prikkelbaar en ietwat paranoïde in zijn relaties met werkelijke en vermeende rivalen; serviel in zijn smeekbeden aan machthebbers; en iemand die zijn verworven rechten met hand en tand verdedigde ten overstaan van zijn meerderen. Een handjevol brieven getuigt van specifiekere emoties, met inbegrip van oprechte verontwaardiging, zoals in een briefje dat hij in 1748 richtte aan een Leipzigse herbergier (of diens zoon) die een klavecimbel uit Bachs collectie had gehuurd, maar dat niet had teruggebracht. 'Nu begint mijn geduld op te raken,' begint Bach en hij besluit met de woorden: 'U moet het in orde brengen, en wel binnen vijf dagen, anders worden wij nooit vrienden.'[54]

Een persoonlijker getinte klacht vinden we in een brief die Bach schreef aan een burgemeester in Sangerhausen, waar hij zijn zoon Johann Gottfried Bernhard een betrekking als organist had bezorgd. Hoewel de jongeman over een meer dan toereikend talent moet hebben beschikt, was hij kennelijk een verkwister, of op zijn minst niet emotioneel toegerust om zijn werk naar behoren te doen, en hij was kort na zijn benoeming weggevlucht uit de stad, met achterlating van een berg schulden. Bach stelt zich terughoudend op en weigert die schulden in te lossen zolang niet vaststaat dat zijn zoon die inderdaad heeft gemaakt, maar zijn schaamte en vaderlijke smart zijn duidelijk voelbaar: 'Wat kan ik verder zeggen of doen? Omdat vermaningen en zelfs liefderijke voorzorgen niet meer toereikend zijn, moet ik mijn kruis geduldig dragen, en mijn onverbeterlijke zoon overlaten aan Gods genade.'[55] Luttele maanden nadat deze brief werd geschreven ging Johann Gottfried Bernhard rechten studeren aan de universiteit van Jena – misschien in een poging om het familieambacht te ontlopen, of de schaduw van zijn vader – en stierf daar op vierentwintigjarige leeftijd.

Uit brieven van Bachs tijdgenoten, gerechtelijke documenten, officiële antwoorden op zijn bezwaarschriften en andere bronnen valt af te leiden dat Bach een licht ontvlambaar man was die niettemin algemeen aanzien genoot, die in zijn eerste jaren als professioneel muzikant blijk gaf van een overmaat aan talent en wellicht een zekere onrijpheid, die in de loop van zijn ongelooflijk productieve carrière won aan zelfvertrouwen en eigenliefde, die genoot van het leven, met name van lekker eten, bier en wijn, en die menig pijnlijk verlies leed, waaronder de dood van zijn ouders, zijn eerste vrouw en elf van zijn twintig kinderen. We weten dat hij als twintigjarige, toen hij al als organist werkzaam was in Arnstadt, ruziemaakte met een fagottist, ene Geyersbach, en dat het tweetal op een late zomeravond slaags raakte. Bach zou daarbij een degen hebben getrokken. Sommigen vonden hem zelfingenomen en arrogant; zijn pleitbezorgers waren van oordeel dat de wereld onvoldoende waardering toonde voor zijn genie en zijn bijdrage aan de Duitse muziek.

In breder perspectief weten we dat Bachs leven een periode omspande waarin zich in Duitsland snelle en verontrustende veranderingen voordeden. Zijn geboorte viel nog geen veertig jaar na het einde van de Dertigjarige Oorlog, die miljoenen doden en gewonden had geëist, tot hongersnoden en heksenjachten had geleid, en een totale verwoesting had aangericht in zijn deel van Duitsland, waarbij niet minder dan 50 procent van de bevolking van Thüringen was omgekomen door geweld, ondervoeding en ziektes. Hoogstwaarschijnlijk ging men in die contreien gebukt onder diepe trauma's, en uit historische verslagen blijkt dat er zelfs nog een halve eeuw later, met name in landelijke gebieden, dorpen en steden waren vol weduwen die bittere armoe leden en dat er grote honger heerste onder de boeren. Maar Bach bracht evengoed de helft van zijn volwassen leven door in Leipzig, een bloeiende handelsstad die een rijkgeschakeerde groep buitenlandse kooplieden en een opkomende middenklasse tot zijn ingezetenen rekende en kon bogen op een belangrijke universiteit en een bloeiend boekenbedrijf. In bepaalde opzichten was Bach geboren in de Middeleeuwen en stierf hij tijdens de Verlichting. Hij was het product van een provinciaal achterland en werd opgeleid in het ambacht van zijn voorvaderen, zoals dat al eeuwen ging met jongelieden, maar hij ontwikkelde zich tot een ondernemende burger die zijn eigen muziek uitgaf, een eigen instrumentenverhuurbedrijf dreef en aan het hoofd stond van een klein imperium aan musici en componisten waarvan zowel zijn beschermelingen als zijn kinderen deel uitmaakten. We kunnen alleen maar gissen naar de uitwerking die de snelle veranderingen in de wereld om hem heen hebben gehad op zijn gevoelsleven. Naast alle zorgen die hem mogelijk hebben geplaagd op grond van directe en indirecte persoonlijke ervaringen – oorlog, hongersnood, epidemieën, ziektes, reizen per koets (in 1750, enkele maanden na Bachs dood, liep zijn zeer bewonderde tijdgenoot Händel ernstig letsel op als gevolg van een ongeluk met een koets), geboefte en fagottisten op straat, gevangenschap (Bach werd op zijn tweeëndertigste veroordeeld tot een maand celstraf) en lakse herbergiers die weigerden een klavecimbel terug te brengen – kan hij dus ook fundamentelere kopzorgen hebben gehad over een wereld die onderhevig was aan snelle veranderingen en een nieuwe maatschappelijke klasse bevoordeelde die er andere manieren, andere verwachtingen en andere opvattingen over kunst en muziek op nahield.

Ook vinden we aanknopingspunten in zijn muziek: in zijn honderden kerkcantates, waaruit menigmaal een wanhoop spreekt die vermoedelijk verder gaat dan religieus sentiment; in de grote mis in b-klein; in de navrante vastentijdmuziek die hij neerlegde in zijn twee bewaard gebleven passiecomposities; en in de instrumentale werken die mineurpassages bevatten die niet minder schrijnend zijn dan vergelijkbare secties van de grote vocale werken. De *Goldbergvariaties* bevatten drie variaties in de mineurtoonaard: de vijftiende, waarin een hortend, slepend motief van twee noten een reeks zuchten en klachten suggereert; de eenentwintigste, waarin de *Goldberg*-baslijn wordt uitgebreid met stapsgewijze chromatische doorgangsnoten, een effect dat Bach dikwijls gebruikt om zielenpijn uit te beelden; en de vijfentwintigste, een emotioneel zwart gat dat niet ver voor het slot van de variaties opdoemt en waarin een sopraanlijn verwikkeld raakt in een steeds radicaler chromatisch warrelwoud. Bach was al even bedreven in het scheppen van emotionele tussentinten, zoals melancholie, getemperde droefenis, en momenten van zoet verlangen, maar wanneer zijn muziek de echt duistere regionen verkent, is ze bodemloos en onverbiddelijk en evenaart in dat opzicht alles wat andere kunstenaars in welk medium dan ook hebben uitgedrukt.

Bij zoveel intensiteit rijst al gauw de vraag naar een biografische verklaring, al zijn de meest onderzoekers zeer terughoudend als het gaat om het verband tussen Bachs persoonlijke leven en zijn muzikale productie. Het verzet tegen een psychologiserende benadering, dat een groot deel van de twintigste eeuw toonaangevend was binnen het Bach-onderzoek, is door Albert Einstein, die een begaafd violist was, treffend samengevat: 'Luister, speel, geniet, bewonder – en hou verder je mond.'[56] Anderen voeren echter aan dat er geen reden is om Bachs muziek buiten beschouwing te laten wanneer we tot enig begrip van zijn innerlijk leven willen komen, en hebben gepoogd aan de hand van dit problematische bewijsmateriaal tot een beter begrip van zijn persoonlijkheid te komen. Een van degenen die het best toegerust zijn om dit te doen is John Eliot Gardiner, een musicus en historicus die zijn leven lang Bach heeft gedirigeerd en in 2000 (Bachs tweehonderdvijftigste sterfjaar) al diens kerkcantates heeft uitgevoerd in een marathontournee die hem naar steden in Europa en de Verenigde

Staten voerde. Meer dan tien jaar later publiceerde hij een biografie van Bach die voor een deel gebaseerd was op die onderdompeling in zijn muziek en zijn daaruit voortgekomen visie op de componist, en hoewel Gardiner zich wel degelijk bewust was van alle gebruikelijke waarschuwingen voor 'de romantische opvatting van muziek-als-autobiografie', pleitte hij voor een diepgaander, want op de muziek zelf gebaseerd, inzicht in Bachs gevoelsleven. In zijn karaktertekening is Bach strijdlustiger en kleinzieliger dan bij anderen, en ook ernstiger getekend door het verlies van zijn geliefden. Zijn Bach is subversief, verwerkt zijn eigen theologische kijk op de wereld in gecodeerde vorm in zijn muziek, en geeft zijn afkeer van botte en ongecultiveerde werkgevers verhuld ten beste in muzikale excentriciteiten. Gardiner vindt ook aanknopingspunten die doen vermoeden dat Bach innerlijk verscheurd was door het verlies van zijn ouders, maar dankzij zijn wilskracht en zijn grote intellect de wond wist te helen: 'Sommige herinneringen zullen vast te pijnlijk geweest zijn om weer op te roepen. Toch stroken ze aardig met de prikkelbaarheid die, al dan niet gekoppeld aan een tekst, soms te horen is in zijn muziek. Bach leefde met onuitwisbare herinneringen aan zijn jeugd en heeft ongetwijfeld gepiekerd over de betekenis van wat daarin gebeurd was.' Deze 'alomtegenwoordigheid van de dood in zijn leven – van ouders, broers, zusters, zijn eerste vrouw en veel van zijn eigen kinderen – kan ertoe hebben geleid dat hij in emotioneel opzicht gesloten werd, of anderen behoedzaam tegemoet trad, omdat hij had ervaren dat in liefde ook het risico van verlies besloten ligt'. Muziek was voor hem een tegenwicht, niet omdat ze troost bood in de voor de hand liggende triviale betekenis, als balsem voor de ziel, maar eerder omdat ze zijn horizon verbreedde, en hem greep gaf op de onvoorspelbaarheid van het bestaan: 'Misschien bood de muziek Bach iets wat het echte leven hem in veel opzichten niet kon verschaffen: ordelijkheid en avontuur, plezier en voldoening, en meer zekerheid dan in zijn gewone leven te vinden was.'[57]

* * *

Al kunnen we er alleen maar naar gissen welke angsten Bach het hoofd heeft moeten bieden, over de gevoelens van ontzag en vrees die hij bij anderen opwekte is meer met zekerheid te zeggen. Vanuit de hem toegedragen bewondering als grondlegger van de muzikale traditie die ons ook Mozart, Beethoven en Wagner heeft geschonken, heeft Bach in ons collectieve geheugen een patriarchale gedaante en majesteit aangenomen die latere generaties ervaren als intimiderend. De grootheid van zijn muziek is verbonden geraakt met een besef van haar monumentaliteit en moeilijkheidsgraad. Hoewel hij er al in zijn eigen tijd van werd beschuldigd dat hij al te gecompliceerde muziek schreef, nam zijn reputatie als streng en intellectueel componist na zijn dood gigantische afmetingen aan. Zijn oeuvre werd typerend voor het klassieke beeld van het sublieme: er heet een kracht van uit te gaan die het menselijke overschaduwt, ons dreigt te overweldigen en ons niettemin een bijna goddelijke gewaarwording van onze autonomie in het universum deelachtig doet worden.

De oorsprong van dit mythische beeld gaat terug tot de tijd waarin hij leefde en de periode kort na zijn dood, waarbij de nadruk kwam te liggen op anekdotisch materiaal dat niet alleen zijn bovenmenselijke vermogens benadrukte, maar ook het ontzag dat ze inboezemden. Aan de mare van zijn verbazende talent werd flink bijgedragen door een ontmoeting met Frederik de Grote, de koning van Pruisen, die Bach in mei 1747 vroeg om voor hem te spelen. Bach willigde dit verzoek in en improviseerde een complexe fuga van een dusdanige kwaliteit 'dat alle aanwezigen gegrepen werden door grote verwondering'.[58] De plaats van handeling, het paleis van de koning in Potsdam, en de aanwezigheid van de vorst zelf in gezelschap van zijn musici, onder wie enkele van de beroemdste en voortreffelijkste toen levende instrumentalisten en componisten, verleent deze ontmoeting een extra dramatiek. Het gebeuren stelde Bach in de gelegenheid zijn kunnen als toetsenist te demonstreren op het grootste podium dat denkbaar was in een tijdperk dat er nog geen grote pianorecitals waren. Het verhaal heeft een pendant in een voorval van dertig jaar eerder, toen Bach als concertmeester in dienst was van het hof in Weimar. Hij werd toen uitgenodigd om zijn krachten te meten met een van de beroemdste organisten van die tijd, Louis Marchand, in de vorm van een soort duel, waarbij beiden zouden improviseren op een thema of in een stijl die de ander zou opgeven. Marchand, die op bezoek was in Dresden, stond bekend om zijn arrogantie, en het is denkbaar dat dit treffen was geënsceneerd – niet door Bach, maar door musici uit Dresden – met de bedoeling de Franse virtuoos in verlegenheid te brengen. Marchand accepteerde de door Bach verstuurde uitnodiging, maar kwam uiteindelijk niet opdagen. In Bachs necrologie wordt het als volgt verteld: 'Uiteindelijk stuurde de heer des huizes iemand naar de verblijfplaats van Marchand, om hem, voor het geval hij het misschien vergeten was, eraan te herinneren dat het nu tijd was om zich een man te tonen. Men vernam echter, tot ieders grote verbazing, dat monsieur Marchand in alle vroegte met de speciale postkoets uit Dresden vertrokken was.'[59]

Bach werd dus bij verstek winnaar van de wedstrijd. Dit relaas behoort tot de meest geliefde verhalen over Bach die aan het eind van de achttiende eeuw de ronde deden en is een voorloper van een compleet genre van anekdotes over muzikale duels, zoals de spectaculaire ontmoetingen tussen Mozart en Clementi, Beethoven en Daniel Steibelt, en Franz Liszt en Sigismund Thalberg. Een aantal van deze confrontaties eindigde onbeslist, andere met een overwinning, en in het geval van Beethoven schijnt Steibelt weggevlucht te zijn uit het vertrek. Maar Bach is de enige wiens muzikale vermogens zo groot zijn dat de tegenstander zelfs niet durft te komen opdagen. Het verhaal, dat bij iedere hervertelling verder verfraaid is, moest aantonen dat de Duitse muziek superieur was aan de Franse, en dat de vlijtige, briljante, plaatselijke held de meerdere was van de bereisde en roemruchte *homme du monde*. Maar een belangrijker effect was dat muziek hier niet werd afgeschilderd als een discipline, een vorm van zelfexpressie of een artistiek ambacht, maar als een middel om voor jezelf op te komen. Kunst is een wedstrijd, en alleen de sterksten houden zich staande.

Het is wrang en zelfs diep treurig dat muziek gereduceerd wordt tot een krachtmeting, maar deze voorstelling van zaken is al eeuwen bepalend voor onze relatie tot deze kunstvorm, of het nu gaat om een tweekamp tussen grote componisten, de pianoconcoursen uit de tijd van de Koude Oorlog of de gewoonte om pianocompetities in te zetten als middel om leerlingen te motiveren. Zelfs wanneer muziek niet wordt beschouwd als een wedstrijd met een andere persoon, wordt ze opgevat als een strijd tegen het recalcitrante, ongedisciplineerde ego, of een gevecht met de muziek zelf. Musici worstelen met Bach. Velen redden het niet. Ook het idee dat muziek een medium is waarmee je je zelf kunt laten gelden kreeg in de laatste decennia van Bachs leven een nieuwe sociale betekenis, waarmee muzikale competentie het zoveelste strijdperk in de culturele jungle werd.

Bij de eerste uitgave van *Goldbergvariaties* stond op het titelblad vermeld dat ze waren 'vervaardigd voor liefhebbers, om het gemoed te behagen, door Johann Sebastian Bach'. 'Om het gemoed te behagen', of, met een iets religieuzer getinte woordkeus, 'om de ziel te strelen' – was in die tijd een standaardformule, maar betekenisloos was ze niet. Toen Johann Kuhnau, Bachs voorganger als cantor aan de Thomasschule in Leipzig, een bundel met klaviermuziek uitgaf, schreef hij in het voorwoord: 'Ik heb deze nieuwe partita's gecomponeerd en die zelf gepubliceerd, in de hoop dat degenen wier geest is uitgeput door andere studies, hem aan het klavier kunnen verfrissen.'[60] Een andere componist richtte zich in vergelijkbare termen tot zijn afnemers en stelde dat zij door middel van oefening 'het gemoed kunnen verfrissen, wanneer men vermoeid is door andere studies en bezigheden'.[61] Muziek wordt hier beschouwd als een gezonde afleiding van nuttiger maar afmattende activiteiten, of in het ongunstigste geval als een acceptabele zwakheid die iemand ervoor kan behoeden zich aan ernstiger ondeugden over te geven.

Maar juist in een periode waarin een allengs omvangrijkere middenklasse de luxe van een rijker intellectueel en cultureel leven genoot, werd muziek ook meer en meer gezien als iets wat tot het domein van vrouwen behoorde en voor mannen neerkwam op verspilling van tijd en energie. Mannen dienden verstand te hebben van muziek en te kunnen oordelen over de hoogstaande dingen in het leven, waaronder ook de muziek. Maar het leren bespelen van een instrument werd aangemerkt als iets overbodigs. In 1705 werden jongemannen als volgt gewaarschuwd:

> Een instrument goed genoeg te leren bespelen om zich in voornaam gezelschap te durven laten horen vergt veel te veel tijd en energie. Als u te koop loopt met uw onbeholpenheid, en de oren van de toehoorders alleen maar kwetst, doet dat afbreuk aan uw reputatie. [...] U moet in elk geval zoveel over muziek leren dat u het onderscheid tussen stemmen voldoende begrijpt, en wat goed of slecht klinkt, zowel gezongen als op instrumenten, alsook wat vakmanschap en welluidendheid behelzen. Op die manier zult u, wanneer u in gezelschap van uw stand verkeert en er mooie muziek wordt uitgevoerd [...] in staat zijn om er vlot en verstandig over te spreken.[62]

Hier is sprake van een hele reeks zorgen en onzekerheden over muziek die ons tot op de dag van vandaag vergezellen: de angst om tijd te verspillen, de angst om een figuur te slaan en aan status in te boeten, en de angst om voor onwetend aangezien te worden. Verstand van muziek is een sociaal pluspunt, maar zelf musiceren biedt geen maatschappelijk voordeel. Deze opvatting heeft gedurende de hele negentiende eeuw standgehouden, en manifesteert zich opnieuw in de zelfhaat waarmee Thomas Mann een van zijn meest beklagenswaardige personages opzadelde: Hanno Buddenbrook, de laatste telg uit een groot Duits koopmansgeslacht, een ziekelijke, angstige en zwakke figuur, die zijn leven alleen betekenis weet te geven door muziek te maken, een tijdverdrijf dat zijn vader beschamend vindt. Dat dit nog altijd gevoelig ligt blijkt wel wanneer jonge mensen, vaak in hun studietijd, een instrument aan de wilgen hangen dat ze jarenlang hebben gespeeld, en dit rechtvaardigen met een argument als: ik zou nooit goed genoeg geworden zijn.

Goed genoeg waarvoor? Achter deze eigenaardige formulering gaat de aloude burgerlijke tweeslachtige visie op muziek schuil die opkwam in Bachs tijd. Als je niet de sterren van de hemel kunt spelen, kun je het maar beter helemaal laten. En als het over muziek van Bach gaat, ligt er een nog diepere angst op de loer. En dat is het gevoel dat zijn muziek, gezien haar sublieme karakter, het niveau van pure verstrooiing hoort te overstijgen en de luisteraar op een hoger plan dient te brengen. Er moet diepe ernst uit spreken en ze moet memorabel en aangrijpend zijn. Het kan niet anders dan dat deze bizarre insteek bij veel luisteraars tot teleurstellingen leidt, en fnuikende gevolgen heeft voor de muzikale vorming binnen onze samenleving als geheel. Dat is niet de schuld van Bach: hij heeft de *Goldbergvariaties* geschreven om het gemoed te behagen, niet om het in de boeien te slaan. Welke andere componist maakt ons zo angstvallig?

Een gebeurtenis uit de jaren twintig van de negentiende eeuw, een sleutelmoment in de canonisering van Bachs grootheid, illustreert het effect van die angstvalligheid. Tegen het eind van de achttiende eeuw dacht men bij de naam

'Bach' allereerst aan de volgende generatie uit het geslacht, Johann Sebastians zonen Carl Philipp Emanuel, Wilhelm Friedemann en Johann Christian. Bach zelf stond bekend als 'de oude Bach', en hoewel zijn muziek door kenners werd bestudeerd en bewonderd, werd ze betrekkelijk weinig uitgevoerd en gold ze alom als ouderwets, dor en moeilijk te begrijpen. In maart 1829 kwam daar echter verandering in, toen Felix Mendelssohn in Berlijn Bachs monumentale *Mattheüspassie* dirigeerde, die daarmee voor het eerst in honderd jaar weer werd uitgevoerd. In een later verslag van deze gebeurtenis, opgetekend door Eduard Devrient, een van de solisten en tevens een vriend en bewonderaar van Mendelssohn, wordt dit project afgeschilderd als een heroïsche onderneming die weinig kans van slagen heeft en krijgt het relaas de dramatische spanningsboog van een Hollywoodfilm. Bij zijn inspanning om het werk nieuw leven in te blazen, waarvoor twee orkesten, een geoefend koor en topsolisten nodig zijn, wordt Mendelssohn tegengewerkt door een oude zuurpruim, Carl Friedrich Zelter, de bejaarde en humeurige directeur van de Berlijnse Sing-Akademie. Als directeur van deze instelling, die aan het begin van de negentiende eeuw een grote bijdrage leverde aan de verbreiding van Bachs werk, moet Zelter worden overreed om mee te werken, maar zijn toewijding aan Bachs nalatenschap is absoluut: als het niet op een manier gedaan kan worden die recht doet aan Bachs majesteit, moet er helemaal van afgezien worden. Mendelssohn en Devrient houden echter voet bij stuk, ontzenuwen bezwaren en leveren een heroïsche inspanning om het werk in te studeren, die uiteindelijk wordt bekroond met een overwinning. Het publiek luistert 'doodstil', er heerst een 'gewijde stemming' en men is zich ervan bewust dat deze wederopwekking van een 'halfvergeten genie' van 'historische betekenis' is.[63] In veel opzichten was dat ook zo. Een van de toehoorders bij de geboorte van deze nieuwe Duitse geest was de filosoof Hegel. Bachs grote koorwerken zijn sedertdien niet meer weg te denken uit de canon.

Het verzet van de oude Zelter doet zich op kleine schaal nog altijd gelden als ik achter de piano ga zitten om Bach te studeren. Wanneer je de complexiteit van wat er nog gedaan moet worden in ogenschouw neemt, in combinatie met de vrijwel absolute zekerheid dat je niet opgewassen bent tegen de taak, lijkt het onbegonnen werk, en bij elk klein stapje vooruit ben ik me ervan bewust dat er nog heel veel meer te doen is. En zelfs wanneer je goede vorderingen maakt, is er altijd het gevaar dat je afglijdt en terugvalt. Want in muziek doet zich het eigenaardige verschijnsel voor dat je bij het aanleren van nieuwe dingen oude dingen dikwijls verleert. Misschien denk je dat je subtiliteit en verfijning kunt toevoegen, zoals een schilder hoogsels aanbrengt op een vrijwel voltooid doek. Maar wanneer je brein nieuwe uitdagingen aangaat en nieuwe aspecten van de muziek ontdekt, brengt het ook zwakheden en tekortkomingen aan het licht die zijn eerdere pogingen aankleven. Het doet soms denken aan zo'n gekmakende mechanische puzzel waarin je geen enkel stukje kunt verplaatsen zonder eerst alle andere te verschuiven. Het is dan het eenvoudigst, en soms enorm verleidelijk, om er maar voorgoed mee op te houden.

En wat voor kwaad zou daarin schuilen? We geven voortdurend dingen op. We stellen ons voor dat we ons hele leven bezig zijn met het maken van keuzes, met besluiten om actie te ondernemen en nieuwe dingen aan te pakken.

Maar we worden evenzeer gedefinieerd door alles wat we besluiten niet te doen, door het opgeven van oude hobby's, en door onze half afgemaakte projecten en ingeslapen ambities. In het algemeen geldt de ongeschreven regel voor een evenwichtig bestaan dat we bepaalde dingen opgeven voordat ze een blok aan het been worden. Een voorwaarde voor een 'gepast' leven is dat we ons alleen wijden aan de dingen die we redelijkerwijs tot stand kunnen brengen binnen een afzienbare termijn. Hoe ouder we worden, hoe subtieler de tweeledige afweging wordt om aspecten van onszelf te laten varen, wat ons in staat stelt om nieuwe aspecten te ontwikkelen.

Een van de dingen aan mijn moeders leven waar ik het het moeilijkst mee had, de zelfgekozen benepenheid ervan, kwam nog sterker naar voren toen ze op haar sterfbed lag. Tijdens de laatste dagen van haar leven probeerde ze moeizaam allerlei verhalen te vertellen, waarvan ik de meeste al kende. Van gelukkige herinneringen was geen sprake; het waren alleen maar verhalen over angst en verlies, waaronder een onderhoud met haar vader, een tirannieke en halsstarrige man van wie ze hield. De marine had mijn vader overgeplaatst naar het buitenland, en mijn moeder stond op het punt om met haar twee jonge dochters te verhuizen naar een stacaravan in Corpus Christi, in Texas, waar ze in haar eentje voor hen zou moeten zorgen. Haar vader drukte haar plechtig op het hart: 'Je hebt maar één plicht in dit leven, en dat is te zorgen dat die kinderen niets overkomt.' Haar stem trilde toen ze die meer dan een halve eeuw eerder gegeven opdracht beschreef, en het gebeurde zat haar blijkbaar zeer hoog, gezien het feit dat ze het in de loop van de jaren talloze malen vertelde, vooral in de tijd dat haar leven ten einde liep. Ik denk dat het haar bedoeling was om uit te leggen waarom ze de moeder was geweest die ze was, streng en gauw boos, haar kinderen duidelijk te maken welke offers ze had gebracht, wat beslist het geval was, en om ons te herinneren aan iets anders wat zeker waar was, namelijk dat we inderdaad een veilig en beschermd bestaan hadden gekend en in welvaart waren opgegroeid. Maar de woorden van haar vader waren gericht tot een jonge vrouw die haar hele leven nog voor zich had, en dat leven bracht hij terug tot één enkel aspect, dat gegrondvest was op angst.

En nu is ergens in mij nog altijd een restant aanwezig van die angst, die van generatie op generatie is doorgegeven, als een stel antieke lepels of een in leer gebonden bijbel. Ze heeft niet de gedaante van de verstikkende angst voor de wereld die mijn moeder voelde, en evenmin van de diverse angsten die ik als jongeman probeerde te bedwingen, maar heeft eerder te maken met een diepgewortelde, voortdurende angst dat mijn leven zomaar voorbij zal zijn zonder dat ik iets van betekenis tot stand heb gebracht. Veel mensen hebben dat gevoel. Gezien de manier waarop de wereld in elkaar zit is het bijna onvermijdelijk dat we dat allen van tijd tot tijd ervaren, met name als we ons de troost van de religie ontzeggen. Ik heb geprobeerd die angst zoveel mogelijk te verbergen, maar misschien had die oude freudiaanse schrijver op een bepaalde manier wel gelijk: datgene wat je onderdrukt steekt onvermijdelijk weer de kop op, en in mijn geval gebeurt dat blijkbaar wanneer ik aan de slag ga met muziek. Het is eigenaardig om je angsten te koppelen aan muziek, juist aan iets wat je plezier hoort te verschaffen. Misschien komt het doordat het een kunstvorm is die zich in de tijd ontwikkelt, waardoor we ons scherp bewust worden van begin- en eindpunten, maar bij muziek word ik altijd bevangen door het ontredderende gevoel dat mijn leven afgelopen zal zijn voor het voltooid is. Als er één ding is in mijn leven dat ik zou willen kunnen afleren, is het die angst. Toen ik de *Goldbergvariaties* begon te studeren, jaren geleden intussen, zag ik dat als een manier om nieuwe energie te aan te boren in een periode van rouw. Maar nu ik die rouw gaandeweg achter me heb gelaten, is deze muziek eerder iets geworden wat me steeds in herinnering brengt hoe dikwijls het leven aandoet als een race tegen de klok, en er zijn heel wat avonden geweest dat ik dacht dat dit een krankzinnig plan was, en dat ik het maar beter kon laten varen: de zoveelste tactische terugtocht in het aangezicht van het onvermijdelijke. En op een of andere manier is het opnieuw de angst die me te hulp schiet, en van mij verlangt dat ik het nog weer een laatste keer probeer, de oude, banale, nooit aflatende faalangst. Het is tijd om deze muziek nu echt aan te pakken, of haar definitief opzij te leggen.

Elf

Het is zeven jaar geleden dat mijn moeder stierf, lang genoeg voor Nathan om een half hondenleven geleefd te hebben, en lang genoeg voor mij om het verdriet achter me te laten. Soms bel ik mijn tante om bij te praten en dan is het griezelig hoeveel haar stem lijkt op die van mijn moeder, die ik elke zondag hoorde. Er zijn wat losse spullen in huis die me aan haar doen denken, een keukenmes en een vergiet die ze me gaf toen ik voor het eerst op mezelf ging wonen, een lamp die ooit op de piano stond in het huis waarin ik ben opgegroeid. Wanneer ik ze in handen krijg, zo af en toe, doen ze me aan haar denken, en des te meer op het moment dat zoiets stuk gaat en ik overweeg om het weg te gooien. Toen een varenplant die mijn moeder jaren geleden voor mij had verpot bijna doodging doordat ik hem verwaarloosd had, was ik wekenlang bezig om hem weer op te peppen. Toen ik een keer wat oude papieren op mijn bureau doorzocht, zag ik haar handschrift op een aanvraag voor een verzekering die ze dertig jaar terug had ingevuld. Ik kon geen wijs worden uit haar aantekeningen, die ze blijkbaar had willen gebruiken om navraag te doen naar nadere details van de polis. Maar dat bekende keurige ouderwetse schuinschrift trof me zo dat ik het papier opborg bij mijn brieven en foto's.

Het zijn niet die sporadisch opduikende herinneringen

zelf die zo pijnlijk zijn. Het zit hem eerder in de geleidelijke uitdunning van zulke momenten, in het feit dat ze zich steeds minder vaak voordoen, in de wetenschap dat telkens wanneer ik op zo'n aandenken stuit het weer langer zal duren voor ik opnieuw word getroffen door een fysiek object dat een spoor van haar bestaan bevat. En nu de aanleiding om aan haar te denken steeds zeldzamer wordt, komt daar het angstige vooruitzicht bij dat ik op een zeker moment in de toekomst de enige zal zijn die zich haar nog herinnert. Een herinnering die in slechts één iemand voortleeft is fragiel, zo broos dat je zelfs kunt aarzelen om haar op te roepen; en naarmate je meer van zulke relieken verzamelt, wordt het lastiger om rond te rommelen in je geheugen, uit angst dat bij de geringste trilling van een voetstap alles tot stof zal verkruimelen. En natuurlijk verwijst die angstaanjagende broosheid naar je eigen dood.

Toen ik na mijn moeders dood Bach ging studeren, ervoer ik dat als een poging om terug te keren naar het leven. Maar er gebeurde iets eigenaardigs: het leven kwam uit eigen beweging terug. De muziek doet me nu denken aan de band die ik heb met sommige oude vrienden, een band die opbloeit wanneer ik een plaats bezoek waar ik ooit heb gewoond en dan weer opgaat in de achtergrond van het leven, een relatie die nooit ten einde zal zijn en zich ook niet verder zal ontwikkelen. Wanneer ik piano studeer gaat het, net zoals wanneer ik aan fitness doe, niet louter meer om het opbouwen van vaardigheid, kracht en zekerheid; het gaat nu ook om het in de gaten houden van teruglopende vaardigheden. In de maanden en jaren na mijn moeders dood voelde ik een sterke drang om me te verdiepen in de *Goldbergvariaties*, een behoefte die werd aangewakkerd door een beginnende depressie en de angst dat ik bij mijn dood een even grote last aan spijt en wrevel met me mee zou torsen als zij bij de hare. Maar toen het leven terugkeerde, ging Bach weer een wat normalere plaats innemen in mijn leven.

En toen maakte ik mijn eigen rondgang door het medisch circuit, liet bloed afnemen en foto's maken, onderging biopsieën, wachtte op uitslagen en bereidde me voor op het ergste. Het was beangstigend, een van die ontnuchterende confrontaties met een fysieke kwaal die op het moment zelf ellendig zijn, maar een geschenk kunnen lijken als het voorbij is – als er althans iets beklijft van de moeizaam veroverde wijsheid die voortkomt uit angst. Maar toen de mededeling 'alles is in orde' kwam, was het niet het 'in orde' dat ik kende van eerdere angstige ervaringen, maar slechts een 'voorlopig in orde'. En ook dat was een zegen, omdat het me hielp vast te houden aan de besluiten die ik had genomen in de schaduw van de dood. Een van die besluiten was om nu echt aan de slag te gaan met de piano, mijn vroegere vaardigheden te herwinnen, als dat nog mogelijk was, en me de muziek zo grondig eigen te maken als mijn hersenen en mijn spieren maar toelieten. En naar mijn idee was er geen andere manier om dat te doen dan door weg te gaan, me af te sluiten voor alle afleidingen die het leven bood, en me uitsluitend te concentreren op dat ene project, voor een poosje tenminste.

Dus pakte ik het elektronische keyboard in, zette de hond in de auto, en reed westwaarts, naar de Shenandoahvallei. Ik kon bijna een maand lang gebruikmaken van een oud huis dat niet lang na Bachs dood was gebouwd door Duitse kolonisten, een van de eerste solide huizen in dit deel van Virginia. Het lag in een verscholen hoek van een groen en vredig landschap met oude magnolia- en acaciabomen, glooiende heuvels, restanten van dichte bossen en rustig kabbelende beekjes, die 's zomers bij zwaar weer buiten hun oevers traden. Ik had het huis helemaal voor mezelf alleen en zag wekenlang alleen maar naamloze gezichten in een paar passerende auto's. Ik had niets anders meegenomen dan Bach, en hoewel er een televisie in huis was, kon ik er na de eerste dag al niet meer naar kijken. Ik sliep in een kleine, rustige kamer met smalle ramen die waren uitgehouwen in de dikke stenen muren, en een open haard vlak bij het bed. Talloze generaties hadden daar geleefd, waren daar geboren en gestorven, en ongetwijfeld waren sommigen van hen overleden in die kamer en hadden op dat moment misschien wel door datzelfde raam naar dezelfde wazig blauwe hemel en datzelfde dichte gebladerte gekeken. Bij gebrek aan gezelschap probeerde ik me hen voor de geest te halen, rustige, forsgebouwde, humorloze mensen, altijd bezig, altijd aan het werk, maar toen begonnen die denkbeeldige oude Duitsers me verwijtend aan te kijken om de ledigheid waarin ik in hun ogen mijn dagen verdeed, door in mijn eentje achter een keyboard te zitten, of op de bank naar het plafond te liggen staren, met niets anders dan flarden muziek in mijn hoofd.

Op mijn eerste ochtend in dat huis lag ik in bed te mijmeren, helemaal alleen, afgezien van Nathan, die aan mijn voeten lag te slapen. Sinds het overlijden van mijn moeder heb ik vaak geprobeerd me mijn eigen dood voor te stellen om zo die van haar beter te begrijpen. Ik heb geprobeerd te anticiperen op alle stadia van het sterven en de laatste uren van dat proces in gedachten te doorlopen. En dan kom ik altijd weer uit op een fundamentele vraag: ervaar je een verhoogde intensiteit van je bewustzijn op het moment dat dat bewustzijn wordt uitgedoofd? Of vervluchtigt het ego wanneer je je bij de rest van de mensheid voegt in die universele, gedeelde en misschien wel banale ervaring? Trekt je hele leven 'in een flits' aan je voorbij, waarbij je herinneringen tot hun essentie worden teruggebracht, of 'glijd je gewoon weg', om een aantal tegenstrijdige beschrijvingen aan te halen van de manier waarop we worden geacht de dood te ervaren? En als ons leven in een flits voorbijtrekt, wie is dan de samensteller van die beelden, en is het een nauwkeurig resumé van ons bestaan, een willekeurige reeks hoogtepunten, of een laatste door eigenbelang ingegeven poging om nog enige coherentie te behouden? Dat zijn vragen die ik graag zou willen voorleggen aan iemand met voldoende wijsheid, maar als iemand die ooit verworven heeft, is die wijsheid even snel uit dit ondermaanse verdwenen als hijzelf. Mijn moeder kan me daar niet bij helpen, niet alleen omdat ze dood is, maar omdat in dat laatste uur de morfine haar geleide was.

Ik ben nu ongeveer even oud als mijn moeder was toen ik stopte met school en het huis uit ging, nu meer dan dertig jaar geleden. Als ik de levensfase waarin ik nu verkeer verwarrend vind, vraag ik me vaak af waar zij was op hetzelfde moment in haar leven en hoe ze eruitzag, en ga dan oude foto's van haar bekijken om beter te begrijpen wat het betekent om dertig, veertig, vijftig of, zoals ik nu, tweeënvijftig jaar te zijn. Met het verstrijken der jaren doet zich een passieve accumulatie van begrip en sympathie voor onze ouders voor, waaraan geen geestelijke inspanning of bewuste empathie te pas komt. Het is eerder ons lichaam dat ons van alles duidelijk maakt, hoe vermoeidheid werkt, met pijntjes die de kop opsteken, of door de tegenzin om iets te veranderen aan slaap- en eetgewoonten. Toen ik de elektrische piano uit de auto tilde, maakte ik hetzelfde geluid dat zij altijd maakte als ze dingen opraapte van de vloer of zware voorwerpen versleepte. Mijn moeder wilde altijd dat iedereen in bed lag voordat zijzelf naar haar slaapkamer ging, wat een totaal willekeurige regel leek. Als ik die negeerde en nog een poos in de huiskamer bleef zitten studeren of lezen, moest ik later op de avond stilletjes naar mijn kamer sluipen, kroop dan met één tree tegelijk de trap naar de eerste verdieping op en hield bij ieder kraakje angstvallig stil. Maar hoe geruisloos ik ook naar boven was geslopen, toch klaagde ze de volgende ochtend altijd weer steen en been dat ik haar had gewekt en dat ze de rest van de nacht niet had geslapen. Nu, in dit vreemde huis, betrap ik mezelf erop dat ik wil dat Nathan eerst in slaap moet zijn bij me in de kamer voordat ik zelf rustig naar bed kan gaan.

En nu pas begin ik vaag iets te begrijpen van een kwestie die me altijd voor raadsels heeft gesteld: waarom is ze opgehouden met spelen? Ik weet nog dat ze viool speelde toen ik jong was, en dat deed ze met plezier; nog in het begin van mijn tienertijd pakte ze het instrument af en toe van de plank en speelde mee met iets wat ik aan het instuderen was. Maar toen ik ouder werd en beter piano begon te spelen, deed ze dat steeds minder vaak. Ze had telkens andere smoezen. Eerst speelde ze niet omdat ze te weinig gestudeerd had. Daarna deed haar linkerhand pijn van het indrukken van de snaren. En ten slotte had ze haar rechterhand gebroken of op een of andere manier bezeerd, waardoor ze de stok niet goed kon vasthouden. Een van de laatste keren dat we samenspeelden hield ze zomaar middenin op, vloekte als een ketter, pakte de viool bij de hals en zwiepte hem in het rond, met dezelfde kracht en felheid waarmee ze ons sloeg, maar nog net voor ze de rand van de piano raakte hield ze ermee op en legde het instrument behoedzaam terug op de plank.

Tijdens die weken dat ik alleen was in het buitenhuis, lange wandelingen maakte, Bach speelde en 's avonds onder de blote hemel naar de sterren lag te kijken, heb ik misschien wel hardnekkiger en oprechter geprobeerd om mijn moeder te begrijpen dat ik ooit tijdens haar leven heb gedaan. Bepaalde kleine dingen hadden veelzeggend moeten zijn: dat ze altijd het gelukkigst was als ze weg was uit haar gewone leven; dat ook zij moeite had om een soort discipline of orde aan te brengen in haar bestaan en heel ver ging in haar pogingen om voorschriften en maatregelen in te stellen om zichzelf te verbeteren; en dat ze, wanneer ze een bepaald aspect van haar leven niet op orde kon krijgen, iets anders koos waaraan ze verbeten haar wil oplegde. Alles om haar heen werd ongemerkt meegesleurd in dat soort dingen.

Toen mijn zuster en ik nog klein waren, werden we elke maand naar de keuken geroepen, waar mijn moeder ons haar secuur bijgehouden boekhouding liet zien. Ze noteerde alle bedragen die voor ieder van ons waren uitgegeven, aan kleren, schoenen en leerboeken, lesmateriaal, contributie voor de padvindsters en het geld dat we meekregen voor de lunch. Na zo'n avond met het kasboek, ongetwijfeld een overblijfsel van haar jeugd tijdens de Grote Depressie, bekeken wij kinderen elkaar altijd met enig wederzijds wantrouwen; we vroegen ons af waarom de een meer had verbruikt dan de ander, of dat bezoek aan de dermatoloog nou flauwekul was geweest of echt noodzakelijk, en of klarinetles nou bij de opvoeding hoorde of gewoon een hobby was. Tijdens het doornemen van de boekhouding raakte ze steeds erger overstuur. 'Zo kunnen we niet doorgaan,' zei ze dan met trillende lippen, vechtend tegen haar paniek. We stonden erbij en keken stuurs naar het notitieboek met de spiraalrug waarin de dreigende ondergang van ons gezin zich in haar ogen almaar hoger opstapelde. Soms begon ze zelfs te huilen en schold daarna op onze onverschilligheid. Intussen bracht mijn vader zonder mankeren zijn vaste en meer dan toereikende salaris binnen, betaalde de hypotheek op tijd, rekende de aankoop van een auto af met contant geld, legde genoeg opzij voor zijn pensioen, bracht na zijn bijna wekelijkse zakenreizen vaak kleine cadeautjes mee voor mijn moeder, en wist genoeg te sparen om met vakantie te gaan en af en toe buiten de deur te gaan eten.

Haar omgang met voedsel was exceptioneel en soms bizar. We kregen vaak maandenlang karige maaltijden voorgeschoteld, en vonden intussen overal in huis verborgen snoepgoed en andere lekkernijen, achter boeken, achter in een la die zelden werd geopend, of weggestopt onder in een vaas. Nog jaren nadat ze die pogingen om te lijnen had opgegeven stuitten we op verdroogde snoepjes, soms zelfs van een merk dat al lang niet meer in de handel was, verschrompelde antiquiteiten, gemaakt van glucosestroop en kleurstof. Wat ons betrof kwamen haar pogingen om af te vallen telkens weer neer op een periode van ontbering, en we keken minachtend neer op haar zwakte, alsof het een ernstige vorm van hypocrisie was, zonder ons te bekommeren om haar gezondheid of welzijn. In de loop van mijn jonge jaren vatte ze ook aldoor nieuwe hobby's op, en ging in een later stadium aarzelend op zoek naar iets wat voor haar onbereikbaar was geweest toen haar kinderen nog klein waren: een leven buitenshuis. Soms werd haar enthousiasme gedreven door angst, zoals toen ze zich op het tuinieren stortte en een groot deel van de achtertuin in perken verdeelde waarin ze aardbeien, erwten, bonen, courgettes en aubergines ging telen. Door de beroering in de tijd van Nixon, de oliecrisis, oorlogen in het Midden-Oosten, de gedeeltelijke meltdown in de kerncentrale van Three Mile Island, en, erger dan dat alles bij elkaar, Jimmy Carter, aan wie ze gruwelijk de pest had, werd haar kijk op de wereld steeds pessimistischer. De tuin was haar beschutting tegen honger en chaos.

Andere activiteiten, zoals fitnessoefeningen en vrijwilligerswerk, ondernam ze juist om haar leven te verrijken, en ik schaam me nog als ik bedenk hoe weinig we haar daarin steunden. Ze ging aan aerobics doen om een goed figuur te houden, wat trouwens ook een gunstige uitwerking had op haar humeur, maar toen ze ons haar oefeningen voordeed, hardop tellend op en neer sprong op het hoogpolige rode tapijt in de huiskamer en haar armen griezelig ver omhoogzwaaide onder het lage plafond, begonnen we te lachen. Haar uitbundige gedrag was even onverklaarbaar als onverwacht, en toen ze niet lang daarna ophield met de lessen gingen we ervan uit dat dat gewoon kwam door gebrek aan doorzettingsvermogen en wilskracht, en dat het niets te maken had met onze spottende reactie.

Ook volgde ze een opleiding om kinderadvocaat te worden bij de streekrechtbank, en deelde ons op plechtige toon mee dat ze had moeten zweren haar zaken geheim te houden, waarna ze er desondanks uitvoerig verslag van deed.

Dat was aan het begin van de jaren tachtig, een tijd waarin zij, net als de rest van het land, steeds conservatiever werd. Ik moest niet veel hebben van haar juridische activiteiten en de verhalen die ze vertelde, omdat ze naar mijn idee koren op de molen waren van de toen heersende ideeën over het disfunctioneren van gezinnen uit minderheden en de luiheid van de lagere klassen. Op een avond werd de ergernis me te veel en onderbrak ik haar midden in een verhaal: 'Ik dacht dat je niks mocht zeggen over je zaken.' Daarna vertelde ze er thuis niets meer over en gaf uiteindelijk ook het vrijwilligerswerk als kinderadvocaat op. Een van mijn zusters wees me erop hoe vreemd het was dat onze moeder de rechtbank adviezen gaf over opvoeding, terwijl ze daar zelf zo weinig van terechtbracht. Nu ik terugkijk wordt me iets duidelijk wat we toen niet onder woorden konden brengen: omdat ze niet echt een moeder voor ons kon zijn, gaven we haar ook niet de kans om iets anders te worden.

* * *

De eerste dag dat ik de stad uit was probeerde ik te inventariseren hoe ver ik nu was met de muziek. Ik stond vroeg op, zette koffie, stuurde Nathan de deur uit om de omgeving te verkennen en besloot toen dat ik een plan moest maken. Ik wilde een waarheidsgetrouw en duidelijk overzicht maken van wat ik tot dusver had leren spelen en wat me nog te doen stond, en bovendien een lijst opstellen van specifieke dingen die ik moest studeren, zodat ik nooit gedachteloos of zonder doel voor ogen aan het werk zou gaan. Ik zette het keyboard neer aan de rand van het met plavuizen bestrate terras, zodat ik met mijn rug naar het huis zat en uitkeek op niets anders dan een zee van groen. En toen begon ik de variaties te spelen: eerst de eerste zes, die ik behoorlijk goed kende, en toen de volgende zes, die ik redelijk in mijn hoofd had, maar nog niet feilloos kon spelen. Ik maakte een kort wandelingetje terwijl de zon opkwam achter de boomtoppen op een heuvel in de verte, en verzamelde moed voor een minder systematische verkenning van de tweede helft van de cyclus. Ik sloeg de Franse ouverture over omdat ik nog niet had uitgezocht hoe ik die kluwen aan versieringen moest ontwarren, evenals een paar van de latere arabeske variaties waaraan ik nog niet eens serieus was begonnen. Ik had het al die jaren eigenlijk nooit erg ordelijk aangepakt. Zelfs de aria, waar ik toch een zwak voor heb, kende ik nog niet uit mijn hoofd, misschien omdat ik aldoor het gevoel had dat die zo makkelijk was dat ik haar snel zou kunnen memoriseren als het echt nodig was. Toen ik bij het slot van de cyclus was aangeland, schatte ik dat ik na vijf jaar los-vast werken ongeveer 30 procent van de muziek goed kende, zij het dat ik maar een klein deel daarvan grondig en op een professionele manier had ingestudeerd.

Mijn takenlijstje bevatte instructies als 'doornemen, vingerzetting, instuderen, memoriseren' voor de zes variaties die ik nog helemaal niet kende, 'memoriseren' voor minimaal twaalf andere, en allerlei opdrachten als 'opschonen en naar het goede tempo' en 'struikelblokken wegwerken'. Ook waren er in bijna elke variatie passages die ik van meet af aan verkeerd had ingestudeerd. Aan het eind van de eerste helft van de eerste variatie – op een pagina die helemaal beduimeld was doordat ik hem zo vaak had omgeslagen – had ik mijn linkerhand geleerd de afsluitende D-majeur-toonladder in de verkeerde richting te spelen, zodat mijn handen uit elkaar gingen in plaats van samen te komen op dezelfde noot. Ik had talloze malen naar die maat zitten staren, had hem talloze malen gehoord, hem talloze malen langzaam en doelbewust doorgenomen, en was het aldoor fout blijven doen. Zoiets ongedaan maken, een manier van spelen die door de lange herhaling vaste paadjes heeft uitgesleten in je geheugen, is idioot moeilijk en frustrerend; als je het meteen goed aanpakt is het heel eenvoudig, maar om zoiets te corrigeren is een ingrijpende mentale omschakeling vereist.

Bij sommige variaties moest ik het keyboard in de steek laten en rustig gaan zitten om de wirwar van aantekeningen die ik in de partituur had gemaakt te ontcijferen en op te schonen. Bij het instuderen van muziek is goede hygiëne een eerste vereiste: je moet nooit rommel achterlaten en nooit veranderingen doorvoeren zonder er aantekening van te maken in de bladmuziek. In veel gevallen had ik nagelaten om oude vingerzettingen in de muziek te corrigeren, vingerzettingen die nu zo onhandig leken dat ik geen idee meer had waarom ik ooit had gedacht dat ze zouden werken. Ze waren intussen vervangen door nieuwe, natuurlijkere oplossingen, net zoals je in een park vaak efficiënte netwerken van olifantspaadjes ziet die zich niets aantrekken van het bestrate parcours dat is bedacht door ontwerpers zonder oog voor de menselijke natuur. Het weggummen van oude aantekeningen is niet zomaar pietluttigheid: het komt vrij vaak voor dat je bij een stuk dat je grondig hebt ingestudeerd toch een vluchtige blik werpt op de muziek, wanneer je geheugen je om een of andere reden even in de steek laat, en dan lichten die oude vingerzettingen op als richtingaanwijzers en brengen je op een dwaalspoor.

En dan waren er nog de hardnekkige problemen, die zich gedragen als actieve zinkgaten in de muziek en altijd weer opengaan, hoeveel tijd en moeite je er ook in stopt. In zulke gevallen moet ik doen wat me het minst aanstaat, dat secure mentale werk waarbij je je een visuele voorstelling maakt van je bewegende handen, de noten geluidloos afspeelt in je hoofd, en je zo een compleet auditief en fysiek mentaal beeld van de muziek vormt. Soms, als je dit doet wanneer je er fris tegenover staat, kun je het gevoel krijgen dat het probleem is opgelost. De reparatie is niet feilloos, het blijft een zwakke schakel, maar misschien houdt die het wel als je voorzichtig bent, en elke keer dat je die schakel met succes passeert wordt hij wat steviger en is misschien dat kleine gaatje in je kennis wel voorgoed gedicht. Maar dat weet je natuurlijk pas wanneer je er op volle snelheid doorheen gaat. Er waren her en der in de cyclus tientallen van dat soort valkuilen, die elk uren aandacht vergden, en na elke nieuwe poging was het noodzakelijk er een nachtje over te slapen en het de volgende ochtend met een leeg hoofd nog eens te proberen om te kijken of alles inderdaad wel werkte.

Ik nam me voor om tijdens mijn muzikale retraite uit het normale leven elke dag een vast schema aan te houden. De ochtenden waren bestemd voor de zware mentale klussen, het memoriseren van de muziek en het afleren van oude fouten, de middagen voor het mechanischer getinte werken aan lastige passages en materiaal dat al was ingedaald, maar nog niet tot een tweede natuur geworden, en de avonden voor het instuderen van nieuwe variaties en het uitzoeken van vingerzettingen. Maar dat idee bleek te ambitieus om haalbaar te zijn. Alles bij elkaar was drie uur effectief studeren het hoogste wat ik op een dag kon opbrengen, en ik weet maar al te goed hoe riskant het is om te studeren wanneer je moe bent en achteloos dreigt te worden. Zo kwam ik voor de vreemde situatie te staan dat ik een groot deel van de dag vrij had en mentaal uitgeput was maar fysiek niet, zodat mijn geest nog amper tot iets in staat was, maar mijn lichaam schreeuwde om actie. Dus ging ik lange wandelingen maken, met een hoofd waarin nauwelijks ruimte was voor iets anders dan muziek.

Na een paar weken zo te hebben gewerkt is er sprake van vooruitgang. Ik voel het, vooral 's ochtends wanneer ik volop energie heb en scherp ben, en de tijd die het kost om elk nieuw stukje muziek door de verschillende niveaus van het geheugen te loodsen, wordt merkbaar korter. Het grootste deel van het werk doe ik nu zonder naar de noten te kijken, behalve om te controleren of ik fouten maak. Ik kan nu betrekkelijk snel overgaan van het uitwerken van de vingerzettingen naar het studeren van passages zonder de bladmuziek erbij, en in plaats van elke variatie door te spelen tot ik tegen struikelblokken aanloop ken ik de meeste probleempassages intussen uit mijn hoofd, zodat ik daar stuk voor stuk aan kan werken, zonder te worden afgeleid door de bladmuziek of de verleiding om mezelf de onderdelen te horen spelen die ik al ken. Ik besef dat sommige van die pijnpunten waarschijnlijk altijd onoplosbaar zullen zijn. Andere zullen als een genetisch defect van tijd tot tijd weer opduiken, maar de meeste beginnen langzamerhand te verdwijnen. De eerste dagen na mijn aankomst deed mijn wandeling tussen de middag dikwijls aan als een breuklijn in de dag, die de slagvaardige denker die 's ochtends vorderingen maakte scheidde van de behoedzame observator die 's middags die vorderingen evalueerde. Maar nu voel ik dat die dingen beginnen samen te vallen, dat de muzikale uitdagingen gaandeweg hanteerbaarder worden, en dat mijn zelfbeeld als musicus niet langer opgesplitst is in een actieve speler die een doel nastreeft en een ploeteraar die zijn vingers op de toetsen moet zetten om te zien of datgene waarop hij zo hard heeft gestudeerd toevallig misschien wel beklijft.

Het is vreemd om in een groen landschap te zitten, waar een zacht briesje waait en de geur van gemaaid gras in de lucht hangt, en dan steeds opnieuw een notenconstellatie te spelen die bijna drie eeuwen terug op papier is gezet, muziek die niet meer van deze tijd is, en op veel mensen een even sleetse en ouderwetse indruk zal maken als het huis achter mij. Nu ik dit al dagenlang op hetzelfde tijdstip en dezelfde plaats doe, ben ik deel gaan uitmaken van de omgeving en trekken de konijnen en de vogels zich niets meer aan van de aanwezigheid van die vreemde figuur die aan de rand van hun territorium geruisloos op kunststof toetsen zit te trommelen. Nathan gaat achter alles aan wat op vier poten loopt en te dicht bij het keyboard komt, maar hij krijgt nooit iets te pakken, en om hem terug te halen hoef ik alleen maar de stekker van de koptelefoon eruit te trekken, waarop het geluid van Bach dat uit de luidsprekers schalt elke bekoring die de hazen, veldmuizen en buidelratten voor hem hebben tenietdoet, en hij rechtsomkeert maakt om woedend zijn beklag te doen over de muziek. Naarmate de dagen verstrijken worden de vogels zelfs nog dapperder, wagen zich tot vlak bij mijn voeten en gaan soms drie of vier meter bij me vandaan met zijn allen onder een boom zitten, als het gevederde publiek dat zich rondom Sint Franciscus heeft verzameld om te luisteren naar zijn preek, zoals afgebeeld op het beroemde fresco in Assisi dat soms wordt toegeschreven aan Giotto. Dit is misschien wel de perfecte manier om ze toe te spreken, zonder woorden of inhoud, een zwijgend contact, dat hun alle vrijheid laat om te horen wat ze willen horen en mij om te zeggen wat ik wil zeggen, zonder dat een van beide partijen er last van heeft.

Het absurde van zulke momenten ontgaat me niet, net zomin als het feit dat ik van geluk mag spreken dat ik hier ben, dat ik zomaar uit mijn normale leven kan stappen om me te wijden aan zo'n zelfzuchtige, solipsistische en onbegonnen onderneming. Voor het eerst sinds jaren, of in elk geval sinds de dood van mijn moeder, heb ik een paar mooie ervaringen opgedaan die ik heb kunnen toevoegen aan datgene wat ik als mijn innerlijk leven beschouw. Auden beschrijft in een passage uit een van zijn gedichten een zomeravond die zo volmaakt is dat een ogenblik lang alle gevoelens van zorg en angst verdwijnen: '*The lion griefs loped from the shade/ And on our knees their muzzles laid,/ And Death put down his book.*'* Ik weet niet wat andere mensen bedoelen met het woord 'geluk,' maar voor mij is het dat, en ik heb het de afgelopen paar weken verschillende malen ervaren. Zelfs nu ik nog maar een klein beetje vooruitgang heb geboekt met mijn muzikale project voel ik dat ik al wat meer greep op mijn leven heb, iets wat misschien lijkt op dat wat Bach volgens John Eliot Gardiner ontleende aan de muziek: 'meer zekerheid dan in zijn gewone leven te vinden was'.

---

* Het leeuwenleed kwam stil nabij/ en lei zijn snuit op onze dij/ De dood sloot kalm zijn boek.

Mijn beeld van het innerlijk leven is eenvoudig, primitief zelfs. Het is de bergplaats waarin we alles opslaan wat betekenisvol is, als beschutting tegen pijn, verlies, de dood en de inherente eenzaamheid van het menselijk bestaan. Misschien zullen we nooit in staat zijn om te verklaren hoe of waarom iets betekenis voor ons heeft, maar we kunnen er op zijn minst zeker van zijn dat al dat betekenisvolle gekoesterd en bewaard moet worden tot de tijd komt dat we het nodig hebben. Aan muziek en literatuur beleef ik niet noodzakelijkerwijs plezier op het moment zelf, maar het zijn dingen die ik 'opsla', dingen die kunnen worden vastgehouden en bewaard op een manier die met gewone ervaringen niet mogelijk is. Het geloof in deze rudimentaire verinnerlijking is het belangrijkste in mijn leven, en toch kan ik niets zinnigs zeggen over het innerlijk leven van mijn moeder. Ik kan me er geen voorstelling van maken, en heb er haar nooit naar gevraagd, maar ik weet zeker dat ze, als ik dat gedaan had – alleen al de gedachte dat ze zoiets zou hebben – dit zou hebben weggehoond. Voor zover ik probeerde me een soort totaalindruk te vormen van haar herinneringen, gingen die altijd over angst en over weinig anders. Mocht ze al herinneringen hebben gekoesterd aan plezierige ervaringen of betekenisvolle ogenblikken die niet geworteld waren in angst, dan wist ik daar weinig van.

Dikwijls, als ik mijn best heb gedaan om me mijn moeder weer voor de geest te halen, merk ik dat ik me een plausibele voorstelling maak van iemand die een onbekende is voor mij, een hypothetische moeder op wie ik diverse theorieën kan projecteren die een verklaring zouden kunnen bieden voor de boosheid en de misverstanden uit ons verleden. Om die denkbeeldige moeder een gezicht te geven bekijk ik oude fotoalbums; om inzicht te krijgen in de chronologie van het leven dat ik haar toedicht stel ik vragen aan mijn vader, mijn tante en mijn oudere zusters; om iets te begrijpen van haar emotionele leven zet ik haar lotgevallen af tegen de algemene loop der geschiedenis, de Grote Depressie, de oorlog, de jaren vijftig, zestig en zeventig, en de culturele ontwikkelingen van die jaren; en om het beeld compleet te krijgen zoek ik al het geschreven materiaal bij elkaar dat ik maar kan vinden, de aantekeningen in haar boeken, opschriften op verjaardagskaarten en incidentele brieven van tientallen jaren terug. En als ik klaar ben met dat proces, dat niet wezenlijk verschilt van het proces dat biografen doorlopen teneinde inzicht te krijgen in een onbereikbare figuur als Bach, heb ik een volwaardiger, rijker en menselijker beeld van een vrouw die ik nog altijd niet ken. Ik kan zelfs kortstondig het gevoel hebben dat die geconstrueerde persoon echt heeft bestaan: dat mijn door inductie tot stand gekomen herinneringen aan een moeder net zo echt zijn als de herinneringen die andere mensen hebben aan een moeder die ze kenden en liefhadden op grond van een werkelijk intieme band.

Tegen het eind van mijn verblijf in dit huis, toen ik al met pijn in het hart dacht aan mijn vertrek, ook al zou ik pas over een paar dagen teruggaan naar de stad, werkte ik aan twee van de variaties die tot de moeilijkste van de cyclus horen: de zestiende variatie, ook wel bekend als de Franse ouverture, en de negenentwintigste, een virtuoos spektakelstuk dat met een onverwoestbaar goed humeur afstevent op de treffende laatste variatie en de herhaling van de aria. Die beide variaties getuigen van Bachs kosmopolitisme, de zestiende door de Franse stijlkenmerken – een markant gepuncteerd ritme, een voortdurende nadruk op het zware maatdeel, een voorliefde voor versieringen, waaronder langdurige trillers – en de negenentwintigste door virtuoze speeltechnieken die gewoonlijk geassocieerd worden met het werk van de Italiaanse klavecinist Domenico Scarlatti. Bach leidde een betrekkelijk afgezonderd bestaan, en reisde zoveel hij kon, maar is nooit buiten Duitsland geweest. Toch zie je in deze variaties dat hij de blik op de buitenwereld gevestigd hield en zo zijn arsenaal aan stijlmiddelen uitbreidde. Een van de grote ongewisheden van Bachs levensloop is de hypothetische vraag: wie zou hij zijn geweest als zijn carrière hem niet had belet om veel reizen te maken, anders dan bij Händel, Scarlatti, of zelfs bij Christian Petzold, de componist van de menuetjes uit het Notenbüchlein van Anna Magdalena, het geval was? Hoe zou zijn muziek geklonken hebben als hij enige tijd had kunnen doorbrengen in Londen, Parijs of Italië? Zouden de *Goldbergvariaties* dan hebben bestaan? Zou het exposé van mogelijkheden van het klavierspel dan nog gevarieerder en briljanter zijn geweest? Bestaat er verband tussen het genie van Bach en zijn isolement?

Hoewel ik dus veel nadacht over het innerlijk leven van mijn moeder, had ik altijd het idee dat het heel beperkt was, wat me een ongemakkelijk gevoel gaf. Toen ik nog op de kleuterschool zat, ging ze weer naar de universiteit, om de studie af te maken die ze had afgebroken toen ze op haar negentiende trouwde. Maar ze had geen prettige herinneringen aan die twee jaar dat ze Russische en Engelse letterkunde studeerde aan de State University in Albany. Op de kale, modernistische campus van de universiteit was het winderig en koud, en ze was blijkbaar een vreemde eend in het universitaire leven van de jaren zeventig. Ze bootste de stem van haar docenten spottend na als ze erover vertelde, maar waarschijnlijk maskeerde de anekdote een gevoel van gêne: 'Mrs. Kennicott, herinnert u zich iets van belang op pagina 237 van *Moby Dick*?' Waarna ze een of andere extreem subtiele metafoor beschreef die zo obscuur was dat niemand die serieus zou nemen. Toen ik literatuur en filosofie studeerde haalde ze dat verhaal over die smalende professor weer van stal, en ik had toen dikwijls het gevoel dat ze mij daarmee wilde kwetsen. Maar daarmee deed ik haar tekort. In wezen was het gewoon een pijnlijke herinnering: een vrouw van in de veertig, gevangen in de schijnwerpers van een professoraal kruisverhoor, had een vraag niet kunnen beantwoorden, waardoor ze zich beschaamd en eenzaam had gevoeld in een vertrek vol mensen die half zo oud waren als zij. Toen ik een tiener was raadde ze me boeken aan die ze in die tijd had gelezen: Bertolt Brechts *Het leven van Galilei*, Solzjenitsyns *Een dag uit het leven van Ivan Denisovitsj* en Ayn Rands *Atlas Shrugged*. Tegen de tijd dat ik me verwaardigde om die boeken te lezen, tientallen jaren later, kon ze zich die niet meer herinneren. Op haar nachtkastje lagen toen maar twee soorten boeken: liefdesromans met titels in reliëfdruk en boeken over vogels.

In een latere fase van ons leven wenden we ons aan om het niet te hebben over serieuze onderwerpen, dus ook niet over boeken, als onderdeel van een oppervlakkige toenadering die met zich meebracht dat de meeste dingen waar ouders en kinderen normaal gesproken over praten buiten beschouwing bleven. We deden ons best om niet over politiek te beginnen, om details over mijn privéleven te omzeilen en zelfs niet te zinspelen op de gecompliceerde herinneringen aan ons gemeenschappelijk verleden. Die ongemakkelijke wapenstilstand kreeg schoorvoetend zijn beslag, en terwijl er eerst maanden tussen telefoongesprekken konden liggen, kwamen we uiteindelijk uit op een wekelijks ritueel waarbij we het op zondagmiddag over koetjes en kalfjes hadden. Dan vroeg ik haar wat ze deed, nu het huis leeg was en de kinderen waren vertrokken en ze kon doen wat ze maar wilde. Ik vroeg haar of ze viool speelde, en het antwoord was altijd hetzelfde: 'Ik heb het druk met het huis.' Als 's zondags de telefoon ging, legde ik mijn boek neer, stond op van de piano of liet mijn vrienden over aan hun gekeuvel, en probeerde me haar leven voor te stellen, ver weg, met haar sisyfusachtige toewijding aan schoonmaken, die haar stelselmatig van de ene dag op de andere van de ene kamer naar de andere voerde tot ze weer bij haar vertrekpunt uitkwam en daar opnieuw begon, week in, week uit, jaar in, jaar uit. In mijn ogen was het een intrieste en onnodige gang van zaken, en misschien zelfs een subtiele manier om wraak te nemen op haar gezin: omdat we haar niet hadden laten zijn wie ze wilde zijn, zou ze voorgoed degene blijven die we van haar gemaakt hadden. Maar toen ze door de kanker zo verzwakt was dat ze haar kamer niet meer kon verlaten, werd duidelijk dat ze haar bestaan zo had ingeperkt omdat dat de enige manier was waarop ze het aankon. Op haar sterfbed lag ze nog te piekeren over de rest van het huis, dat nu buiten het bereik van haar stofzuiger en haar spons lag en langzaam verloederde, wat haar alleen maar meer zorgen baarde. Ze had er geen vertrouwen in dat haar nazaten het huis naar haar maatstaven op orde zouden houden, omdat ze wist dat haar schoonmaakwoede er nooit op gericht was geweest om het huis ooit echt schoon te krijgen. Die behoefte aan poetsen en boenen, op het eerste gezicht een reflexmatige drang, was in feite het leven zelf, een bevestiging van haar aanwezigheid, haar identiteit en haar greep op het bestaan, iets wat haar nu geleidelijk ontglipte.

Ze had zich opgewerkt in de wereld om mij de kans te bieden mijn vleugels uit te slaan, maar toen ik dat eenmaal deed, moet ze het hebben ervaren als een verraad. Toen ik nog jong was, genoot ze van muziek en las ze boeken en gingen we samen naar balletvoorstellingen, avondconcerten en een keer naar de opera, toen een klein reizend gezelschap de stad aandeed. Toen ik ouder werd en voor diezelfde dingen een hartstocht ontwikkelde die indruiste tegen haar gevoel voor evenwicht en decorum, leek het wel of ik die van haar gestolen had. Hoe vuriger mijn enthousiasme voor de dingen waarvan zij altijd gehouden had, hoe meer haar liefde daarvoor bekoelde, tot het punt was bereikt dat onze levens werden gedefinieerd door die vreemde, bijna occulte overdracht van een bepaald deel van haar ziel naar de mijne. De muziek, dat geschenk dat een moeder ooit aan haar kind had gegeven, groeide uiteindelijk uit tot een kloof tussen ons, die bij haar een vacuüm teweegbracht, en bij mij iets wat zij moet hebben beschouwd als een uitwas.

Maar een echt eerlijke karakterisering van mijn moeder is dit niet. Het hypothetische beeld dat ik van haar heb helpt me antwoorden te vinden op pijnlijke vragen, niet alleen waarom ze ophield met muziek maken, maar ook waarom haar wereld steeds geïsoleerder en kleiner leek te worden naarmate ze ouder werd. Haar kinderen hadden zichzelf al haar dromen toegeëigend en ze tot op zekere hoogte waargemaakt in hun eigen leven. Haar ambities waren op niets uitgelopen, ook al leefden ze voort in haar kinderen. Maar in deze reconstructie ontbreken een paar essentiële dingen, zoals de vogels. Zolang ik me kan heugen had ze een hartstochtelijke belangstelling voor vogels, en in al die tientallen jaren die ze deelde met haar gezin deelde geen van ons die passie met haar. We reageerden met desinteresse, of zelfs afwijzend, op veel dingen waar zij om gaf, en misschien was dat wel de oorzaak dat ze haar andere liefhebberijen en aspiraties liet varen. Maar de vogels gaf ze nooit op. Ze verdiepte zich in het onderwerp toen ze gepensioneerd was, ging vogels spotten, en nam een vrijwilligersbaantje in een natuurhistorisch museum, waar men haar belangstelling voor alles wat met vogels te maken had op waarde wist te schatten en er nuttig gebruik van maakte. Ik geloof niet dat ik haar ooit gevraagd heb waarom ze zoveel met vogels had, en wat ze voor haar betekenden; een van de weinige keren dat ik daarover met haar praatte, zei ik tegen haar dat ik best wel van vogels hield, als esthetische objecten, als poëtisch beeld en gewoon om naar te kijken. Maar waren ze afgezien daarvan niet allemaal hetzelfde?

Ik heb dus geen idee wat voor soort vogel ik tijdens een van mijn laatste middagwandelingen in de omgeving aantrof langs de weg. Hij was klein en donkergrijs, met een rood streepje op zijn vleugels, en zat verstrikt in het restant van een plastic net. Eerst kon ik hem niet zien door het hoge gras, maar bespeurde wel het ritme van zijn radeloosheid, een panisch, snel klapwieken, gevolgd door stilte – evenzoveel tekenen van inspanning en uitputting, al won het laatste het langzaamaan van het eerste. Ik duwde het gras uiteen, ontdekte de vogel, en was toen een aantal minuten bezig hem te bevrijden, terwijl hij doodsbenauwd naar mijn handen pikte. Opeens schoot hij los en vloog weg, blijkbaar ongeschonden, afgezien van zijn waardigheid. Normaal gesproken zou ik dit niet opschrijven, omdat het een cliché is en het me stoort om zoiets te lezen. Maar het is echt gebeurd, en het is het soort verhaal waarvan mijn moeder genoten zou hebben. En nu ik terugkijk op het vele wat ik in mijn leven heb geschreven, dringt het tot me door dat er niets bij is wat voor haar bestemd was. Daarom laat ik dit zo staan, ter nagedachtenis aan een vrouw die van vogels hield omdat dat een van de weinige dingen was die haar familieleden haar nooit hadden afgenomen, iets wat haar de mogelijkheid bood haar wereld te verruimen en verdieping gaf aan haar innerlijk leven, wat dat ook mag hebben ingehouden.

Twaalf

Als we rouwen hopen we dat het ooit voorbij zal zijn, en als we rouwende mensen willen troosten, verzekeren we hun algauw dat er licht gloort aan het eind van de tunnel. We hopen de aanwezigheid en de duur van de rouw in ons leven tot een minimum te kunnen beperken, en een goed leven is naar ons gevoel een leven waarin rouw nauwelijks een plaats heeft. En toch is er niets wat zozeer orde op zaken stelt als rouwen. Het maakt dat we ons bewust worden van onze prioriteiten en dat we onbenulligheden moeilijk meer verdragen. Al bevrijdt het ons niet van onze gewone verplichtingen, het geeft ons de mogelijkheid om onbelangrijke of betekenisloze zaken links te laten liggen. Het verbindt ons met anderen, en spoort ieder van ons, op een enkeling na, aan tot een grotere menslievendheid. Als we voorbij een zekere leeftijd zijn en daarmee beter in het onderdrukken van gevoelens, roept het rouwen bezette herinneringen wakker en werpt ons terug in een toestand van kwetsbaarheid die ons terugbrengt naar hoe het voelde om jong te zijn. Als we terugdenken aan een rouwperiode die intussen voorbij is, of aan een verdrietige tijd die veilig achter ons ligt, kan het lijken of die tot de mooiste momenten van ons leven hoorden, wat vooral geldt voor onze eerste confrontaties met gevoelens van rouw, als we tot het inzicht komen dat onze emoties niet bij machte zijn de schoonheid van de wereld om ons heen te veranderen of te ontsieren.

Maar rouwen is afmattend, en op een gegeven moment heb je er genoeg van en ga je zelfs denken: rouwen is saai. De verleidingen van het gewone leven winnen weer aan aantrekkingskracht, en je krijgt opnieuw belangstelling voor futiliteiten. Hoe noemen we dat moment in het rouwproces? Ik heb een hekel aan het woord 'helen'. En hoewel het bijna onmogelijk is het woord 'verwerken' te vermijden als we aan rouwen denken, is dat woord ontoereikend, alsof het gaat om een bepaalde hoeveelheid verdriet, die stukje bij beetje door een machine gedraaid moet worden voordat je verder kunt. Het gaat evenmin over vergeten. Vergeten is te passief. Het verdriet begint te vervagen wanneer we op het laatst uitgeput zijn door de intense herbezinning die het ons gebracht heeft, en weer kiezen voor het ondiepere leven met zijn dagelijkse afleidingen, kleine ergernissen en voorbijgaande pleziertjes. Zou het vergelijkbaar kunnen zijn met luisteren naar Haydn na een overdosis Wagner?

Misschien biedt de pseudowetenschap ons betere metaforen. Rouw is als de ether in het hemelruim of het flogiston van brandbare materialen, een geheimzinnige, onnaspeurlijke substantie die alles doordringt, altijd hetzelfde blijft en zich alleen aan ons manifesteert als we gedwongen worden diep na te denken over de dood. Rouw fragmenteert of verpulvert tot een soort minuscule deeltjes die overal aan blijven kleven, diep in onze poriën belanden, als straatvuil worden uitgelopen tot in alle uithoeken van de wereld, iets wat niet verwijderd of weggewassen kan worden, maar waar we toch mee leren leven, iets groezeligs dat alomtegenwoordig is. Het is als het pluis van katoenbomen dat we lang nadat ze in het voorjaar hun zaden hebben afgeworpen plots zien ronddwarrelen in een hoekje waar we in geen maanden naar hebben omgekeken. Het verdwijnt nooit, maar blijft in de gelukkiger periodes van ons leven grotendeels onzichtbaar, en pas als we ouder worden en onze verliezen zich beginnen op te stapelen beseffen we dat de hele wereld bezaaid is met dat glinsterende spul, in goede en in slechte tijden.

Net als de aria waarop ze gebaseerd zijn, worden Bachs *Goldbergvariaties* interessanter naarmate het werk vordert. Even voor zijn vijftiende verjaardag verliet Bach het huis van zijn broer en begon aan een nieuw leven, zonder familie of verwanten en buiten de vertrouwde wereld van Thüringen. Met de vijftiende variatie introduceert Bach een nieuw element in de compositie, want het is de eerste variatie in de mineurtoonaard. Het is niet de eerste keer dat we iets in mineur horen, omdat het harmonisch schema van de variaties een aantal malen raakt aan een mineurtoonsoort, het duidelijkst in de tweede helft van de aria, waarin een passage van vier maten wordt besloten met een cadens in e-klein. Net als de aria bevatten ook de variaties zulke kleine uitstapjes naar mineur, en die horen tot de mooiste momenten in het hele werk, omdat ze zelfs de levendigste, vrolijkste en uitbundigste muziek een duister accent geven, soms opvallend, soms ook als een miniem snufje zout, dat chocola des te zoeter laat smaken. Als ik van elke variatie maar een klein fragmentje mocht meenemen naar het spreekwoordelijke onbewoonde eiland, zouden het al die momenten zijn waar Bach e-mineur opzoekt en weer verlaat.

Maar in de vijftiende variatie gaat Bach doelbewust over naar de mineurvariant van de hoofdtoonsoort. Het is de eerste van een drietal variaties dat niet in G-majeur begint en eindigt, zoals de andere, maar in g-mineur. De specifieke plaats die deze variaties innemen in de cyclus is niet toevallig, maar wezenlijk voor de grote dramatische, emotionele en filosofische structuur van het werk. De mineurvariaties markeren omslagpunten in de cyclus, verwijzen op een opvallende manier naar de originele aria, of geven ons het griezelige gevoel dat het duistere tweelingzusjes of afschaduwingen zijn van wat we al gehoord hebben. Ze hebben iets excessiefs. Afgezien van hun verhoogde emotionaliteit wemelen ze van de eigenaardige en zelfs bizarre details, wendingen die obsessief worden en gedachten die halverwege in het luchtledige blijven hangen. Van de dertig variaties zijn er maar drie in de mineurtoonaard, maar ze hebben een overweldigende lading, en zelfs als je niet gelooft dat die lading een symbolisch aspect heeft, zijn ze in louter muzikaal opzicht bijzonder pregnant.

Bach geeft ongewoon duidelijk aan hoe de vijftiende variatie gespeeld moet worden, allereerst door er 'andante' boven te zetten, wat duidt op een betrekkelijk rustig tempo, een gelijkmatige tred, en een manier van spelen die helder en beheerst is. In de oorspronkelijke uitgave geeft hij ook kleine articulatie-aanwijzingen, om ervoor te zorgen dat de uitvoerder een gangbaar muzikaal patroon onderverdeelt in telkens herhaalde zuchtende motieven van twee noten. Zo'n motief heet dan ook een *Seufzer*, en dient dus iets moeizaams te hebben, een bijna slepende beweging. Het komt ook voor in andere werken van Bach waar de componist de voorwaartse beweging een schrijnend effect wil verlenen. De kleine boogjes die de twee noten van deze motieven verbinden zijn ook te vinden in de baslijn, die het gegeven later overneemt van de twee canonische bovenstemmen en weigert alleen maar een harmonische ondergrond te zijn voor hun dialoog.

Zowel in de vijftiende als de eenentwintigste variatie blijven de contouren van de baslijn van de *Goldbergvariaties* en zelfs enkele restanten van de oorspronkelijke majeurtoonsoort overeind, ook als de muziek droefgeestiger wordt. Voor zover Bach daar een symbolische bedoeling mee had, heeft hij wellicht willen aangeven dat de krachtige majeurbasis van de variaties zich niet zonder slag of stoot laat ondermijnen. Noch de vermoeidheid en het geworstel van de vijftiende variatie, noch de melancholieke dialoog van de eenentwintigste variatie (waarin de twee door een septiem gescheiden canonische stemmen elkaar versterken in een oplopende spiraal van verdriet) kunnen de grondslagen waarop de muziek is gebaseerd totaal ondermijnen. Maar in de vijfentwintigste variatie, de derde in de mineurtoonaard, die voor veel luisteraars het emotionele hoogtepunt van het hele werk is, is de baslijn bezweken onder de droefenis en overwoekerd door chromatiek – voortdurende schreden van een halve toon, een expressiemiddel dat Bach juist in zijn hartverscheurendste en meest introspectieve muziek menigmaal toepast. In de tweede helft beweegt de sopraanlijn zich niet naar de paralleltoonsoort Es-groot, maar naar de afgelegen en neerslachtige toonaard es-klein, een buitengewoon staaltje van vermijdingskunst dat de indruk wekt dat al het licht gedoofd is. Het stemmenweefsel, een sopraanpartij die zich als een versierde cantilene over twee lager gelegen partijen plooit, klinkt als een uit elkaar getrokken en emotioneel ontwrichte versie van de veel lieflijker dertiende variatie. Uitvoerende musici zijn geneigd enorme vrijheden te nemen met dit deel, dat de klaveciniste Wanda Landowska 'de zwarte parel' van de cyclus noemde, en rekken het uit tot zeven of acht minuten of meer, soms bijna dubbel zo lang als welke andere variatie dan ook, wat de schijnbare breuk met de *Goldberg*-baslijn, en zelfs met de rest van de hele cyclus, nog benadrukt. De muziek raakt verstrikt in gevoelens van rouw en wordt bijna statisch in haar eenzelvigheid, waarbij elke beweging en elke gebeurtenis plaatsgebonden is, alsof het blikveld van degene die deze jammerklacht zingt ingeperkt is door de hem omringende pijn.

De overgang naar de mineurtoonaard geeft Bach de mogelijkheid om de polariteit van de muziek op frappante wijze om te keren. Terwijl het in de overige zevenentwintig variaties voornamelijk zonnig weer is met hier en daar een wolkje, overheerst in de mineurvariaties de bewolking, met een paar opklaringen in de vijftiende en eenentwintigste variatie. Maar die opklaringen zijn dan ook verrukkelijke, hartroerende momenten, zoals die ene plek in de tweede helft van de vijftiende variatie, een oplossing naar Es-groot, waar de bejaarde botten van het slepende 'seufzer'-motief heel even kwiek en beweeglijk worden. Wellicht geïnspireerd door het beeld van Christus die het kruis torst, doet de muziek een narratieve gedachte vermoeden, met een uitgesproken spirituele strekking. Zonder dat er specifieke details, een naam of een context gegeven wordt bespeurt het oor een fragment van een verhaal: een grote vermoeidheid die kortstondig wordt verlicht, een last die wordt opgeheven. Er gloort iets achter de grauwe wolken, iets onverzettelijks.

De vijftiende variatie is de laatste van het eerste deel van dit grote muzikale tweeluik, de slotaria van de eerste helft van de voorstelling, en de overgang van de vijftiende naar de zestiende variatie hoort tot de gedenkwaardigste momenten in een complete uitvoering van de *Goldbergvariaties*. De vijftiende variatie is een van de canons – in de kwint – en heeft een ongebruikelijk slot: de laagste van de beide stemmen daalt af naar de tonica en sterft weg, terwijl de bovenste verdergaat, haar materiaal afwikkelt en opstijgt naar een hoge d, tot ze helemaal alleen klinkt, boven de aangehouden basnoot. Die twee noten liggen ver uiteen en vormen een 'open kwint', een ietwat ongemakkelijk en ambigu interval dat weidsheid en ruimtelijkheid kan suggereren (wanneer Aaron Copland het gebruikt), maar vaker klinkt zoals het hier doet, ijl, ongewis, efemeer en archaisch. Vooral de hoogste noot maakt een naakte, weerloze indruk, en de canon lijkt niet werkelijk tot een afronding te komen, maar verdwijnt gewoon in het niets. En dan begint de zestiende variatie met een van de luidste klanken die Bachs klavecimbel kon voortbrengen, een stevig, uit vier tonen opgebouwd G-majeurakkoord in de linkerhand plus een daverende opwaartse G-majeurtoonladder in de rechterhand, gevolgd door een stortvloed aan versieringen. Als Bach dit door een orkest zou laten spelen, zou dat rijkelijk voorzien zijn van pauken en trompetten. Dus precies op de helft van de cyclus wijkt de slepende tred voor een gestileerde paradepas, de zuchtende motieven voor assertieve, grote gebaren die het hele lichaam in beweging brengen, en bruist de muziek, die enkele ogenblikken daarvoor nog leek weg te kwijnen, opeens van nieuwe energie.

In de gedrukte editie van de variaties uit 1741 geeft Bach duidelijk aan dat dit een nieuw begin is. Hij laat de aanhef van de notentekst inspringen, noteert op de open plek het woord 'ouverture' en aan het eind van het stuk, een briljante episode vol pracht en praal, die wordt gevolgd door een knetterende, voortvarende fuga, schrijft hij het slotakkoord in grote noten en laat onder aan de pagina een regel leeg. De luisteraar moet het uiteraard stellen zonder deze visuele wenken, maar ook dan zal hij, na de eerste van die duistere, smartelijke variaties, de ouverture ervaren als een wedergeboorte. En hoewel de tweede helft van de *Goldbergvariaties* op dezelfde leest is geschoeid als de eerste, wordt al snel duidelijk dat er iets is veranderd: de virtuoze variaties zijn nog uitdagender, de baldadige nog baldadiger, de ogenschijnlijk naïeve nog directer in hun ongedwongen charme. Gould stond sceptisch tegenover deze laatste variaties, omdat hij vond dat Bach een aantal malen een knieval voor het publiek deed, zich verlustigde in de mogelijkheden van zijn instrument, en ostentatief de grenzen van de techniek aftastte. Het ideaal van 'pure' muziek heeft hier plaatsgemaakt voor een aanschouwelijker vorm.

Maar je zou die wereldse, gretige en exuberante variaties ook kunnen opvatten als een natuurlijk uitvloeisel van de emotionele rode draad van het werk. Hoe meer pijn zich opstapelt in het leven, hoe zwaarder het is om de vreugde te bevechten. Het idee dat een gelukkig bestaan onze natuurlijke staat is, zij het van tijd tot tijd verstoord door droefenis, maakt gaandeweg plaats voor het besef dat geluk iets is waarvoor we ons moeten inspannen, iets wat we opbouwen en verstevigen, een bescherming tegen het verdriet dat zich in de loop van de tijd onstuitbaar ophoopt. Terwijl de vijftiende variatie wijkt voor de zestiende zoals iemand met een zonnige natuur afstand neemt van sombere gedachten, maakt de vijfentwintigste variatie plaats voor de zesentwintigste met een manische, haast griezelige doelgerichtheid. In de vijfentwintigste variatie, die sommige musici tot gênante overdrijvingen verleidt, zet Bach alle expressiemiddelen in die hij tot zijn beschikking heeft om leed in klank om te zetten: de melodie maakt telkens weer een ongerieflijk hoge sprong en kruipt dan naar beneden langs een keten van chromatische stapjes, sprongen en dalende lijnen waarin aldoor weer de tritonus terugkeert, een interval dat zo onstabiel is dat het de 'diabolus in musica' genoemd werd, ofwel de duivel in de muziek. Aan het slot daalt de bovenstem af via zes bijna identieke loopjes, een aldoor herhaalde neerwaartse muzikale beweging als analogie voor het beeld van de dood als een verzinken of wegglijden. Het is een aangrijpende en macabere passage. De overgang van de vijfentwintigste naar de zesentwintigste variatie is meer dan een gewone opeenvolging van twee verschillende ideeën, en de dramatiek van dit moment reikt verder dan het fascinerende onderscheid in klank, sfeer en textuur tussen de beide variaties. De inzet van de zesentwintigste variatie is ook het begin van een spurt naar de eindstreep van de cyclus, dat wordt gevolgd door de zevenentwintigste variatie, een tot zijn gestroomlijnde essentie teruggebrachte canon, en de achtentwintigste en negenentwintigste variatie, die elkaar proberen te overtreffen in hun vertoon van technische hoogstandjes.

In deze laatste variaties zou je een demonstratieve opgewektheid kunnen bespeuren die vooruitloopt op de finales van Mozarts grootste opera's, met name die van *Così fan tutte*, waarin personages die elkaar zojuist hebben blootgesteld aan psychologische kwellingen in koor uitroepen: 'Gelukkig is de man die alles van de goede kant bekijkt' en: 'Wat anderen zo vaak doet huilen, is voor hem reden tot gelach, en in 's werelds wervelstormen vindt hij steeds zijn kalmte weer.'[64] Maar Bach is nergens zo serieus als op die laatste bladzijden van de *Goldbergvariaties*, waar het wringende contrast tussen zwarte-pareldiepgang en hovaardige uitspattingen op het toetsenbord tot spirituele dimensies wordt verheven. Het zou anachronistisch zijn, een modernistische misvatting van de achttiende-eeuwse esthetiek, om te denken dat de energie en de uitbundigheid van de laatste variaties een absurdistische repliek zijn op de wanhoop van de vijfentwintigste variatie. Maar Bach heeft het contrast met opzet zo zwaar aangezet, omdat hij daardoor des te meer nadruk kan leggen op de filosofische en psychologische lading van de laatste variatie, een meesterlijk staaltje van inventiviteit en emotionele elegantie, het zogeheten 'quodlibet'.

Dit quodlibet is een ingenieuze potpourri van populaire deuntjes, die hier in gefragmenteerde vorm de revue passeren en zijn gebundeld tot een van de kostelijkste en meest geconcentreerde van alle variaties, die met haar klankrijke, vierstemmige stemmenweefsel af en toe doet denken aan een koraalzetting. De melodielijnen zijn eenvoudig en goed zingbaar, en ofschoon ze oorspronkelijk afkomstig zijn uit de wereld van de volksmuziek, zoals we dat nu zouden noemen, gaat er een opvallende grandeur van uit. Niet van alle muziekfragmenten in het quodlibet is de herkomst vastgesteld, maar van de meeste zijn de Bach-onderzoekers betrekkelijk zeker. De negentiende-eeuwse musicoloog Philipp Spitta identificeerde in zijn Bach-biografie twee liederen, waarvan Bach het tweede in zijn geheel heeft gebruikt:

Ich bin so lang nicht bey dir g'west
Ruck her, ruck her, ruck her,
Mit einem tumpfen Flederwisch
Drüb'r her, drüb'r her, drüb'r her.

Ik ben zo lang niet bij jou geweest
Kom erbij, kom erbij, kom erbij,
Met een veren stoffer [een schuttingwoord? *vert.*]
Hierzo, hierzo, hierzo.

En:

Kraut und Rüben haben mich vertrieben
Hätt' meine Mutter Fleisch gekocht
So wär' ich länger blieben.

Kool en rapen hebben me verdreven
Had mijn moeder vlees gekookt,
Dan was ik langer gebleven.

De aanhef van het lied 'Kraut und Rüben haben mich vertrieben' klinkt in de tweede maat in de alt, in de derde maat gevolgd door de sopraan, die dezelfde melodie eroverheen legt, maar dan een kwint hoger. Bach kan deze beide liederen eenvoudigweg hebben gekozen omwille van hun wat boerse muzikale charme, en omdat ze in zijn harmonisch schema pasten. Had hij een nadere bedoeling met de woorden die dikwijls op deze melodieën werden gezongen? Hij kwam voort uit een muzikale traditie waarin het verre van ongewoon was om melodische ideeën een nieuwe bestemming te geven, met voorbijgaan aan hun oorspronkelijke tekst. In zijn cantates deed hij dat zelf betrekkelijk vaak, en dan is het riskant om al te veel af te willen leiden uit het hergebruik van een melodie die in een vorige context wellicht met totaal andere woorden en gevoelens geassocieerd werd. Maar deze beide liederen raken aan thema's waarmee Bach zelfs volgens het schaarse anekdotische materiaal waarover we beschikken mee te maken heeft gehad in zijn leven, zoals zijn vertrek van huis op jonge leeftijd en de armoede en zelfs honger die hij in die periode moet hebben geleden.

Bach had dit materiaal kunnen gebruiken zonder aan te geven dat het om een quodlibet ging, de melodische fragmenten gewoonweg in de variatie kunnen verwerken en het aan de luisteraar over kunnen laten om hun herkomst te achterhalen. Maar in het licht van het feit dat hij de variaties zo zelden heeft voorzien van bijschriften of andere aanknopingspunten, mogen we aannemen dat hij een andere bedoeling had met de aanduiding 'quodlibet'. Door de laatste variatie aldus van de andere te onderscheiden verwijst hij naar het historische gebruik om geestelijke en wereldse muzikale thema's te conserveren en te hergebruiken door er nieuwe werken op te baseren. Al sinds de Renaissance plachten componisten niet alleen melodieën uit een bepaalde context over te brengen naar een andere, maar wisten ze ook diverse melodieën met elkaar te combineren tot vernuftige en soms zelfs praalzuchtige contrapuntische constructies. In Bachs tijd kreeg deze praktijk mede gestalte in een eigen vorm van muzikale humor met een snaakse ondertoon, waarbij de geleende melodieën werden voorzien van nieuwe en menigmaal gewaagde teksten. Zulke muzikale allegaartjes konden snel in elkaar gezet werden om feesten en partijen op te luisteren en werden ook wel geïmproviseerd, als de musici bijzonder vakkundig waren of niet terugschrokken voor de risico's van uit de losse pols bijeengeknutselde melodische combinaties. Hoe ongerijmder de muziek en hoe zotter de teksten, hoe groter het effect. Uit Forkels Bach-biografie weten we dat dit vermaak bij de ganse familie Bach een geliefd tijdverdrijf was, wat tijdens familiebijeenkomsten tot kostelijke en boertige uitspattingen moet hebben geleid.

Door zijn variatiecyclus te besluiten met een quodlibet verwees Bach naar deze traditie en de bijbehorende lustige frivoliteit. Maar het quodlibet dat hij componeerde als afronding van de *Goldbergvariaties* klinkt tijdens een uitvoering niet noodzakelijkerwijs grof of grappig. Het kan weliswaar snel en levendig gespeeld worden, en eventueel met een ietwat aangeschoten zwalkende pas, maar het klinkt ook uitstekend wanneer het strak en plechtstatig gespeeld wordt. De gekozen melodieën zijn op zichzelf vrolijk genoeg, maar in Bachs zetting hebben ze behoefte aan een beetje lucht, en met een iets gematigder tempo krijgen ze een zekere gewichtloosheid. Het stuk hoeft niet te klinken als een negentiende-eeuws koraal of een symfonische hymne, zo traag dat het zwaarmoedig dreigt te worden, maar met iets meer ruimte en noblesse klinkt in deze potpourri iets door van de emotionele grandeur aan het slot van Beethovens *Negende Symfonie* of de *Eerste Symfonie* van Brahms. De wijde ligging van de stemmen lijkt hier ook om te vragen: Bach stelt het vermogen van de speler op de proef om met één hand grote intervallen te omspannen, of stemmen tussen de handen te verdelen om zo een vloeiende uitvoering te vergemakkelijken, wat het des te verstandiger maakt om voor een gematigd tempo te kiezen.

Over Bachs gevoel voor humor zullen we nooit nadere bijzonderheden te weten komen, hoewel er bewijs te over is dat hij dat wel degelijk bezat, dat het goed ontwikkeld was en dat het fundamenteel was voor de manier waarop hij in het leven stond. Hij was een buitengewoon noeste en toegewijde werker, dus was die humor misschien een manier om stoom af te blazen, een luchthartige of misschien dronken onderbreking van zijn nuchtere leven, zoals de humor van Pieter Bruegel de Oude of Jan Steen? Of ging het hier om het existentiële gelach dat negentiende-eeuwse filosofen later zouden anatomiseren, het geschater van de wijze, de humor op eenzame hoogte, verheven boven het kuddegedrag? Wat het ook geweest is, het quodlibet dient ertoe een connectie tot stand te brengen tussen hilariteit en ideeën over transcendentie of filosofische aanvaarding. Bach wil een van zijn meest ambitieuze muzikale scheppingen verbinden met herinneringen aan een familiereünie, niet om zijn compositie grond onder de voeten te laten houden, maar om ons te doordringen van een essentiële connectie tussen lichtheid van gemoed en grootheid van geest.

* * *

Kool, rapen of bieten zouden me niet hebben verjaagd, maar aubergines dreven me tot wanhoop. Ze groeiden in grote hoeveelheden in mijn moeders tuin, want ze had een voorliefde voor die groente. Begin augustus konden ze in overvloed geoogst worden, maar we zagen ze nogal eens over het hoofd tussen de dichte bladeren van de courgette- en pompoenplanten, en het hart zonk je altijd in de schoenen als je bij toeval weer eens op zo'n vergeten aubergine stuitte, die paars en opgezwollen in de schaduw lag, vol taaie zaden en vezelig vruchtvlees. Als mijn moeder geen toezicht hield op het oogsten, sleepten we die vadsige monsters naar de achterkant van de tuin en dumpten ze in het gras en de struiken langs de modderige oevers van onze vervuilde beek. Maar we zagen ons maar al te vaak gedwongen ze op de grote hoop te gooien van de mismoedig stemmende overvloed aan plantaardig materiaal die op gezette tijden in de keuken belandde en maanden achtereen het hoofdbestanddeel van onze dagelijkse kost vormde.

Als mijn zusters en ik elkaar spreken op familiefeestjes maken we nog steeds grappen over mijn moeders kookkunst. Ze was wel degelijk in staat om op feestdagen een behoorlijk maal op tafel te zetten, maar de rest van het jaar kookte ze met tegenzin en nauw verholen nijd. Na de whiskey sour die ze voor het eten dronk rukte ze op naar de keuken, wierp een priemende blik op de inhoud van de koelkast en trok er de onzalige ingrediënten van ons avondmaal uit, alsof ze een kudde zieke dieren gereedmaakte voor de slacht. De bereiding nam niet veel tijd, ging gepaard met oorverdovend kabaal, en binnen een halfuur of zo werden we dan aan tafel geroepen, waarna ze verkondigde: 'Het is niet te eten, maar dat zullen jullie hoe dan ook toch moeten doen.' Mijn vader antwoordde steevast: 'Ruikt lekker, schat.' In de loop van de tijd evolueerden haar recepten allemaal in dezelfde richting – groenten en misschien wat tot rubber gekookt vlees met een scheut sojasaus, dat over eiernoedels werd geschept – en ten slotte raakten zelfs haar fantasierijke verwijzingen naar bestaande gerechten als ratatouille, goulash, fricassee en casserole in het vergeetboek en werden alle maaltijden eenvoudigweg betiteld als 'stoof'. Na Thanksgiving aten we nog wekenlang kalkoenstoof, vanaf Kerstmis runderstoof, de rest van het jaar onbestemde vleesstoof en in het oogstseizoen groentestoof.

Maar er was een uitzondering op stoof in algemene zin: aubergine parmigiana. Dit gerecht bestond uit dikke plakken van de overjarigste aubergines, die werden gestoofd in een blik tomatensaus en bedekt met een laagje droge Italiaanse strooikaas uit een hoge groene bus, en vertoonde consistente doch satirische overeenkomsten met de gelijknamige schotel. Nu had alleen de smaak van aubergine al iets wat me deed kokhalzen, maar ook als dat niet zo was geweest, had ik die met dunne tomatenpap bedekte plakken grijs merg ter doorsnee van een boomstam oneetbaar gevonden. Ik was jong, dus tegen etenstijd had ik altijd honger als een paard, en bij de mededeling dat we aubergine parmigiana als avondmaal zouden krijgen stond het huilen me nader dan het lachen. Het leek wel of mijn moeder het gerecht juist speciaal klaarmaakte op avonden dat ze uitgesproken kribbig was, in een zwartgallige stemming, maar uiterst strijdlustig. We mochten het hoofdgerecht, of welk ander gerecht dan ook, niet afslaan, en als ik welwillend aanbood om mijn portie af te staan aan mijn liefste zuster die die avond ongewoon hongerig leek, doorzag mijn moeder de list en commandeerde: 'Jullie gaan goddorie allebei je bord tot de laatste hap leegeten.'

En dan begon het lange, naargeestige wachten, en zaten we zwijgend naar het eten te staren tot het koud was en de zon was ondergegaan, zelfs nog nadat mijn vader de afwas had gedaan en mijn moeder televisie was gaan kijken. We waren vindingrijk in onze pogingen om ons bord leeg te krijgen, maar uiteindelijk werd elk trucje ontdekt. Als we buiten op het terras aten, kneedden we het spul heimelijk tot een bal en lieten die tussen de houten spijlen van de balustrade vallen. Een poosje lukte het ons om het weg te moffelen in een servet, te vragen of we even naar de wc mochten en het dan door te spoelen. Onze geliefde hond Smokey, een dwergpoedel die van mijn moeder gewoonlijk in het souterrain moest blijven en dikwijls evenveel honger had als wij, was een poosje onze bondgenoot en schrokte handenvol van ons ongewenste avondeten naar binnen. Maar op een avond besloot hij te dineren op de manier van de oude Grieken, en nam dus een grote plak aubergine mee naar de huiskamer, waar hij breeduit op de sofa ging liggen en het eten op zijn gemak ging zitten verorberen terwijl mijn moeder naar haar spelprogramma's keek.

Toen ze het eenmaal in de gaten kreeg, moest de arme Smokey zijn portie afstaan, die vervolgens werd teruggebracht naar de eettafel en voor ons neergelegd, als de dode zwaan voor Parsifal. Hoe kwam het dat de hond ons eten op zat te eten? 'Smokey is stapelgek op jouw parmigiana,' zei ik, maar daarmee gooide ik olie op het vuur en het kruisverhoor liep dan ook snel uit de hand. In de mening dat ik namens iedereen sprak zei ik de waarheid, met gebruikmaking van mijn moeders eigen beschrijving van haar kooksels: 'Het is gewoon niet te eten.' Op plechtige, verstikte toon beval ze me te herhalen wat ik zojuist had durven zeggen, wat ik deed, met een wanhopige poging tot een variatie: 'Ik krijg geen hap van deze smurrie door mijn keel.' En dus werd, voor het laatst in mijn kinderjaren, mijn mond schoongeboend, een ritueel waarbij een nat stuk zeep in de betreffende lichaamsopening werd gepropt en met kracht werd rondgedraaid, zodat je hoofd af en toe tegen de wastafel bonkte, tot er een stevige hoeveelheid schuim was ontstaan. Afhankelijk van het soort zeep was de smaak na een aantal uren of dagen verdwenen. Irish Spring was het ergst. Nadat ik weer was teruggestuurd naar de eettafel werd Smokeys half opgegeten maal op een bord gelegd en opnieuw voor me neergezet, met als commentaar dat als ik mijn eten aan de hond gaf, ik ook maar de vieze restjes van de hond moest opeten. 'Maar u hebt zojuist nog mijn mond schoongemaakt,' protesteerde ik, en ik begon onbedaarlijk te lachen. Hoewel ze woedend op me was, heeft ze deze straf nooit meer uitgedeeld.

Met dat alles bleef aubergine parmigiana een telkens weerkerende traumatische ervaring, tot ik bij de biologieles werd ingewijd in de basisprincipes van de voortplanting en bestuiving van planten, en besefte dat ik met de juiste tuinbouwkundige ingreep de complete auberginеaanwas eenvoudigweg zou kunnen laten verdwijnen. Dit werd een jaarlijks lenteritueel, wanneer de planten in bloei stonden. Onder het mom dat ik onkruid wiedde ontdeed ik de bloemen van de stampers, de meeldraden en alles wat ik niet vertrouwde, zonder dat iemand er erg in had. Dit sterilisatieproces bleek 100 procent effectief, wat leidde tot lange, ernstige en apocalyptische gesprekken over een vermeende auberginеziekte, vervuilde grond of een andere plaatsgebonden epidemie die onze tuin, en uitsluitend de onze, had getroffen. Pas toen ik over de veertig was biechtte ik op wat ik had gedaan. De hele familie was bijeen, we haalden oude herinneringen op en mijn moeder had een glaasje wijn op, wat haar altijd in een goed humeur bracht. Toen ik het verhaal verteld had, overrompelde ze me door me een draai om mijn oren te geven, vinnig, maar onvoldoende krachtig om me pijn te doen. En hoewel ze ons sombere blikken bleef toewerpen, lachten we hartelijk bij die herinnering aan vervlogen tijden.

* * *

We zijn een merkwaardige diersoort. Een groot deel van ons leven zijn we druk bezig het ene ding te doen om daarna snel het volgende te kunnen doen, krijgen we kinderen om een huwelijk overeind te houden, lopen we de marathon om af te rekenen met psychische trauma's, en wijden we ons aan de muziek om minder last te hebben van verdriet. Al hebben we nog zo'n sceptische kijk op het leven, het geloof in de magie die deze ongelijkwaardige middelen en doeleinden verbindt blijft meestal overeind, misschien wel omdat dit de onmisbare magie is die het leven draaglijk maakt, die het leven in biologische zin verbindt met allerhande niet daarmee gerelateerde ideeën over persoonlijke groei, zingeving en betekenis. We ploeteren voort door het leven om ergens te komen, we lijden om gelukkig te worden, en we leven om te kunnen zeggen dat we geleefd hebben.

Heeft het instuderen van de *Goldbergvariaties* me geholpen uit de put te klimmen waarin ik beland was na mijn moeders dood? In het geheel niet, en het idee was absurd. Als ik ornithologie was gaan studeren, een sport was gaan beoefenen of Angry Birds was gaan spelen zou ik er nu in emotioneel opzicht precies zo aan toe zijn. Het beste wat je van muziek kunt zeggen is dat ze een krachtig substituut is, omdat ze mentale energie wegleidt van gedachten over dood en verlies; maar ze maakt ons ook bewust van onze onbeduidendheid, onze kwetsbaarheid, onze ontvankelijkheid voor leed. Ondanks al die momenten dat het werken aan deze muziek me de kans gaf mijn existentiële zorgen opzij te zetten, heeft het me even scherp doordrongen van het droeve feit dat de *Goldbergvariaties*, zoals zoveel andere dingen, een onvoltooid project zullen blijven. Hoeveel tijd zou het kosten om ze echt goed te leren spelen? Alle tijd die ik heb, en zelfs meer dan dat.

Ik heb echter wel het advies van mijn leraar opgevolgd en alle variaties opgenomen die ik tot dusver had leren spelen. Het duurde een aantal dagen voor ik de moed kon opbrengen ernaar te luisteren, en toen ik dat deed leidde dat tot twee heel verschillende gewaarwordingen. De ene was een deprimerend besef van mijn tekortkomingen, de andere een vaag gevoel van tevredenheid over wat ik tot stand had gebracht. Na mijn pianospel tientallen jaren verwaarloosd te hebben, heb ik mijn oude kwaliteiten tot op zekere hoogte nieuw leven ingeblazen: mijn vingers bewegen nu misschien zelfs onafhankelijker van elkaar dan in mijn jonge jaren, toen ik regelmatig speelde, en ik heb het gevoel dat ik visueel en mentaal meer greep heb gekregen op complexe muziek. Er zijn veel dingen in het leven die je kunt simuleren, maar Bach spelen is niet te simuleren, en hoewel ik nooit zal durven beweren dat ik deze muziek beheers, heb ik de delen die ik heb ingestudeerd me wel volledig eigen gemaakt. Een stuk of zes variaties heb ik volgens mij permanent in de vingers, in de meeste heb ik nu een scherper inzicht, en ze passen allemaal in een completer en uitvoeriger beeld van wat Bach voor ogen stond en wat hij tot stand heeft gebracht.

Maar een groot deel van wat ik heb opgenomen klinkt

mechanisch. Hier en daar is het me gelukt om bijzonder lastige passages tot een goed einde te brengen, maar alleen door ze behoedzaam en geconcentreerd te benaderen en het tempo iets te verlagen. Op andere plekken, waar het herstelwerk minder solide is, ga ik tegen wil en dank haasten, als een kind dat hoopt een moeilijk woord te spellen door de letters zo snel uit te spreken dat het geen tijd heeft om na te denken over precisie. Mijn spel doet naar mijn idee even primitief en vervormd aan als een oude film waarvan het afspeeltempo aan alle kanten rammelt, nu eens hortend en dan weer te gejaagd. De versieringen zijn een voortdurende bron van ellende en onder mijn handen doen ze doorgaans precies het tegenovergestelde van wat ze horen te doen, waardoor ze stroef en omslachtig klinken in plaats van elegant en moeiteloos. Ook kom ik tientallen plekken tegen waar ik blijkbaar ben vergeten te letten op de dingen waarvan ik houd in deze muziek, plekken waar ik meer liefde had kunnen steken in een kortstondige dissonant of de schoonheid van een melodielijn vol voorhoudingen, passages waar ik intenser van de muziek genoot toen ik nog geen benul had van de technische problemen. Dat ik nalaat de schoonheid te laten spreken is een algemene karakterfout, en het is een onthutsende ontdekking dat die zo hoorbaar aanwezig is in mijn spel. Mijn muzikale onvolkomenheden geven zelfs een goed beeld van mijn andere gebreken: angst maakt me schichtig, waardoor ik ga overcompenseren, en ik heb de neiging om me grimmig een weg te banen door de wereld, zelfs wanneer ik eigenlijk een plezierige avondwandeling wilde maken. Sinds kort probeer ik deze nieuwe kennis ter harte te nemen, en mijn spel gaat er zowaar op vooruit. In de loop van de tijd zal ik dat weer verwaarlozen, en zal mijn spel verslechteren. Zit er wel enige vooruitgang in dit alles? En doet dat ertoe?

Maar ik houd nog steeds veel van deze muziek en ik heb geen enkele spijt van alle tijd die ik erin gestoken heb. Hoe intensiever ik aan Bach werk, hoe meer ik merk dat ik ook onbewust met Bach bezig ben, en het lijkt me heel wat beter dat mijn hersenen hun overtollige energie daaraan besteden dan aan de vele alternatieve bezigheden. Wanneer ik denk aan al die andere muziek van Bach waaraan ik zelfs nooit ben begonnen, de partita's, de *Engelse suites* en het *Italiaanse concert*, dan duizelt het me bijna. Als ik me ooit ga verdiepen in die ongerepte noten is het goed denkbaar dat ik het op een strategischer manier aanpak, met een duidelijker besef van in het verleden gemaakte fouten. Zelfs in de *Goldbergvariaties* vind ik nog steeds nieuwe dingen, boeiende patronen en verbanden, soms ook in de variaties die ik het best ken. Er is in de vierde variatie een motiefje van drie noten dat continu een rol speelt, en kortgeleden ontdekte ik nog twee plekken waar het voorkomt, verborgen, maar toch zo voor het grijpen. Ik beleef aan zo'n vondst evenveel plezier als Archimedes destijds beleefd moet hebben toen hij in bad zat. Nu ik die extra motiefjes heb ontdekt zal het stuk er op de lange termijn beter van worden, als ik ze inpas in het geheel. Om de nieuwe details ruimte te bieden moet ik deze passages opnieuw vormgeven, wat in de nabije toekomst veel werk zal kosten. 'Een stelletje stiekemerds zijn jullie,' zei ik tegen ze, maar ik zei het met liefde.

Door al die tijd die ik met Bach heb doorgebracht ben ik intussen wel een monomane zeurkous geworden. Ik kijk wel uit om er op feestjes zelf over te beginnen, maar als iemand me ernaar vraagt is het hek van de dam. Ik werp me graag op als pleitbezorger voor de stelling dat dit een groot werk is, een van de grootste die ooit geschreven zijn, en dat het je leven onmetelijk zal verrijken. Ik heb heel vastomlijnde ideeën over een aantal van de kardinale vragen die het stuk zelf oproept: is het een samenhangend geheel, of een verzameling van losse delen? Het eerste, zonder twijfel. Duikt de aria opnieuw op in de variaties, of is ze de afwezige ouder, zoals Gould beweerde? Ik denk dat Gould ongelijk had en dat het melodische DNA van de aria in de loop van de variaties geregeld terugkeert. Is dit pure, abstracte muziek of heeft het werk ook een metaforische, biografische en symbolische inhoud? Met enig voorbehoud en een niet geheel volledig vertrouwen in mijn oordeel denk ik dat deze collectie variaties een betekenis heeft die het puur muzikale overstijgt. Het is een van de compleetste, rijkste en alomvattendste beschrijvingen van Bach die we ooit zullen hebben. Het is bijna alsof je zijn persoonlijk dagboek in handen krijgt, maar dan geschreven in een onvertaalbare taal.

Kon ik anderen maar evenveel plezier doen met het spelen van deze muziek als ik mijn beklagenswaardige hond Nathan doe door haar níét te spelen. En soms lijkt het absurd om zoveel tijd geïnvesteerd te hebben in het instuderen van dit ene stuk. Het vermogen om Bach op middelmatig niveau uit te voeren is een verworvenheid die minder maatschappelijk nut heeft dan de vaardigheid om een band te verwisselen. Maar het was natuurlijk van meet af aan een uiterst egocentrische onderneming, waartoe ik evenzeer werd aangezet door mijn eigen angst voor de dood als door het verdriet over het verlies van mijn moeder. Ik weet al sinds mijn studietijd dat de muziek voor mij niet het juiste medium is om andere mensen tot nut te zijn. Het hele project ging aldoor over een atheïst die hoopte de harde feiten van het leven te omzeilen, en zoiets als een hogere spirituele waarde of bestemming in zijn bestaan te vinden. En niets van dit alles heb ik gevonden, wat het project nog absurder maakt.

Soms, als ik in een uitgesproken morbide stemming ben, kijk ik naar mijn handen en stel me voor hoe ze er na mijn dood zullen uitzien, als hompjes vlees die de afvalbak in kunnen, en waar geen muziek meer inzit. Toen mijn moeder was overleden, gingen mijn vader en ik naar het uitvaartcentrum om de laatste zaken te regelen. De wetgeving in onze staat schreef voor dat een van ons het lichaam moest identificeren voor het gecremeerd kon worden, en mijn vader vroeg me of ik dat wilde doen. Toen ik de kamer binnenging, was ze netjes aangekleed, haar haar was geborsteld en haar gezicht was opgemaakt met cosmetica. De begrafenisondernemer, die nog had geprobeerd ons een chique urn aan te smeren terwijl wij duidelijk hadden gezegd dat we een eenvoudig kistje wilden hebben voor de as, hing rond in de deuropening, en hoopte vermoedelijk op een complimentje voor zijn werk. Ik kon bijna niet laten om te zeggen: 'Sorry, ik herken haar niet.' Wat een hoop vergeefse moeite voor zo'n armzalige illusie, dacht ik, en misschien was het wel mijn moeders stem die het me influisterde, toen ik bij mezelf zei: godallemachtig, dit gaat gewoon de verbrandingsoven in.

Ik heb te veel respect voor muziek om iets te durven beweren over de macht ervan. Dat wil niet zeggen dat ik de afgelopen jaren niets heb geleerd, maar die inzichten waren niet wereldschokkend en misschien had ik die kennis ook op een andere manier kunnen verwerven. Bach is voor mij ontdaan van zijn mystieke aura, niet in die zin dat ik de grootheid van al zijn scheppingen kan doorgronden, maar inmiddels verwacht ik van zijn muziek niet langer een wonderbaarlijk opstapje naar een hoger bewustzijn. Ik had gehoopt dat de *Goldbergvariaties* de sleutel zouden kunnen zijn die me toegang zouden kunnen verschaffen tot de rest van mijn muzikantendom, maar dat waren ze niet. Ik ben nu een betere muzikant dan eerst, maar van grote openbaringen of magische transformaties is geen sprake geweest. Ik heb nu meer vrede met de niet-lineaire aard van het leerproces en het bereiken van meesterschap. Er zijn momenten geweest dat ik niets meer met deze muziek te maken wilde hebben, dat ik de partituur door de kamer wilde smijten en met mijn vuisten op het klavier wilde slaan. Het lukt me nu beter om het verschil te zien tussen luiheid en de noodzaak om iets een poosje te laten rusten, tot je hersenen beter in staat zijn de klus te klaren.

De belangrijkste les die ik geleerd heb is eenvoudig uit te leggen en ongelooflijk moeilijk in praktijk te brengen. En die luidt: je moet altijd in beweging blijven. Beweging is de enige remedie. Op de desolate vijfentwintigste variatie volgt de jubelende zesentwintigste. En de zesentwintigste is misschien wel mijn favoriet, de muziek die ik in mijn hoofd hoor wanneer ik verder moet met mijn leven, wanneer ik ’s ochtends op de rand van mijn bed zit en probeer me te herinneren wat ik die dag ook alweer te doen heb, wanneer ik de krant lees en bevangen word door wanhoop voor mijn naasten, wanneer de problemen zich opstapelen en ik het gevoel heb dat ik niet eens kan opstaan van de bank of de deur uit kan komen. En ik hoop maar dat ooit, op het moment dat mijn behoefte om die muziek te horen het grootst is, wanneer dat ook moge zijn, die muziek in mijn hoofd zal klinken en dat ik haar kan gebruiken om mezelf aan te sporen tot een snelle en stijlvolle aftocht.

Ik hoopte in die voorbije jaren ruimte te scheppen in mijn hoofd en daar ergens een licht, zonnig en rustig plekje te vinden dat het instuderen van muziek makkelijker zou maken. Ik hoopte dat ik geen last meer zou hebben van mijn moeders stem die me roept wanneer ik zit te spelen. Maar dat is niet gebeurd. Voor zover er iets veranderd is, is het dat het in mijn hoofd drukker is dan ooit, vermoedelijk een neveneffect van het feit dat ik meer compassie heb met de wereld, wat op zijn beurt een neveneffect is van de doorgemaakte rouw. Soms, wanneer ik zit te studeren, trekken er zomaar mensen uit allerlei verschillende periodes in mijn leven aan me voorbij en verstoren mijn toch al wankele concentratie, en ik voel dan niet alleen hun aanwezigheid maar kijk bij hen naar binnen en bespeur een intense droefenis: mensen wier leven niet is verlopen zoals zij het zich voorgesteld hadden, die hunkeren naar gezelschap maar niets dan eenzaamheid kennen, die zich voor iets of iemand hebben opgeofferd maar er niets voor hebben teruggekregen, die een illusie hebben nagejaagd die hun leven heeft ontwricht, of die balanceren op de dunne scheidslijn van een openbaring die hun einde zou betekenen. Het is hetzelfde gevoel dat ik krijg wanneer ik kijk naar mijn hond Nathan, en nadenk over zijn korte leven, over de totaal toevallige oorsprong van zijn trouw aan mij, en over die speciale aandoenlijke blik waarmee hij in de verte kijkt en zich een bestaan als wild dier lijkt te herinneren dat al lang geleden is weggefokt uit zijn voorouders. Ik denk dat ik bij het leven van mijn moeder naar binnen keek en haar bedroefdheid begreep, lang voordat ik in staat was om te onderkennen wat ik had gezien, en die gedachte maakte me bang.

Als ze alleen maar wreed en wispelturig was geweest had ik haar misschien gehaat. Maar ik zag aldoor ook hoe beschadigd ze was door het leven. Het verzet dat ik moest plegen om te ontsnappen en mezelf te worden, om nog enige waardigheid te ontlenen aan mijn jeugd, een verzet dat soms even luidruchtig en verbitterd was als haar stijl van koken, droeg alleen maar bij aan de last van haar leed. Wat me naar de keel greep toen ik aan haar sterfbed zat, was niet alleen de angst voor mijn eigen sterfelijkheid. Het was de machteloosheid waarmee ik een troosteloos leven aan een troosteloos eind zag komen.

Maar het is pretentieus en onbescheiden om zo lang stil te staan bij de dood. Na dit alles heb ik nog maar één ding te bieden, een korte overweging over angst en pijn. Iedere vorm van verdriet is te verdragen, ware het niet dat er altijd de angst is dat er een groter verdriet zal komen. Het kan gebeuren dat we een voorgevoel krijgen van een leed dat onbegrensd en verpletterend is, wat tot gevolg heeft dat de angst daarvoor ons leven in beslag gaat nemen en ons zelfs het uitzicht op verzachting en geluk ontneemt. Het kan lijken of datgene wat ons angst aanjaagt en wat ons naar onze vaste overtuiging boven het hoofd hangt – het toeslaan van een verpletterend verdriet – overal om ons heen is, alsof het geringste briesje het al in ons gezicht kan blazen. Maar wanneer die grote nood uiteindelijk komt, een smart die dieper gaat dan de genezende kracht van gewone kunst of muziek, is er ook een soort ontzag. Je kunt hem alleen maar aangapen, met stomheid geslagen door zijn ontzagwekkende majesteit. Je kunt niet weglopen, je kunt hem niet kleiner maken. Je kunt alleen maar blijven staan, blootgesteld aan zijn aanwezigheid, weerloos. En in dat naakte moment van totale openheid is er toch een minieme troost: het besef van onze erbarmelijke nietigheid. Ik heb datzelfde gevoel wanneer ik de aria van Bachs *Goldbergvariaties* hoor wegsterven aan het slot van een van de grootste emotionele ontdekkingsreizen die de westerse kunst heeft voortgebracht. Bachs compositie confronteert ons met een emotionele berusting die ver uitgaat boven genoegens, genezing en alles wat in woorden uitgedrukt kan worden. Haar bestaan staat los van ieder normaal tijdsbesef. Ze bestond al eeuwen voordat ieder van ons het levenslicht zag, zal voortbestaan nadat wij verdwenen zijn en trekt zich van ons niets aan. Het is een werk met een wonderbaarlijke diepgang en een volmaakte schoonheid, en als je het nog niet kent, moet je er zeker een keer naar luisteren, voordat je doodgaat.

Woord van dank

De journalistiek kent geen mededogen, en toen mijn moeder in 2010 op haar sterfbed lag, belandde ik niet alleen in een emotionele draaikolk, maar liep ik ook nog eens achter op mijn deadlines. Ik schreef in die tijd elke maand een column voor het tijdschrift *Gramophone*, en er zat niets anders op dan dat stuk te schrijven, ook al lag mijn moeder op sterven en was ik er met mijn hoofd niet bij. Ik wist niets anders te bedenken dan dat ik enorm veel was gaan houden van een stuk van Bach en dat dat de enige muziek was waarnaar ik kon luisteren. Op de een of andere manier lukte het me om die mededeling op te rekken tot de gebruikelijke achthonderd woorden. Tot mijn verrassing lieten veel van mijn vaste lezers weten dat ze hadden genoten van de column, en hem diepzinniger vonden dan de meeste andere die ik tot dan toe had geschreven. Als criticus vermijd ik het altijd om in de eerste persoon te schrijven, maar juist dat persoonlijke aspect leek bij hen in goede aarde te vallen. Zo vatte de gedachte bij mij post om die column, die ik inmiddels een kleine tien jaar geleden heb geschreven, uit te werken tot een groter verhaal, en ik ben mijn agent Markus Hoffmann diep dankbaar dat hij me hierin heeft aangemoedigd, en het idee bovendien nog aanzienlijk aan kracht heeft laten winnen, tegelijk met diverse vroege versies van mijn eerste hoofdstuk. Ook John Glusman, mijn redacteur bij Norton, ben ik zeer dankbaar dat hij een debuterend auteur een kans durfde te geven en me heeft geholpen het onderwerp scherper in beeld te krijgen.

Mijn partner Marius is mijn voortdurende steun en toeverlaat, en ja, misschien heeft hij gelijk: als ik er vampiers in had laten figureren zou dit boek een stuk beter zijn geweest. Maar er zijn andere dingen die erin rondwaren, gewone dingen, die de lezer misschien bekender zullen voorkomen. Mijn zusters hebben elk een eigen beeld van ons familieleven, maar hebben alle drie hun steun betuigd aan dit project, waarin het grote publiek slechts van één visie kennis zal kunnen nemen, namelijk de mijne. Mijn moeder is niet meer onder ons, maar als ze dat wel was zou ik ook haar bedanken. Ze bracht muziek in ons leven, spoorde ons aan om door te leren, zette zich in voor ons en genoot van ons succes.

Mijn leraar Joe Fennimore is een van de beste pianisten en componisten van onze tijd, en ik mag me gelukkig prijzen dat ik ongeveer veertig van de meer dan vijftig jaar dat ik nu leef zoveel van hem heb mogen leren. Mijn collega's bij *The Washington Post* hebben veel aan inspiratie en verhelderende inzichten bijgedragen en ik ben hun allen bijzonder erkentelijk. Graag wil ik ook Paige Warren bedanken. omdat ik tijdens het voltooien van de eerste opzet van dit boek in haar prachtige huis heb mogen logeren, en voor haar overweldigende en hartelijke ontvangst van een groep vrienden die me zeer dierbaar zijn. De medewerkers van de muziekafdeling van de Library of Congress zijn aldoor zeer behulpzaam geweest en ook ben ik Vincent J. Novara, de curator van de Special Collections in Performing Arts van de Michelle Smith Performing Arts Library van de University of Maryland, veel dank verschuldigd voor zijn hulp bij het beantwoorden van een lastige vraag: hoeveel mensen hadden er eigenlijk pianoles in mijn kindertijd?

Ten slotte wil ik mijn vader bedanken. Dit boek gaat voor een groot deel over mijn moeder, maar ik hoop dat bij zijn sporadische optredens zijn voornaamste karaktertrekken toch naar voren zijn gekomen. Hij is vriendelijk, zorgzaam, oprecht en onbaatzuchtig, en hij was het die ons gezin bij elkaar heeft gehouden.

Noten

1 Rainer Maria Rilke, *De elegieën van Duino*, vertaald door Atze van Wieren (Utrecht: Uitgeverij IJzer, 2006).

2 Zie voor een samenvatting van de speculaties over de oorsprong van de chaconne en haar naam: Richard Hudson, *Passacaglio and Ciaconna: From Guitar Music to Italian Keyboard Variations in the 17th Century* (Ann Arbor, MI: UMI Research Press, 1981), p. 4.

3 Johann Nikolaus Forkel: *Über Johann Sebastian Bachs Leben, Kunst und Kunstwerke* (Leipzig: Hoffmeister & Kühnel, 1802), p. 51. http://www.deutschestextarchiv.de/book/view/forkel_bach_1802/

4 Bachs eigen exemplaar van de gedrukte uitgave is te downloaden op https://imslp.org/wiki/Goldberg-Variationen,_BWV_988_(Bach,_Johann_Sebastian)

5 Christoph Wolff, *Bach: Essays on His Life and Music* (Cambridge, MA: Harvard University Press, 1991), p. 213.

6 Philipp Spitta, *Johann Sebastian Bach* (Wiesbaden, Breitkopf & Härtel, 1964), dl. 2, p. 651.

7 Frederick Neumann, 'Bach: Progressive or Conservative and the Authorship of the Goldberg Aria', *Musical Quarterly* 71, no. 3 (1985), p. 281.

8 Naast privéles werd er in Amerika gedurende bepaalde periodes van de twintigste eeuw ook gratis pianoles gegeven in het openbaar onderwijs. Er zijn geen betrouwbare cijfers beschikbaar over het aantal pianoleerlingen, maar schattingen van het aantal gefabriceerde piano's geven een indruk van de omvang van het

thuis musiceren. Dit bereikte een piek omstreeks 1910, daalde sterk in de jaren dertig (tijdens de Depressie en de opkomst van de radio) en steeg weer na de Tweede Wereldoorlog. De schattingen zijn ontleend aan Cyril Ehrlich, *The Piano: A History*, herziene editie (Oxford: Clarendon Press, 1990), p. 222.

9 François Couperin, *L'art de toucher le clavecin* (Parijs: Chés l'Auteur, le Sieur Foucaut, 1716), p. 7. https://imslp.org/wiki/L%27Art_de_toucher_le_clavecin_(Couperin,_François)

10 Carl Czerny, *Briefe über den Unterricht auf dem Pianoforte* (Wenen, Diabelli, z.j.), p. 25. https://imslp.org/wiki/Briefe_über_den_Unterricht_auf_dem_Pianoforte_(Czerny%2C_Carl)

11 Robert Schumann, *Musikalische Haus- und Lebensregeln*, in *Gesammelte Schriften über Musik und Musiker* (Leipzig: Georg Wigand's Verlag, 1854), dl. IV, p. 302. https://gutenberg.spiegel.de/buch/gesammelte-schriften-uber-musik-und-musiker-zweiter-band-10531/34

12 Amy Fay, *Music Study in Germany: From the Home Correspondence of Amy Fay*, red. Mrs. Fay Pierce (New York: Macmillan, 1922), p. 21-22.

13 Forkel, p. 5.

14 Spitta, dl. 2, p. 983.

15 Charles-Louis Hanon, *Le Pianiste Virtuose en 60 Exercises* (Boulogne s/mer: Schotte, 1923), p. 1. https://imslp.org/wiki/The_Virtuoso_Pianist_(Hanon,_Charles-Louis)

16 Walter Benjamin, *Berliner Chronik* (Berlijn: Hofenberg, 2016), p. 52.

17 Vertaling ontleend aan *Four Quartets*, vertaald door Herman Servotte (Baar/Kapellen: Ambo/Pelckmans, 1996).

18 Clive Bell, *Art* (Oxford: Oxford University Press, 1987), p. 32.

19 Heidi Gotlieb en Vladimir J. Konečni, 'The Effects of Instrumentation, Playing Style, and Structure in the *Goldberg Variations*

by Johann Sebastian Bach', *Music Perception: An Interdisciplinary Journal* 3, nr. 1 (1985), p. 99.

20 Vertaling ontleend aan *Naar de vuurtoren*, vertaald door Jo Fiedeldij Dop (Amsterdam: Muntinga, 1980).

21 Jakob Adlung, *Musica mechanica organoedi* (Berlijn: Birnstiel, 1768), p. 116. https://imslp.org/wiki/Musica_mechanica_organoedi_(Adlung%2C_Jakob)

22 Jean-Philippe Rameau, *Pièces de clavecin avec une méthode* (Parijs: Hochereau, [1724]), p. 6. https://imslp.org/wiki/Pièces_de_clavecin_avec_une_méthode_(Rameau,_Jean-Philippe)

23 Barry Green en W. Timothy Gallwey, *The Inner Game of Music* (New York: Doubleday, 1986), p. 14, 34.

24 Immanuel Kant, *Über Pedagogik* (Königsberg: Nicolovius, 1803), p. 20. http://www.deutschestextarchiv.de/book/show/kant_paedagogik_1803

25 https://newrepublic.com/article/110177/bachs-music-back-then-and-right-now

26 Ontleend aan Geoffrey Payzant, *Glenn Gould: Music and Mind* (Toronto: Key Porter, 1984), p. 37.

27 Ontleend aan Paul Elie, *Reinventing Bach* (New York: Farrar, Straus and Giroux, 2012), p. 176.

28 Payzant, p. 120.

29 Kevin Bazzana, *Glenn Gould: The Performer in the Work* (New York: Oxford University Press, 1997), p. 26-28.

30 De interviewer, Joe Roddy, citeert of parafraseert Gould in deze passage; ontleend aan Otto Friedrich, *Glenn Gould: A Life and Variations* (New York: Random House, 1989), p. 312.

31 Ibid., p. 54.

32 Hans Joachim Schulze (red.), *Dokumente zum Nachwirken J.S. Bachs 1750 bis 1800* [Bach-Dokumente, Band 3] (Leipzig: Bach-Archiv Leipzig, 1984) p. 84.

33 https://jsbach.de/bachs-welt/dokumente/1754-leipzig-nekrolog-auf-johann-sebastian-bach-und-trauerkantate

34 De citaten van Ibn al-Haytham en Darwin en de informatie over pinché-aapjes zijn afkomstig uit Richard Ashley en Renee Timmers (red.), *Routledge Companion to Music Cognition* (Abingden-on-Thames: Routledge, 2017), p. 392.

35 Camille Saint-Saëns, *Au courant de la vie* (Parijs, Dorbon-Ainé, 1914), p. 94. https://archive.org/details/aucourantdelavie00sain

36 'Über zwei merkwürdige Bildnisse von J.S. Bach und Gluck. Aus dem Briefe eines deutschen reisenden Künstlers.' Nachrichten aus Briefen: Leipzig. In Joseph Reichardts *Musikalisches Wochenblatt*, VII, 1791/92. Digitale versie Münchener Digitalisierungszentrum Digitalbibliothek, pp. 53-54: https://reader.digitale-sammlungen.de/resolve/display/bsb10527771.html

37 Werner Neumann en Hans-Joachim Schulze (red.), *Schriftstücke von der Hand Johann Sebastian Bachs* [Bach-Dokumente 1] (Leipzig: Bach-Archiv Leipzig, 1982), p. 220.

38 Forkel, p. 38.

39 Werner Neumann en Hans-Joachim Schulze (red.), *Fremdschriftliche und gedruckte Dokumente zur Lebensgeschichte Johann Sebastian Bachs 1685-1750* [Bach-Dokumente 2] (Leipzig: Bach-Archiv Leipzig, 1969), p. 286.

40 Johann Adolph Scheibe, *Der critische Musicus*, 2 april 1739 (Hamburg: Beneke, 1740).

41 Werner Neumann en Hans-Joachim Schulze (red.), *Fremdschriftliche und gedruckte Dokumente zur Lebensgeschichte Johann Sebastian Bachs 1685-1750* [Bach-Dokumente 2] (Leipzig: Bach-Archiv Leipzig, 1969), p. 296.

42 Goethe in een brief aan Carl Friedrich Zelter, 21 juni 1827. Johann Wolfgang Goethe, *Sämtliche Werke* (München: Hanser, 1998) dl 20.3, p. 833.

43 Forkel, p. 45.

44 21 maart is Bachs geboortedatum volgens de juliaanse kalender, die in de protestantse staten van Duitsland pas omstreeks 1700 werd vervangen door de gregoriaanse. Volgens de huidige tijdrekening is Bach geboren op 31 maart. Desondanks wordt 21 maart in brede kring beschouwd en gevierd als 'Bach-dag'.

45 *Neurosciences in Music Pedagogy*, red. Francis Rauscher en Wilfried Gruhn (Waltham, MA: Nova Biomedical, 2007), p. 128.

46 Ibid., p. 134.

47 Ludwig Wittgenstein, *Philosophische Untersuchungen/Philosophical investigations* (Malden: Blackwell, 1999), p. 62.

48 *Musikalische Monathsschrift*, oktober 1792, p. 112.

49 *Musikalischer Almanach*, red. Johann Friedrich Reichardt (Berlijn: Unger, 1796), Volume 71, IX.6.

50 Carl L. Hilgenfeldt, *Johann Sebastian Bach's Leben, Wirken und Werke* (Leipzig: Hofmeister, 1850), p. 172.

51 Forkel, p. 16.

52 Hans Joachim Schulze (red.), *Dokumente zum Nachwirken J.S. Bachs 1750 bis 1800* [Bach-Dokumente, Band 3] (Leipzig: Bach-Archiv Leipzig, 1984) p. 340.

53 James Ching, *Performer and Audience: An Investigation into the Psychological Causes of Anxiety and Nervousness in Playing, Singing or Speaking Before an Audience* (Oxford: Hall, 1947), p. 23.

54 Hans Joachim Schulze (red.), *Dokumente zum Nachwirken J.S. Bachs 1750 bis 1800* [Bach-Dokumente, Band 3] (Leipzig: Bach-Archiv Leipzig, 1984) p. 627.

55 Werner Neumann en Hans-Joachim Schulze (red.), *Schriftstücke von der Hand Johann Sebastian Bachs* [Bach-Dokumente 1] (Leipzig: Bach-Archiv Leipzig, 1982), p. 107.

56 Aangehaald in John Eliot Gardiner, *Bach: Music in the Castle of Heaven* (New York: Knopf, 2013), p. 22. Nederlandse editie: *Bach:*

Muziek als een wenk van de hemel (Amsterdam: De Bezige Bij, 2014), p. 15.

57 Ibid., p. 544-545. Ned. editie: p. 670 e.v.

58 *Berlinische Nachrichten*, 11 mei 1747.

59 https://jsbach.de/bachs-welt/dokumente/1754-leipzig-nekrolog-auf-johann-sebastian-bach-und-trauerkantate

60 Johann Kuhnau, *Neue Clavier-Übung* (Leipzig, 1689), p. 3. https://imslp.org/wiki/Neue_Clavier-Übung_I_(Kuhnau%2C_Johann)

61 Esaias Reusner, *Neue Lauten-Früchte* (ca. 1676), p. 2. https://imslp.org/wiki/Neue_Lauten-Früchte_(Reusner%2C_Esaias)

62 Johann Christoph Wagenseil, *Von Erziehung eines jungen Printzen, der vor allen Studiren einen Abscheu hat, daß er dennoch gelehrt und geschickt werde* (Leipzig: Johann Heinichens Wittwe, 1705), p. 70.

63 Eduard Devrient, *Meine Erinnerungen an Felix Mendelssohn-Bartholdy und Seine Briefe an mich* (Leipzig: Weber, 1869), p. 65.

64 Ontleend aan de vertaling van Jenny Tuin, in programmaboek *Così fan tutte* (Amsterdam: De Nationale Opera, 2019).